高等职业教育电子商务类专业系列教材

跨境电商实务

KUAJING DIANSHANG SHIWU

主　编　黄群群　金龙布

新形态
教材

本书另配教学资源

中国教育出版传媒集团

高等教育出版社·北京

内容提要

本书面向跨境电商行业发展需求,以培养高端技能型人才为目标,融合企业真实场景,构建理实一体的项目化教材。

本书由校企双元合作进行编写,围绕跨境电商实际业务流程,共设计了 9 个项目,34个典型工作任务,包含初识跨境电商、跨境电商平台注册、跨境电商物流选择、国际市场调研与跨境电商选品、跨境电商产品定价与刊登、跨境电商店铺优化与营销推广、跨境电商订单处理、跨境电商支付与结算、跨境电商客服。本书以任务驱动教学,通过实训及特色板块提升实战能力,覆盖跨境电商运营全链路的核心技能,强化全局思维与岗位能力培养。为了利教便学,本书另配套有丰富的教学资源。

本书适用于高等职业本科院校、高等职业专科院校跨境电商相关专业教学使用,也可为跨境电商从业者提供业务指导与培训支持。

图书在版编目(CIP)数据

跨境电商实务 / 黄群群,金龙布主编. -- 北京:高等教育出版社,2025. 9. -- ISBN 978-7-04-064873-7

Ⅰ. F713.36

中国国家版本馆 CIP 数据核字第 202534FT04 号

策划编辑 蒋 芬 毕颖娟	**责任编辑** 蒋 芬	**封面设计** 张文豪	**责任印制** 高忠富

出版发行	高等教育出版社	**网 址**	http://www.hep.edu.cn
社 址	北京市西城区德外大街 4 号		http://www.hep.com.cn
邮政编码	100120	**网上订购**	http://www.hepmall.com.cn
印 刷	上海华教印务有限公司		http://www.hepmall.com
开 本	787mm×1092mm 1/16		http://www.hepmall.cn
印 张	18		
字 数	413 千字	**版 次**	2025 年 9 月第 1 版
购书热线	010-58581118	**印 次**	2025 年 9 月第 1 次印刷
咨询电话	400-810-0598	**定 价**	40.00 元

本书如有缺页、倒页、脱页等质量问题,请到所购图书销售部门联系调换

前　言

　　党的二十大报告明确提出,要坚持高水平对外开放,加快构建新发展格局,推动货物贸易优化升级,并特别强调了数字贸易和贸易强国建设的重要性。跨境电子商务作为对外贸易的新业态,其发展势头之猛、影响范围之广,已不容忽视。如何培养既具备家国情怀,又掌握专业知识的高端技能型跨境电商人才,成为当前教育领域的重要课题。

　　本书旨在满足新时代跨境电子商务行业对全面发展人才的需求,实现立德树人的根本任务。优秀的跨境电商人才不仅需要具备扎实的专业知识和出色的专业技能,而且需要拥有健康的体魄、积极的心理状态、创新思维以及高尚的道德情操。在编写过程中,我们特别注重理论与实践的结合,力求内容的准确性、实用性和前瞻性。本书具有以下特色。

1. 落实立德树人,注重德技并修

　　本书结合专业知识,将价值观、技能素养和社会责任等元素融入教学内容,例如通过合规经营案例培养法治意识,结合跨文化沟通强调文化尊重。知识传授与价值引领并重,助力培养德才兼备的跨境电商人才。

2. 对接行业需求,提升岗位能力

　　紧跟中国产品出海的市场趋势,与行业实际需求和发展同步。以提升跨境电商运营岗位能力为导向,全面覆盖平台注册、物流选择、市场调研、产品定位、选品分析、定价策略、营销推广、订单处理、支付结算、客服管理等全链路的核心技能,形成完整的职业技能体系。帮助学生构建从前端运营到后端服务的全局思维,快速具备岗位胜任能力。

3. 突出任务驱动,强化实战演练

　　围绕跨境电商实际工作流程,设计典型工作任务和学习目标,共分为九个项目、34 个任务。内容安排从基础到进阶，引导学生"做中学、学中做"，将知识与技能充分结合。每个项目配有"项目训练"（含练习题和实训），强化实战演练；设置"查一查""小思考""拓展阅读""技能与素养提升"等栏目，引导学生主动探索方案、解决问题。

4. 校企双元合作，配套资源丰富

编写团队来自院校和企业，企业管理人员提供岗位真实需求、业务案例、职业场景细节，学校教师负责梳理学科理论框架、知识点梯度设计，结合学生认知逻辑设计内容，强化职业素养，让学生了解行业发展与职业发展，增强职业认同。为了利教便学，本书另配有课程标准、授课计划、教学课件、参考答案等教学资源，教师可按照本书末页"教学资源服务指南"进行获取。

本书由黄群群、金龙布担任主编，朱方、佘晓玉、王韦、罗佳、黄锐、崔巍巍担任副主编。我们特别感谢全国关务职业教育教学指导委员会、合肥市跨境电商孵化中心、昊牛跨境电子商务有限公司等单位的大力支持。

本书不仅适用于高等职业本科院校、高等职业专科院校跨境电商专业教学，也可作为社会相关从业人员的业务参考书和培训用书。尽管我们在编写过程中付出了巨大的努力，但由于跨境电商行业的日新月异和知识更新速度之快，书中难免存在疏漏之处，敬请广大读者批评指正，并提出宝贵的意见和建议。

编　者

2025 年 7 月

目　录

项目一

初识跨境电商

 **项目导图**

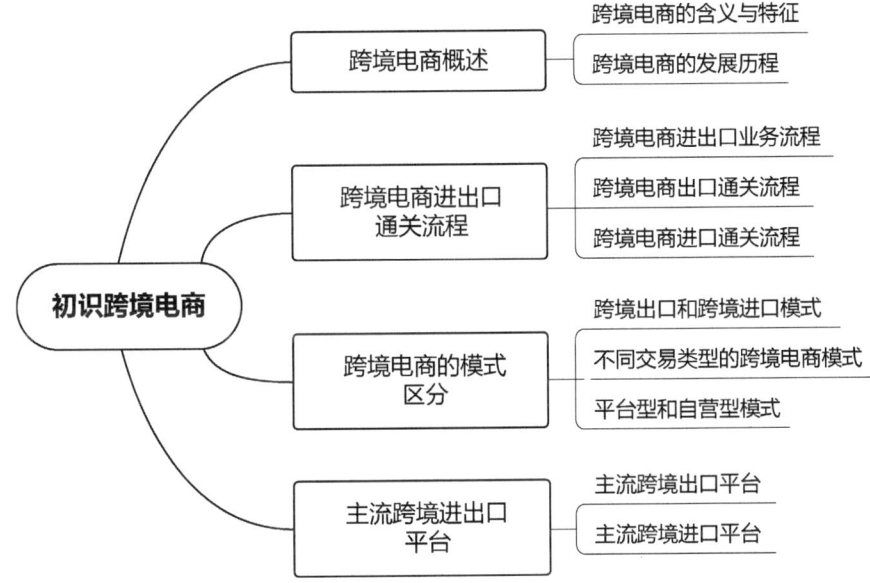

学习目标

1. 知识目标
（1）掌握跨境电子商务的含义与特征。
（2）了解跨境电子商务的产生与发展。
（3）了解主要的跨境电子商务平台。
（4）掌握跨境电子商务的业务流程。
（5）掌握跨境电子商务的通关程序。

2. 能力目标
（1）能够利用跨境电子商务资讯平台了解行业前沿知识。
（2）能够根据市场选择合适的跨境电子商务平台。

3. 素养目标
（1）培养民族自豪感，树立大国自信。

（2）培养全球视野及跨文化交流能力，树立文化自信。

（3）培养互联网思维及创新思维，助力国货"出海"。

项目背景

近年来，我国跨境电商快速发展，在"买全球、卖全球"方面的优势持续巩固，潜力持续释放，成为外贸高质量发展的新引擎。以 TikTok Shop、SHEIN、Temu 以及 AliExpress 等为代表的跨境电子商务企业越来越多地进入人们的视野，它们以不同的模式、布局在全球市场进行拓展。

小单快反、按需生产的柔性供应链模式是 SHEIN 作为服装自主品牌出海的"利器"。该模式先通过市场分析和销售洞察进行精准的需求预测，供应链端生产少量订单，上架店铺进行"测款"之后，再根据市场反馈安排后续生产，卖得好的产品便加量，卖得不好的产品则立即停产。SHEIN 通过数字化工具打通了产业链上下游的全链路，设计、测款、下单、生产、物流等环环相扣。SHEIN 有意为合作供应商构建数字化管理能力，共享柔性供应链成果，带动更多产业组团出海。

2023 年 9 月，SHEIN 深化拓展平台并推出"500 城产业带出海计划"。针对不同经验的卖家提供不同的入驻合作形式和赋能服务：自主运营经验丰富的卖家可以享受 SHEIN 的平台资源以及品牌经验，助力其市场影响力扩大和品牌的进一步成长；对于善于做产品但没有海外销售及运营经验的卖家，SHEIN 提供包括商品运营、仓储、物流、客服、售后在内的一站式服务，让卖家能够省心地拓展国际市场。SHEIN 还推出了"希有引力"百万卖家计划，三年帮助 10 000 个卖家年销售额突破百万美元，同时为卖家提供全生命周期成长赋能，包括全流程培训体系、运营与工具赋能、一站式履约支持、订单与结款支持、低投入成本、综合竞争力提升在内的六大扶持政策，覆盖引入、成长到综合能力提升各个阶段。

跨境电商的未来将面临激烈的综合竞争力比拼。卖家需要对跨境电商的内涵、行业发展、支持政策、业务流程、主流平台等基础知识有详尽的认知，逐步培养专业度、产品力、品牌力、创新力等综合能力。只有把握发展趋势，建立差异化竞争优势，才能在跨境电商的新格局下持续发展并取得成功。

情境导入

安徽名尚国际贸易有限公司是一家以出口我国传统手工艺品为主的外贸公司，近年来受到跨境电商市场冲击，发展遇到瓶颈。为了进一步拓展市场，公司决定进军跨境电商市场，并专门成立了跨境电商部门。由于缺乏跨境电商人才，公司根据跨境电商岗位需求招聘了数名员工，分别负责市场开拓、选品、日常运营、客服、物流等工作。小王是一名刚从某职业技术大学跨境电商专业毕业的学生，是该公司新招聘的跨境电商员工之一，负责跨境电商的市场拓展。进入公司后，小王该着手哪些工作呢？

任务 一　跨境电商概述

一、跨境电商的含义与特征

跨境电商作为一种国际贸易新业态,将国际贸易加以网络化、电子化,以电子技术和物流为主要手段,以商务为核心,把传统的销售、购物渠道移到互联网上,打破国家与地区有形无形的壁垒,因其能减少中间环节,具备交易快捷、节约成本等优势,在全世界范围内迅猛发展。

(一) 跨境电商的含义

跨境电子商务,简称跨境电商,是指不同国别或地区间的交易双方(个人或企业)通过互联网及其相关信息平台实现各种商务活动、交易活动、金融活动和综合服务活动等,是电子商务应用到国际贸易领域的产物。更具体地讲,跨境电子商务是指分属不同关境的交易主体,通过电子商务平台达成交易、进行支付结算,并通过跨境物流送达商品、完成交易的一种国际商业活动。

(二) 跨境电商的特征

与传统交易方式相比较,跨境电商的特点主要体现在以下几个方面。

1. 全球性

互联网是没有边界的媒介体,具有全球性和非中心化等特征,由于经济全球化的发展趋势,商家依附于网络进行跨境销售,使得跨境销售具有全球性和非中心化等特征。跨境电子商务与传统的国际贸易相比有更大优势,具有一个以点带面的开放的网络环境,突破了地理位置的限制,实现国际市场的拓展。全球性特征带来的积极影响是信息的最大程度的共享,消极影响是用户面临因文化、政治和法律的差异而产生的风险。

2. 无形性

一方面,网络的发展使得数字化产品及服务传输盛行,而数字化传输则是通过不同类型的媒介,如数据、图像和声音在全球网络环境中集中传输,这些媒介在网络中主要是以数据代码的形式存在,因而是无形的。另一方面,跨境电商是利用网络进行商品描述和交易,顾客购买商品之前,不能亲自触碰商品,所以并不能完全感知商品质量的好坏。

3. 匿名性

基于跨境电商的全球性和非中心化特征,交易双方的身份和具体地理位置难以被识别。匿名性在一定程度上增加了交易的灵活性。消费者可以在不透露个人详细信息的情况下进行购物,这有助于保护个人隐私和安全。然而,匿名性也可能导致责任与自由的不对称。在虚拟社会中,隐藏身份的便利可能使得一些人逃避责任,例如在交易中欺诈或违约。在发生争端或需要法律介入时,匿名性可能导致法律执行和责任追究变得复杂。匿名性还使税务机关无法准确获知纳税人的交易情况和应纳税额，从而导致税收流失的风险增加。因此需要建立有效的监管体系和数据保护机制，以确保跨境电商的健康和可持续发展。

4．即时性

网络上信息传输的速度与地理位置、距离无关。传统交易模式，主要借助信函、传真、电报等，在信息发送与接收之间，存在很长一段不确定性的时间差。而在电子商务中，发送信息与接收信息几乎同步，就如面对面交流一样。信息瞬间传递、交易确认迅速、物流实时更新、客服响应快速、市场动态反馈，跨境电商的即时性不仅加快了交易进程，提高了市场敏感度，还为消费者提供了更高效、更透明的购物体验。

5．无纸化

跨境电子商务主要通过网络实现数字化信息之间的传输。这种方式不需要纸质媒介，所有交易记录和文件都以数据代码的形式存在。电子化的交易记录更易于保存、检索和分享，大大提高了交易的便捷性，这些记录也更容易进行追踪和审计，增强了交易的可追溯性。

6．快速演进

网络硬件和软件设施、跨境电商的模式、平台规则、数字化产品和服务都在不断发生变化，不断改变着人类的生活。移动支付、大数据、云计算、人工智能等技术的发展，使得商品推荐更加精准，客户服务更加智能化，提升了交易效率和用户体验，推动了跨境电子商务的快速演进。

二、跨境电商的发展历程

我国跨境电商在30多年间从无到有、从弱到强，经历了从萌芽到成长、发展、成熟的四个阶段。

1．萌芽期（1993—2003年）

这一时期，跨境电商主要依附于传统外贸的形式存在，企业主要在互联网上展示公司信息和产品信息，利用电子邮件、BBS论坛和简单网站等工具进行产品推广和客户沟通，线上完成信息对接，但交易环节仍主要在线下进行。线上交易的安全性和信任度还在逐步建立中，尚未形成完整的在线交易闭环。例如，1996年至1999年，中国的外贸B2B电子商务网站如中国制造网、中国化工网、阿里巴巴国际站等相继成立，为中小企业提供商品信息展示和交易撮合服务。

2．成长期（2004—2012年）

这一时期，商家主要以企业贸易合作经营为主，开始关注产品供应链的发展，与工厂建立稳定的合作关系，出现了具备在线展示、交易、客服和支付等功能的线上交易平台。例如，敦煌网等平台的成立，标志着跨境电商开始走向平台化、标准化的发展路径；支付工具如PayPal开始被广泛使用，提高了交易的安全性和效率。

3．发展期（2013—2018年）

这一时期，跨境电商迎来了爆发式增长，平台与品类快速扩张，交易规模持续高速增长,帮助卖家迅速打开国际市场。政府对跨境电商的支持政策逐步加强,如设立跨境电商综合试验区,推动行业的规范化和规模化发展,涌现出大量外贸综合服务平台。但跨境电商在这个阶段也面临着诸多方面的问题,如产品质量、物流配送、售后、知识产权等,因此企业开始重视产品差异化、研发与创新。

4. 成熟期(2019 年至今)

这一时期,行业竞争加剧,企业开始注重精细化运营和本土化运营,不仅要在价格和质量上竞争,还要在服务、品牌和用户体验上下功夫,以品牌效应为导向的自建独立站成为趋势。线上线下相结合、社交媒体电商、直播带货等新的跨境电商交易形式开始持续渗透市场,为消费者提供更加丰富和个性化的购物体验。跨境电商在这个阶段也开始配合第三方海外仓,以实现长久持续运营。

总的来说,跨境电商的发展历程经历了从萌芽期的简单在线展示,到成长期的网上交易和物流管理,再到发展期的规模扩张和品牌建设,最后到成熟期的创新与个性化服务。在这一过程中,跨境电商不断适应市场变化,满足消费者需求,推动了全球贸易的繁荣和便利化。

查找资料,总结中国跨境电子商务的发展现状与趋势。

任务二　跨境电商进出口通关流程

2024 至 2025 年,国家推出一系列改革措施:取消出口海外仓("9810"模式)备案要求,简化单证申报流程,通关时间压缩至 24 小时以内;试点"先查验后装运"模式,降低企业物流成本;实施"离境即退税"政策,企业资金回笼周期缩短至数周,保税物流账册核销制度进一步规范。政策叠加技术驱动,区块链技术实现全链路追溯,AI 智能分拣提升查验效率,国际贸易"单一窗口"覆盖退税、融资等全流程服务,企业运营成本降低。跨境电商服务和监管方面的创新探索助力企业快速拓展国际市场,未来将深化数字化与智能化升级,推动跨境电商与传统产业融合,为全球贸易注入新动能。

一、跨境电商进出口业务流程

跨境电商出口业务流程,如图 1-1 所示,跨境电商出口企业通过市场调研和分析确定跨境电商出口的目标市场,找到供应链合作伙伴,将生产商或制造商生产的商品上架跨境电商平台进行展示,在商品被选购下单并完成支付后,跨境电商企业将商品交付给物流企业通过国际物流进行投递,经过出口地区和进口地区的海关通关商检后,最终送达消费者或企业手中,也有的跨境电商企业直接与第三方综合服务平台合作,让第三方综合服务平台代办物流、通关商检等一系列环节,从而完成整个跨境电商交易的过程。跨境电商进口的流程与出口流程的方向相反,如图1-2所示。

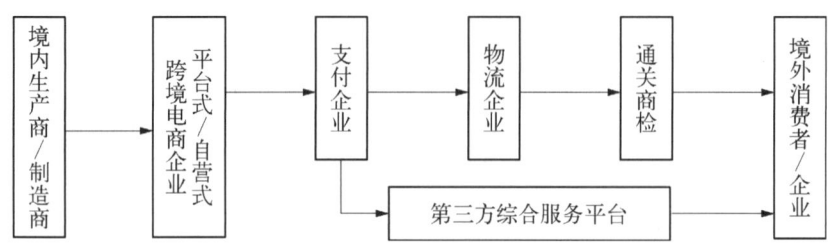

图1-1　跨境电商出口业务流程

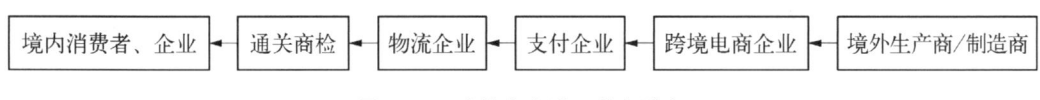

图1-2　跨境电商进口业务流程

跨境电商涵盖物流、信息流、资金流等,随着跨境电商经济的不断发展,跨境电商核心企业吸引并孵化了一些配套的企业,软件公司、代运营公司、在线支付公司、物流公司等配套企业围绕跨境电商企业进行集聚,服务内容涵盖网店装修、图片翻译描述、网店运营、营销、物流、退换货、金融服务、质检、保险等,整个行业生态体系也越来越健全,分工也越来越清晰。

二、跨境电商出口通关流程

2014年开始,海关总署陆续增设了四种针对跨境电商出口通关的特殊监管方式,分别为直邮出口、保税电商出口、跨境电商B2B直接出口和跨境电商出口海外仓,如图1-3所示。

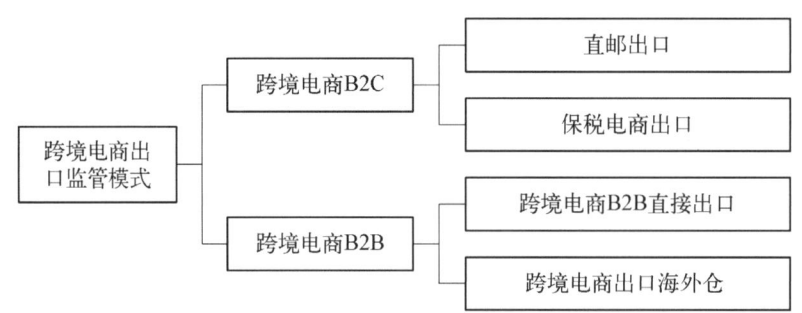

图1-3　跨境出口监管模式分类

(一)直邮出口

1. 海关监管方式代码"9610"

2014年1月,海关总署针对跨境电商企业产品种类多、价值低、零散、发货频次高等特点,发布了2014年第12号公告,增列海关监管方式代码"9610"。"9610"海关监管方式,全称"跨境贸易电子商务",简称"电子商务",行业一般称为"直邮出口"或"自发货"模式,适用于境内个人或电子商务企业通过电子商务交易平台实现交易,并采用"清单核放、汇总申报"模式办理通关手续的电子商务零售进出口商品(通过海关特殊监管区域或保税监管场所一线的电子商务零售进出口商品除外)。

2.通关业务流程

"9610"方式是专门针对跨境电商零售出口(B2C)的模式,允许跨境电商企业将商品直邮到境外消费者手中,具有链路短、时效快、成本低、更灵活的特点,其业务流程,如图1-4所示。

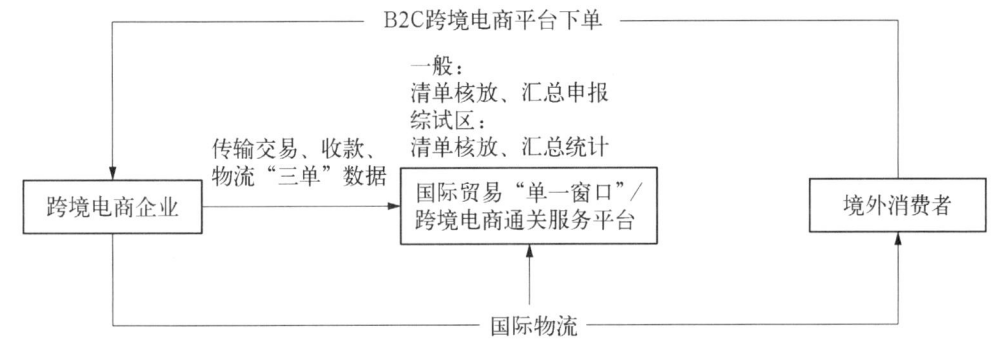

图1-4 跨境电商B2C"9610"出口通关流程

通关流程主要包括以下几个关键步骤。

(1)订单生成:境外消费者在跨境电商平台上浏览并下单购买商品,完成在线支付。

(2)三单匹配与推送:跨境电商企业、支付企业和物流企业各自通过中国国际贸易"单一窗口"或跨境电商通关服务平台向海关传输订单信息(电子订单)、支付信息(支付凭证)和物流信息(电子运单),并对数据真实性承担相应法律责任,确保三单信息匹配一致,这是完成报关的前提。

(3)清单核放:跨境电商企业或其代理人在商品发货前,向海关提交《中华人民共和国海关跨境电子商务零售进出口商品申报清单》(以下简称《申报清单》),清单包含商品名称、数量、价格等详细信息,海关审核无误后予以放行。

(4)商品出境:商品通过国际物流渠道,如快递、空运、海运等方式离境,实际出境时,物流企业将物流信息实时反馈给海关系统。

(5)汇总申报:在商品出运后,跨境电商企业须定期(如每月15日前,如遇法定节假日或者法定休息日,顺延至其后的第一个工作日)将上月结关的《申报清单》依据清单表头同一收发货人、同一运输方式、同一生产销售单位、同一运抵国、同一出境关别,以及清单表体同一最终目的国、同一海关商品编码、同一币制的规则进行归并,汇总形成《中华人民共和国海关出口货物报关单》向海关申报。允许以"清单核放、汇总统计"方式办理报关手续的,不再汇总形成《中华人民共和国海关出口货物报关单》。

拓展阅读

跨境电商"9610"模式开辟海运新通道

2024年7月19日,境外消费者购买的566件跨境电商出口包裹经海关审核后,在上港集团振东码头海关监管场所快速通关放行,搭载锦江"荣耀盛东"轮运往境外港口,标志着上海港"9610"跨境电商海运出口试点工作顺利开篇。

跨境电商出口"9610"模式针对的是跨境电商中的小包裹、多品名、高频次发货的B2C订单。此前,上海跨境电商"9610"出口主要依赖空运渠道,但随着业务的井喷式增长,空运已难以满足市场需求,拓展海运新通道成为必然趋势。

相较于空运,海运模式不仅运量更大,对出口货物的限制更少,能够承载大批量、各种规格及品类的商品(如家具、户外商品等),而且具有显著的成本优势,帮助跨境电商出口企业降低物流成本。同时,海运受极端天气和地理条件的影响较小,物流服务能保持相对稳定。上海港已与200多个国家和地区的近700多个港口有着贸易往来。现有集装箱国际班轮航线300余条,航线遍及全球各主要航区,链接全球的能力为跨境电商扬帆出海提供坚实保障。

今后,上港集团将在上海海关等监管部门的指导下加快推进监管场所整体规划和建设,实现常态化运行后跨境电商出口商品可直接在上港集团振东码头实现顺利"出海"。

(二) 保税电商出口

1. 海关监管方式代码"1210"

"1210"海关监管方式,全称为"保税跨境贸易电子商务",简称"保税电商",行业一般称为"保税备货模式",适用于境内个人或电子商务企业在经海关认可的电子商务平台实现跨境交易,并通过海关特殊监管区域或保税监管场所进出的电子商务零售进出境商品,可通过海关特殊监管区域综合信息服务平台查询特殊监管区域。

"1210"监管方式还可以进一步划分为特殊区域包裹零售出口和特殊区域出口海外仓零售两种方式。特殊区域包裹零售出口方式是指,货物通过一般贸易出口方式整批进入综合保税区等海关特殊监管区域,由海关对其进行账册管理,消费者通过跨境电商平台下达购买订单后,货物在特殊区域内拆分打包为小包裹,拼箱离境后送达境外消费者。特殊区域出口海外仓零售方式是指,货物入区在特殊区域内完成理货、拼箱后,再批量出口至海外仓,在跨境电商平台进行销售,再根据销售订单将商品从海外仓打包后送达境外消费者。

2. 通关业务流程

与"9610"直邮出口模式相比,"1210"保税电商出口通关模式下,货物可整批进、分包裹出,提升电商企业发货速度,降低海外库存风险,退税流程简便、周期短、效率高,特殊区域包裹零售出口的通关流程,如图1-5所示。

通关流程主要包括以下几个关键步骤。

(1)商品入区:跨境电商企业需要在海关特殊监管区域或保税监管场所进行备案,包

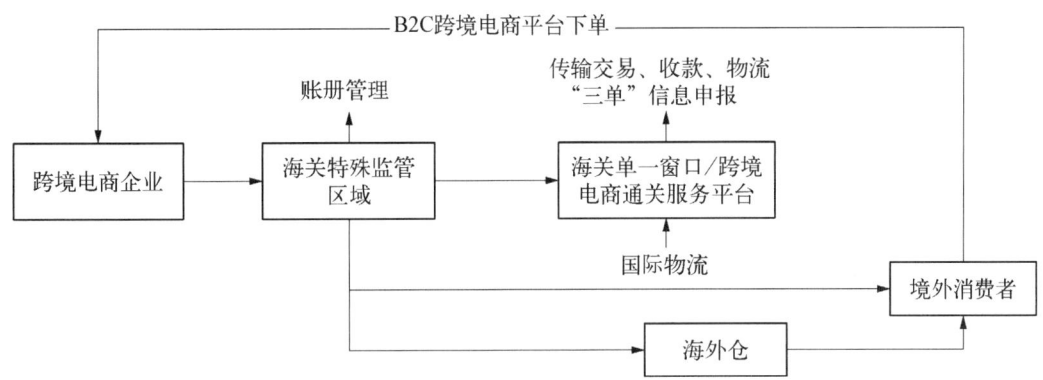

图 1-5 跨境电商 B2C"1210"出口通关流程

括企业信息登记和商品备案。企业将商品暂存至海关特殊监管区域或保税监管场所,区域内保税仓对商品详情进行核准及登记。

(2)订单生成:境外消费者通过电商平台下单购买保税仓库中的商品,由跨境电商企业安排发货。

(3)清单申报:跨境电商企业将交易、收款、物流等信息传输给海关,在跨境电商出口统一版系统申报《申报清单》(监管方式代码1210),海关审核比对相关信息,放行《申报清单》。

(4)商品出区:企业进行包裹打包,包裹上贴有为境外消费者配送的快递单,然后将该批次已放行的《申报清单》在海关系统归并后生成出口核注清单(监管方式代码1210),再申报出区核放单,该批次包裹出区。

(5)物流配送:跨境电商企业根据海关放行的信息,安排物流企业从海关特殊监管区域或保税监管场所取货,通过国际物流方式配送至境外消费者。

对"1210"特殊区域出口海外仓零售而言,还应在海关进行出口海外仓业务模式备案,提供海外仓证明材料,在金关二期系统设立用途是"海外仓"的电子账册,其他要求及流程与特殊区域普通货物出口基本相同,如表1-1所示。

表 1-1 跨境电商 B2C 出口通关模式比较

项 目	特殊区域出口(1210)		一般出口(9610)
	特殊区域包裹零售出口(1210)	特殊区域出口海外仓零售(1210)	
交易性质	B2C		B2C
电子账册管理	是		—
通关系统	金关二期系统、跨境电商出口统一版	金关二期系统、H2018通关系统	跨境电商出口统一版

续　表

出境时申报单证	申报清单及保税核注清单	保税核注清单及出境货物备案清单	申报清单或汇总生成报关单
简化申报	—	—	跨境电商综试区内不涉及出口征税、退税、许可证件管理且单票价值在人民币5 000 元以下的出口商品，可以简化申报
通关优惠	入区退税（保税区除外）		
物流模式	直接口岸出口或转关	适合全国通关一体化	直接口岸出口或转关

小 思 考

根据表 1-1,总结跨境电商 B2C 出口通关模式的区别。

（三）跨境电商 B2B 直接出口

在跨境电商行业中,B2B 与 B2C 两种交易模式各自扮演着不同的角色。跨境电商 B2B 业务是行业规模的主要贡献者。

1. 海关监管方式代码"9710"

2020 年 6 月,为贯彻落实党中央、国务院关于加快跨境电子商务新业态发展的部署要求,充分发挥跨境电商稳外贸保就业等积极作用,进一步促进跨境电商健康快速发展,海关总署发布 2020 年第 75 号公告,增列海关监管方式代码"9710""9810",简化跨境电商 B2B 申报手续,降低通关成本,提高通关效率。

"9710"海关监管方式,全称"跨境电子商务企业对企业直接出口",简称"跨境电商 B2B 直接出口",是指境内企业通过跨境电商平台与境外企业达成交易后,通过跨境物流将货物直接出口送达境外企业,常见于采用阿里巴巴国际站等交易方式的跨境电商出口企业。

2. 通关业务流程

跨境电商 B2B 直接出口,货物可直达境外企业,待实现交易后发货,使物流成本大幅降低,终端价格随之下降,同时也便于国家精准识别、统计 B2B 出口模式数据,为商务、财政、税务、外汇等部门出台配套政策提供支持,其通关流程如图 1-6 所示。

通关流程主要包括以下几个关键步骤。

（1）交易磋商与订单生成：出口企业通过跨境电商 B2B 平台与境外企业进行交易磋商,达成贸易协议,生成交易订单。

（2）报关申报：在商品发货前,跨境电商企业或其代理企业通过跨境电商出口统一版系统向海关传输交易订单、支付单、物流单等电子信息,准备报关所需单证,包括但不限于商业发票、装箱单、合同、提单等,使用"9710"监管方式代码,在海关系统进行电子申报,提

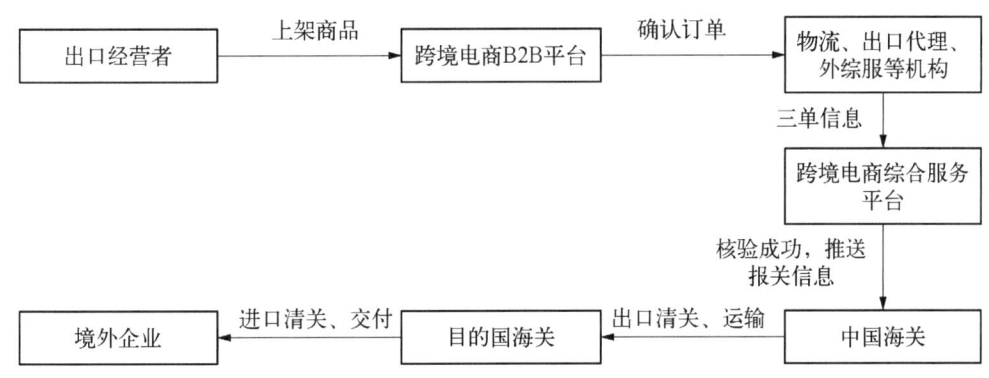

图 1-6 跨境电商 B2B"9710"出口通关流程

交出口货物的详细信息。

(3) 海关监管与清关：海关对提交的信息进行审核,确保出口货物符合法规要求。海关对货物进行查验,如一切合规,将进行清关放行,否则货物可能会被扣留或退回。

(4) 货物出运：经海关放行后,货物通过跨境物流渠道运往境外企业。

(5) 进口清关与交付：境外企业或其代理根据目的国规定完成进口清关,之后货物交付给境外企业。

(四) 跨境电商出口海外仓

1. 海关监管方式代码"9810"

海关监管方式"9810",全称"跨境电子商务出口海外仓",简称"跨境电商出口海外仓",指境内企业将出口货物通过跨境物流送达海外仓,通过跨境电商平台实现交易后从海外仓送达购买者,常见于采用 FBA 物流模式或海外仓模式进行零售出口的企业。

2. 通关业务流程

跨境电商出口海外仓通过海外仓的前置备货,使商品更快送达海外消费者手中,目的是更高效地服务海外跨境电商消费者,提升跨境电商零售出口整体运行效率,更确切地说,这是一种 B2B2C 模式,前期货物从企业运到海外仓属于 B2B 模式,后期从海外仓零售商品给消费者属于 B2C 模式,其通关流程如图 1-7 所示。

通关流程主要包括以下几个关键步骤。

(1) 备案申请：跨境电商企业向其主管地海关提交办理出口海外仓业务模式备案所需的资料。这些资料包括但不限于出口委托书、企业资质证明文件、海外仓信息等,提交的资料应确保真实、准确、完整,以便海关进行审核。

(2) 海关审核：海关对提交的资料进行完整性与规范性的审核,确保企业符合开展 9810 业务的要求。如果资料齐全且填写规范,企业会被录入跨境电子商务出口统一版系统中,并获得开展海外仓业务的资格。审核通过后,海关会及时通知企业已完成 9810 模式的备案登记,如果资料不齐全或不规范,企业须按要求补充资料或修改后再行申报。

(3) 货物出口：根据市场需求预测,企业在国内组织货物,进行分类、打包等预处理工作,然后根据货物的具体情况,选择合适的通关管理系统进行报关手续。这通常包括填写

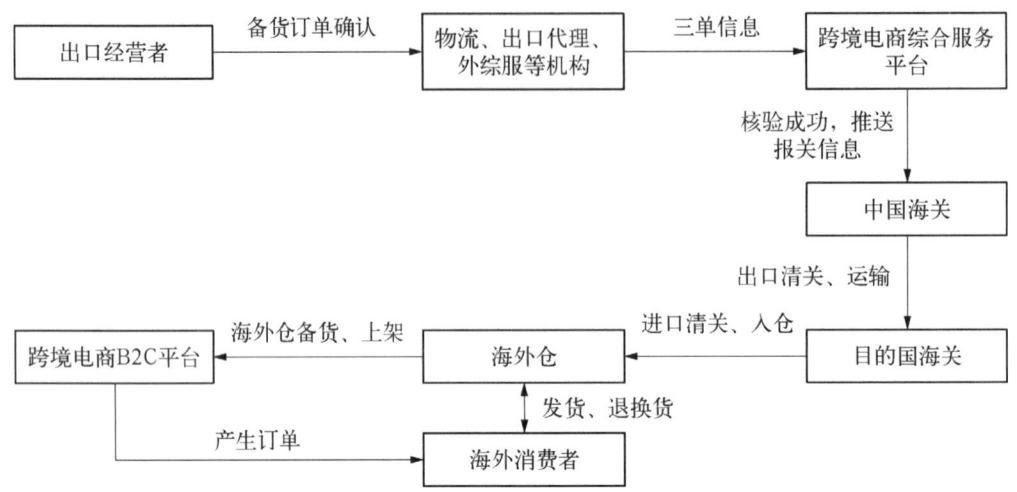

图 1 - 7   跨境电商 B2B2C"9810"出口通关流程

报关单、提供必要的单据如出口货物明细单、装箱单、发票等。完成报关手续后,货物即可离境发往海外仓库。在此过程中,须确保货物安全到达并入仓。

（4）海外仓入库与存储：货物到达海外仓后,进行接收、检验、入库,并在系统中更新库存信息。

（5）跨境电商平台上线销售：将海外仓中的商品信息上传至跨境电商平台,开始面向境外消费者展示和销售。接收到消费者订单后,海外仓根据订单信息进行分拣、打包、贴标等出库前准备工作。

（6）本地配送：完成订单处理后,海外仓直接将商品通过当地物流配送至境外消费者手中。

三、跨境电商进口通关流程

根据商务部等 6 部委《关于完善跨境电子商务零售进口监管有关工作的通知》（商财发〔2018〕486 号,以下简称 486 号文）,跨境电商零售进口是指中国境内消费者通过跨境电商第三方平台经营者自境外购买商品,并通过"网购保税进口"（海关监管方式代码1210）或"直购进口"（海关监管方式代码 9610）运递进境的消费行为。另外,对于 486 号文适用范围以外的城市（地区）,可通过"网购保税进口 A"（海关监管方式代码 1239）,按规定开展跨境保税电商零售进口业务。

上述三种模式的跨境电商零售进口,在跨境电商税款征收、清单申报、年度（单次）消费限额以及入境检疫方面的政策要求是一致的,但具体通关流程则有明显区别。

（一）网购保税进口

网购保税进口也被称为"备货模式",适用于有稳定销量预测、希望快速响应市场需求的跨境电商企业。通关流程如图 1-8（a）所示。

跨境电商企业可以将尚未销售的商品整批发至国内的保税仓库或特殊监管区域,待消费者下单后,直接从保税区发货,实现快速清关和配送。这种模式下,商品在销售前已

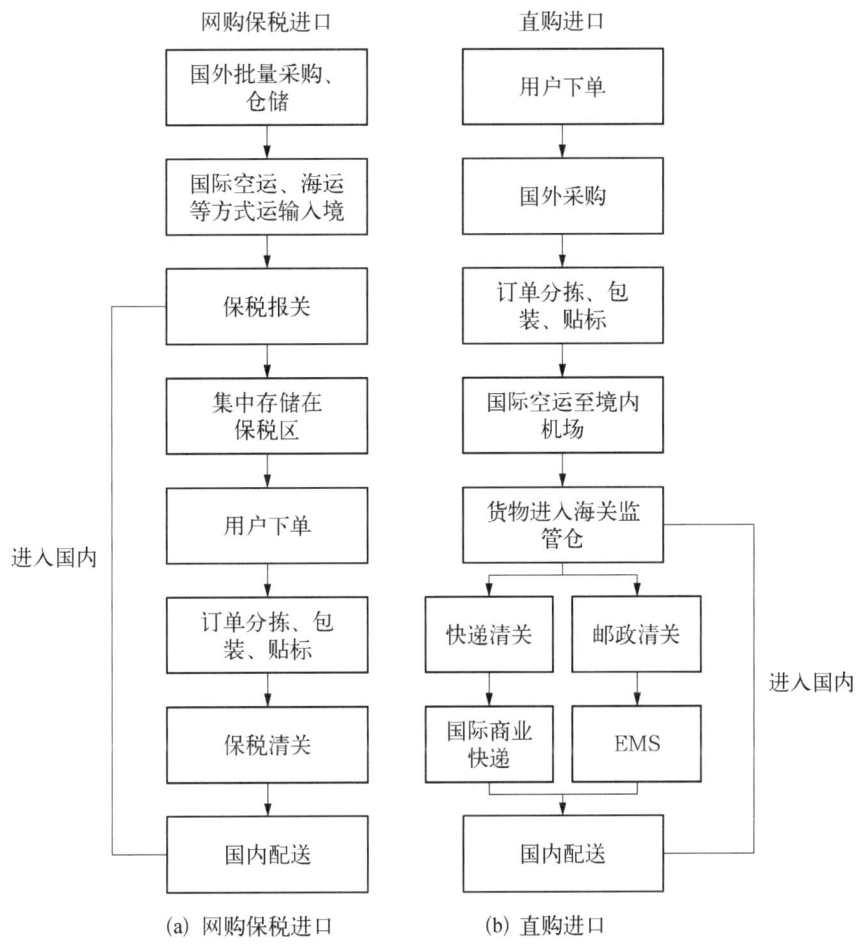

图 1-8 跨境电商"网购保税进口"及"直购进口"通关流程

经在国内备货,因此能迅速响应订单,降低物流成本,提升顾客体验。目前只能在全国试点城市及海南全岛的海关特殊监管区域(含综合保税区、保税港区、保税区等)或保税物流中心(B型)内试点(以下简称"特殊区域或物流中心")。

(二)网购保税进口 A

1239 模式与 1210 模式类似,主要区别在于:1239 模式适用于试点城市之外的特殊区域或物流中心开展的业务,主要针对的是特定的商品类别,比如食品、母婴用品等,对参与企业有更严格的资质要求,并且企业需要自行处理更多的报关流程,如申请、审核、缴税等。

(三)直购进口

直购进口又称为"集货模式",适用于单个消费者的独立订单,适合商品种类繁多、订单量不稳定、消费者偏好多样化的跨境电商企业。通关流程如图 1-8(b)所示,商品在海外根据每个订单打包后,通过国际物流直接发往国内,到达海关监管作业业场所后,按包裹逐一清关。这种方式下,商品运输时间较长,运费较高,但灵活性强,适用于多样化、小批量的商品销售。

小 思 考

???

企业如何选择合适的跨境电商进口模式?

任务 三 跨境电商的模式区分

一、跨境出口和跨境进口模式

跨境电子商务是依托电子商务平台进行交易,以跨境物流运输方式实现对外贸易。按照货物流向不同,可以将其分为跨境出口模式和跨境进口模式。

(一)跨境出口模式

跨境出口旨在将货物或服务从一国发送至另一国,是指国外买家在跨境电商平台访问国内卖家的店铺,通过查找、比较、下单、支付,由国内卖家以国际快递形式将货物送至国外买家的一种跨境电商模式。"跨境"强调了交易的跨国性质,"出口"说明了货物或服务的流动方向。

对于企业而言,跨境出口既可以帮助其适应瞬息万变的市场,提高抵御风险的能力,又可将货物售至海外,拓宽业务范围,赢得更加广阔的市场。企业的目标用户既可以是经营中间业务的大中型企业,又可以是单个的消费者。如今跨境电商平台数量众多,企业可通过阿里巴巴国际站、环球资源网和中国制造网等开展跨境出口业务,也可通过 Amazon(亚马逊)、eBay(易贝)、AliExpress(全球速卖通)和 Wish 等开展跨境零售业务。

(二)跨境进口模式

跨境进口是指在两个以上(含)国家或地区之间开展的货物交易活动。通常是国内买家在跨境电商平台访问国外卖家的店铺,通过查找、比较、下单、支付,由国外卖家以国际快递形式将货物送至国内买家的一种跨境电商模式。

跨境进口业务既可满足国内消费者对产品的不同需求,又给国外卖家带来了广阔的市场,双方互惠共赢。目前发展较为完善、注册用户较多的跨境进口平台有号称"让海外购物变得简单又放心"的洋码头、主打"官方自营,全球直采"零售模式的考拉海购、以"导购返利"为经营模式的海淘网以及近年来发展较为迅速的天猫国际、京东全球购等。

二、不同交易类型的跨境电商模式

(一)B2B 模式

B2B 是英文 Business to Business 的缩写,是指企业与企业之间通过互联网进行的货物、服务及信息的交换活动。简单而言,B2B 即在跨境电商平台参与交易的买家和卖家均是企业身份,它们通过互联网平台完成信息的发布和接收、订单及确认订货、货款的收付及物流的配送与确认等。

B2B平台允许供应商和采购商在线进行交易,并通过这些平台实现供应链管理和客户关系管理。目前中国跨境电商市场中,B2B模式的交易规模占总交易规模的80%以上。与传统外贸相比,B2B主要有批量小、批次多、节约交易时间及控制采购风险等特点。目前具有代表性的B2B平台有阿里巴巴国际站、中国制造网、环球资源网等。

(二) B2C 模式

B2C是英文Business to Consumer的缩写,是指企业针对消费者开展的零售商务活动。通俗来讲,B2C的卖家是企业,买家则是普通的消费者。企业在跨境电商平台注册网上店铺,上传产品信息,同时为消费者提供在线咨询等服务。B2C模式下双方通过电商平台达成交易,进行支付结算,并通过跨境物流完成货物的配送。B2C模式拉近了企业与消费者之间的距离,大大提高交易效率并节约交易成本。

随着跨境电子商务的蓬勃发展,B2C模式将国内愈来愈多的卖家与国外需求旺盛的消费者连接在一起,较好地解决了国内电商市场日趋饱和的问题。随着终端用户消费习惯的变化和优秀企业带来的示范效应,B2C正加快发展。目前具有代表性的B2C网站有Amazon、eBay、AliExpress和Wish等。

小思考

B2B与B2C模式在目标客户、交易规模、营销策略及议价空间上有何区别?

(三) B2B2C 模式

B2B2C是英文Business to Business to Consumer的缩写,是在B2B和B2C模式基础上演变而来的新型网络购物商业模式。第一个B指货物或服务的供应商,即广义的卖方(如成品、半成品、材料供应商等);第二个B指交易平台,即提供卖方与买方的联系平台,同时提供优质的附加服务;C则指消费者,即买方,是在第二个B构建的统一电子商务平台购物的消费者。在这种模式下,货物或服务的供应商通过电子商务平台对其货物或服务进行线上展示和销售,最后由消费者登录平台进行购买。

B2B2C模式提供了一个为供应商、生产商、经销商和消费者服务的一站式综合平台。目前成功运用这一模式的网站有易兰礼品和商易网等。

(四) M2C 模式

M2C是英文Manufacturing to Consumer的缩写,是生产厂家直接为消费者提供自己生产的产品或服务的一种商业模式。其特点是将流通环节减少至一对一,大大降低了销售成本,从而保证了产品品质和售后服务质量。

与B2B、B2C模式相比,M2C有着价格优势、服务优势和技术优势。

1. 价格优势

产品从生产厂家到消费者手中,减少了流通环节。对于消费者而言,没有中间商赚差价,消费者能以更低的价格买到一定质量的商品,客户黏性会更高。

2. 服务优势

生产厂家直接对接消费者,可以根据消费者的需求生产个性化产品。同时在处理售后工作时,生产厂家可第一时间妥善解决,打消消费者的顾虑,客户黏性也会更高。

3. 技术优势

由于减少了中间销售的环节,生产厂家可以将更多的利润投入研发当中。研发技术也能更直接地呈现在消费者面前,使消费者更好地感受创新的魅力,客户黏性会进一步提升。

目前 M2C 模式的典型代表是天猫国际。

(五) C2C 模式

C2C 是英文 Consumer to Consumer 的缩写,是个人通过第三方交易平台,实现对个人的电子交易活动。简单来说,在电脑一端的消费者 A,通过网络平台将产品出售给电脑另一端的消费者 B,突破了卖家是企业或生产厂家身份的限制。

C2C 模式下,消费者可以在平台上发布自己的产品信息,其他消费者则可以通过平台搜索、查看、比较、购买这些产品。相较 B2B、B2C,C2C 突破了卖家身份的限制,推动了电子商务的蓬勃发展。然而,这种模式也面临着一些挑战,如买家和卖家之间的信任问题、售后服务保障等。

C2C 是我国电子商务的最早期模式,目前发展已经相当成熟。这一模式为消费者提供了便捷的购物体验和完善的服务支持,目前具有代表性的 C2C 网站有 eBay 等。

(六) O2O 模式

O2O 是英文 Online to Offline 的缩写,即从线上到线下。具体来说,线上主要是商家开展营销工作,吸引消费者线上购买;线下则是商家的实体运营,消费者需要到店消费。这一模式适合必须到店消费的商品和服务,如餐饮、健身、电影娱乐、美容美发和摄影等。

O2O 概念最早源于美国,凡是产业链中既涉及线上又涉及线下,就可以统称为 O2O。它使得互联网成为一个连接线上和线下的平台,不仅可以揽客,还可以用来筛选服务和完成交易。

O2O 模式可以帮助商家更好地了解用户数据,使得每一笔交易都可以得到跟踪,极大地提升了老客户的维护与营销效果。目前跨境 O2O 模式有在机场设提货点、在保税区开店等形式。如消费者在出国前、出国中,可通过天猫国际线上购买海外机场免税店里的商品,在归国时直接去机场免税店提货。

三、平台型和自营型模式

(一) 平台型

平台型模式,是指通过邀请国内外商家入驻平台的模式来运营。这种模式将买卖双方聚集在一个平台上,促进买家和卖家交易互动。平台型是最能保证商品品牌品质的模式,因为平台有特定的门槛和严格的规章制度,既能保护消费者的利益,又能维护商家的权益。

平台型模式由第三方平台线上搭建商城，整合物流、支付、运营等资源，吸引商家入驻，并为其提供跨境电商交易服务。而平台则以收取商家保证金、交易佣金或增值服务费等作为主要盈利模式。目前很多大中小企业都采用这种跨境电商模式，代表性的第三方平台有阿里巴巴国际站、环球资源网、中国制造网、敦煌网、Amazon、eBay、AliExpress 和 Wish 等。

（二）自营型

自营型模式，是指不依托第三方平台，凭借自身资源和实力构造电商体系，建立网站，多方引流。具体表现为先在线上搭建好平台，再整合供应商资源，以较低的进价采购商品，然后以较高的售价出售商品。自营型平台主要以获取商品差价作为盈利模式。相较平台型模式，自营型模式的商家具有以下优势。

1. 无平台规则限制

平台型模式下，商家从入驻到运营，从宣传到售后，必须严格遵守平台制定的各项规则，否则将面临不同程度的惩罚，直至闭店。自营型模式则不必担忧。

2. 可保留客户资源

平台型模式下，商家的客户资源都属于平台，一旦退出，无法获得其客户资料。而自营型模式下商家通过自建平台，后台保留的客户邮箱、客户资料都可以作为后期分析和推广的资源。

3. 无比价竞争

平台型模式下，用户输入搜索词后会出现很多商品链接，这些商品源于不同商家，用户一般会在比价后才下单，一旦价格或者产品不具有足够的竞争力，就会流失订单和客户。自营型模式下商品都是低价采购来的自营产品，因而不存在比价竞争。

4. 自主处理问题

平台型模式下，一旦买卖双方产生纠纷，第三方平台更倾向于保护买家而非卖家，这就导致卖家在处理问题时很被动。尤其是当遇到不法分子利用平台保护买家政策漏洞来对卖家进行诈骗时，卖家利益会严重受损。自营型模式下，平台就是卖家，能自主处理问题。

相较第三方跨境电商平台，自建平台省去了很多中间环节，降低了企业渠道成本，实现交易双方直接对接，是跨境电商模式的一大创新。然而，在实际操作中自营型模式也面临技术难、成本高、见效慢等难题。

目前随着跨境电商领域竞争的加剧，越来越多的海外电商企业建立了自己的跨境电商平台。目前具有代表性的网站有网易考拉、京东全球购、米兰网、兰亭集势、大龙网、小红书等。

小　思　考

　　处于转型期的中国传统外贸企业，该如何选择适合自己的跨境电商模式？

任务 四 主流跨境进出口平台

一、主流跨境出口平台

(一)亚马逊

亚马逊是美国最大的一家网络电子公司,成立于 1995 年,公司总部位于美国西雅图。早期的亚马逊以销售书籍和音像制品起家,2000 年开始品类扩张和国际业务拓展,目前已成为全球商品品类最多的网络零售商和全球第二大互联网企业。

1. 平台优势

(1)优质客户群。

亚马逊平台用户多为欧美国家中高端消费群体,数量庞大,目前全球活跃用户超过 3 亿人。其中亚马逊拥有付费会员群体超过 2 亿人,即 Prime 会员,会员满意度均在 90% 以上。

(2)特色 FBA 服务。

亚马逊拥有自己的物流仓储服务体系 FBA,即 Fulfillment by Amazon。卖家将产品库存直接送到亚马逊在当地创建的物流仓库中,客户下单后,由亚马逊系统自动完成后续发货、物流配送工作。

(3)全球化市场。

目前亚马逊全球开店覆盖 20 个海外站点,商家可以一键开通多个站点,拓展全球业务。同时亚马逊拥有 400 多家全球运营中心,能将商品配送至 200 多个国家和地区,商家无须担忧物流问题,在亚马逊基本可以实现"买卖全球"。

(4)便捷的购物体验。

亚马逊注重商品的品质控制,主打用户足不出户就能买到来自全球的优质商品。亚马逊支持信用卡、网银等多种支付方式,为客户提供便捷的购物体验,用户可以通过电脑或移动设备随时随地购物。

2. 亚马逊发展现状

财报数据显示,亚马逊 2024 年实现跨越式增长,全年营收突破 6 380 亿美元,同比增长 11%,净利润 592 亿美元,同比增长 95%。亚马逊平台核心业务表现强劲,2024 年第四季度营收达 1 878 亿美元,其中亚马逊云服务板块业务贡献 288 亿美元,保持 19% 的增长态势。全球 Prime 会员数增至 2.3 亿人,其年均消费 1 800 美元。亚马逊物流网络持续领先,美国境内次日达订单占比 75%,FBA 服务覆盖全球 95% 地区。面对日益激烈的市场竞争,亚马逊增加 AI 技术投入,深化 AWS 云服务与企业数字化解决方案。

拓展阅读

亚马逊的三次定位转变

（1）"地球上最大的书店"（1994—1997年）

1994年，杰夫·贝索斯决定创立一家网络书店。经过大约一年的准备，亚马逊网站于1995年7月正式上线。为了在竞争激烈的市场中脱颖而出，贝索斯将其定位为"地球上最大的书店"。为实现这一目标，亚马逊采取了大规模扩张策略，以巨额亏损换取营业规模。最终亚马逊完全确立了自己最大书店的地位。

（2）"最大的网络零售商"（1997—2001年）

1997年5月亚马逊上市，尚未完全在图书网络零售市场中树立绝对优势的亚马逊开始布局商品品类扩张。1998年6月亚马逊的音乐商店正式上线，短时间内亚马逊成为最大的网上音乐产品零售商。此后，亚马逊继续进行品类扩张和国际扩张，到2000年亚马逊的宣传口号已经改为"最大的网络零售商"。

（3）"最以客户为中心的企业"（2001年至今）

2001年开始，亚马逊致力于打造以客户为中心的服务型企业。为此，亚马逊于2002年推出网络服务（AWS），2005年推出Prime服务，2007年推出物流服务（FBA），2010年推出KDP的前身自助数字出版平台（DTP）。亚马逊逐步推出这些服务，使其超越网络零售商的范畴，成为一家综合服务提供商。

3. 商家入驻须知

（1）入驻条件。

商家必须是中国大陆境内或港澳台地区注册的有限公司法人，商业文件上登记的公司处于存续状态，且距离过期日期超过45天。不接受个体工商户入驻。

（2）费用。

入驻商家根据经营特点可以选择个人计划或专业计划，二者收费不同。

① 个人销售计划。每售出一件商品，亚马逊收取0.99美元。

② 专业销售计划。亚马逊收取39.99美元的月租费。

此外，亚马逊还会收取额外费用，如分类费用、配送费用和库存费用等。这些费用取决于销售的商品类型、尺寸、重量以及需要的存储空间等。发布少量商品的卖家，选择个人计划会更合适些。

（3）其他。

在所有的跨境电商平台中，亚马逊是对卖家要求最高的，不仅要求卖家产品质量有优势，而且必须有一定的品牌优势才可以销售。

（二）全球速卖通

全球速卖通是阿里巴巴旗下的跨境电商平台，成立于2010年，被广大卖家称为"国际版淘宝"，是中国最大的跨境零售电商平台。目前全球速卖通已开通18个语种的站点，覆盖全球200多个国家和地区，是中国唯一一个覆盖"一带一路"全部国家和地区的跨境出口零售平台。

1. 平台优势

(1) 容错性较高。

全球速卖通平台(简称速卖通)的商户评级制度周期是 1 个月,一般情况下只有客户邮件投诉、售卖假货、侵权等会使店铺关闭或被要求整改,容错性较高,对新手以及中小型店铺比较友好。

(2) 全方位服务保障。

速卖通提供海外仓储存、物流配送、关税清关等服务,为商家提供全方位的服务保障。同时,速卖通会对商家进行全面审核,确保商品质量,提升品牌实力。

(3) 大数据支持。

速卖通具有强大的数据分析能力。商家的日常运营、流量监测等均可以利用大数据分析工具,以帮助其进行导购、优化营销策略等,从而提高销售转化率和用户满意度。

(4) 平台活动丰富。

速卖通重视营销推广,首页展示 Daily Deals、Weekend Deals、Featured Deals 等各种营销活动。商家可以利用全球速卖通平台提供的广告投放服务,通过展示广告、搜索广告、SNS 广告等多种形式,提高产品的曝光度和流量,增加销量。

2. 全球速卖通发展现状

在全球电商市场中,速卖通凭借其独特的商业模式和强大的平台优势,吸引了大量用户。数据显示,速卖通的注册用户已经超过 4 亿人,月活跃用户数达到 1.5 亿人,覆盖全球 200 多个国家和地区。2024 年 GMV(商品交易总额)预计突破 500 亿美元,同比增长约 30%,增速高于行业平均水平。目前欧洲市场为其最大收入来源,拉美市场增长最快。2024 年速卖通推出了全球"5 日达"计划,已在西班牙、法国、巴西等 15 国上线,通过菜鸟海外仓和航空专线提升时效。未来,速卖通能否突破"低价平台"标签,向高附加值品类升级,将是长期竞争的关键。

3. 商家入驻须知

(1) 入驻条件。

入驻商家须是经合法登记注册的公司或企业(不包括个体工商户),同时须提供营业执照、统一社会信用代码、银行开户证书等证明文件。

(2) 费用。

① 保证金。速卖通要求卖家根据不同店铺经营类别支付数额不等的保证金。一般为 10 000 元、30 000 元及 50 000 元人民币。如果卖家店铺同时经营几个大类,平台将按照收取比例最高的大类收取保证金,且只收一次。

② 佣金。佣金是根据商品销售额的一定百分比来计算的,不同品类的佣金费率不同,一般在 5%~10%。

③ 平台服务费。平台服务费是根据卖家的店铺销售额来计算的,销售额越高,平台服务费会越低。

(3) 其他。

速卖通一个账号只准选取一个经营范围,但可在该经营范围下选择一个或多个经营大类。用户在速卖通的账户因严重违规被关闭,不得重新注册账户。

查一查

　　登录全球速卖通平台规则页面,了解卖家基础规则,查找不同经营大类下的保证金数额及不同类目下的佣金比例。

(三) eBay

eBay 中文名易贝或亿贝,是一个能让全球消费者在网上买卖物品的线上拍卖及购物平台。成立于 1995 年的 eBay,最初只是一个在线拍卖网站。但随着互联网技术、信息技术和电子商务的发展,eBay 已经发展成为全球知名的跨境电商零售平台。同时 eBay 也以其丰富的商品种类、多元化的交易方式和安全可靠的支付环境备受用户青睐。

1. 平台优势

(1) 开店门槛较低。

eBay 开店手续较为简单,新手卖家在平台简单注册即可进行销售。eBay 提供的买家信誉评级系统有助于建立买卖双方的信任关系,从而促进销售。同时 eBay 的手续费较低,适合小型企业和个人创业者入驻。

(2) 专业化服务支持。

eBay 提供专业的客服服务,如电话支持、网络会话等,以帮助卖家解决开店过程中遇到的问题。平台使用 PayPal 作为在线支付工具,支持全球 26 种货币,用户能快速、安全地完成支付。此外,eBay 允许卖家自定义产品和店铺页面,以展示个性化品牌形象,提升品牌知名度和用户体验。

(3) 全球化布局。

eBay 在全球范围内设有多个站点,能将商家的商品推向全球市场,覆盖 200 多个国家和地区。eBay 卖家可以接触终端消费者,从而缩短交易流程,获得较高利润。

(4) 销售方式灵活。

eBay 推出了一系列全新的定价方式,如无底价竞标、有底价竞标、定价出售、一口价成交等,帮助卖家适应不同类型的买家需求。其中平台的拍卖功能大大吸引了买家的兴趣并促进竞争,有助于实现销售和提高商品售价。

2. eBay 发展现状

eBay 在二手经济、收藏品市场和特定垂直领域保持竞争力。2024 年 eBay 平台的活跃卖家有 1 800 万个,活跃买家有 1.32 亿个。2024 年一、二、三季度 GMV 分别为 182 亿、188 亿、192 亿美元,净利润分别有 6.8 亿、7.2 亿和 7.5 亿美元,三季度累计广告收入 11.4 亿美元,同比增长 10%。分地区来看,美国市场 GMV 占比高达 55%,欧洲市场占比 30%,其他市场占比 15%。

3. 商家入驻须知

(1) 入驻条件。

入驻商家须是合法登记的企业用户,并且能提供 eBay 要求的所有相关文件。

（2）费用。

eBay 收取的费用主要是刊登费和成交费。

① 在创建物品刊登时收取刊登费，金额取决于物品价格、刊登形式等。

② 在售出物品时收取成交费，金额为销售总额的一定百分比，再加上每笔订单 0.3 美元的固定费用。

此外，由于 eBay 使用 PayPal 支付工具，需要收取手续费、提现费等。eBay 和 PayPal 的关联类似于国内淘宝和支付宝，一个用于开店，一个用于支付。

（3）其他。

eBay 平台买家保护政策较强，遇到买卖纠纷时多偏向买家。同时审核周期较长，卖家店铺需要积累信誉才能越卖越多。

二、主流跨境进口平台

（一）天猫国际

天猫国际是阿里巴巴旗下的进口零售平台，旨在为中国消费者提供全球的进口好物。在跨境电商领域，天猫国际以其强大的实力和独特的营销策略，成为广大跨境卖家寻找市场机会的首选平台。

1. 平台优势

（1）商品种类齐全。

天猫国际作为全球进口商品的集散地，为客户提供了海量的商品选择，截至目前约有来自全球 87 个国家和地区的 29 000 多个品牌入驻，覆盖了服饰、美妆、食品、户外、家居、母婴等 5 800 多个品类。消费者不出国门，就能享受来自全球的优质好物。

（2）产品质量可靠。

质量是企业的生命线。为了确保商品是源头产品，天猫国际对所售商品进行层层筛选，以保障消费者切身利益。大部分商品在天猫国际上拥有专属详情页，如商品产地、成分、用途、注意事项等描述细致，让消费者购物更加安心。

（3）物流服务便捷。

天猫国际与多家物流公司合作，为消费者提供便捷快速的物流服务。部分商品直接从保税仓发货，避免了长距离的跨境运输，既减少了货损，又提高了速度，为消费者带来更好的购物体验。

（4）营销策略多样。

天猫国际为商家在提升产品曝光度、吸引客流方面提供了多种营销策略，如搜索广告、展示广告、品牌推广等。为了促进销售，天猫国际还推出了多种促销活动，如限时折扣、满减、买赠等。此外，还有返现、会员等各种营销手段，进一步增强了用户黏性。

2. 天猫国际发展现状

作为中国领先的跨境进口电商平台，天猫国际 2023 年 GMV 突破 2 000 亿元，同比增长 18%，市场份额约占 35.6%。平台已吸引超 4 万家国际品牌入驻，其中奢侈品品牌数量突破 300 个，带动高端品类销售占比提升至 15%。通过全球供应链布局，实现核心城市 72 小时送达率超 80%，保税仓发货商品平均时效缩短至 2.5 天。

3. 商家入驻须知

（1）入驻天猫国际的商家必须是具有中国大陆以外资质的公司实体，拥有海外注册商标。

（2）所销售的商品均原产于或销售于海外，通过国际物流经中国海关正规入关。商家须在 120 小时内完成发货，14 个工作日内到达，并保证物流信息全程可跟踪。

（3）目前入驻天猫国际的费用主要有店铺保证金、年费和实时划扣技术服务费（佣金）三部分。其中，除特殊说明外，正常情况下的店铺保证金为 50 000 元人民币。

（二）京东国际

京东国际是京东集团旗下主营跨境进口业务的平台，其前身是京东的海囤全球与京东全球购。京东国际通过在消费场景、营销生态、品质与服务、招商四个维度的全面升级，为消费者带来更加优质便捷的一站式购物体验。

1. 平台优势

（1）品类丰富。

京东国际目前已吸引约 2 万个品牌入驻，商品种类丰富，包括时尚、母婴、营养保健、个护美妆、3C、家居、进口食品、汽车用品等。京东国际在多个国家和地区建立了采购中心，可以为消费者提供来自全球的数百万种商品。

（2）品质保障。

京东国际秉承"正品保障"的原则。针对消费者下单的商品，京东国际会采用一系列措施进行严格的质量检测和筛选，保证所售商品均为正规渠道采购，确保商品质量，保障消费者利益。

（3）物流便捷。

京东国际在物流、仓储和配送等方面进行了大量的投资和改进。京东物流持续布局跨境运输及海外快递服务，目前已经上线了"国际特快送"服务，力求为消费者提供更快更稳更高效的物流服务。

（4）价格优势。

得益于供应链优势，京东国际的采购成本较低。此外，京东国际还会适时地开展促销活动，通过发放优惠券、推出特价商品等让利于消费者，以增强用户黏性。

2. 京东国际发展现状

作为中国跨境进口电商核心平台之一，京东国际 2023 年 GMV 为 1 300 亿元，同比增长 25%，市场份额约占 28.2%。目前平台汇聚超 3 万个国际品牌，其中高端美妆和母婴用品占比达 60%。依托京东物流全球供应链体系，京东国际在国内建成 8 大保税仓，实现核心城市次日达覆盖率 85%，跨境订单平均时效缩短至 2.8 天。

3. 商家入驻须知

（1）商家须拥有海外或中国香港、中国澳门、中国台湾地区注册公司实体。商品须原产于或销售于海外或中国港澳台地区，保证 100% 原装正品。

（2）客户下单后 72 小时内完成发货，物流信息可追踪。同时，商家须签署《跨境物流平台服务协议》，对跨境申报模式进境的商品和全部订单使用京东国际物流发货。

（3）目前入驻京东国际的费用主要有保证金、交易服务费和技术服务费三部分。根据经营类目不同,商家缴纳的保证金也不相同。

小 思 考

天猫国际与京东国际在商业模式上有何差异?

(三) 考拉海购

考拉海购是阿里巴巴旗下一个综合性的进口跨境电商平台,主打官方自营、全球直采的零售模式。其前身是网易旗下跨境电商平台考拉,2019 年 9 月被阿里巴巴集团以 20 亿美元全资收购。考拉海购销售的产品包括美容彩妆、母婴儿童、营养保健、数码家电及环球美食等品类。用户群较为广泛,主要是具有较强消费能力的 20 岁到 45 岁的白领群体,其中女性用户占比较高。

1. 平台优势

（1）平台影响力:考拉海购曾获由中国质量认证中心认证的“B2C 商品类电子商务交易服务认证”证书,是国内获得最高级别认证的跨境电商平台之一。通过在电视、网络媒体等渠道的广告宣传,考拉海购知名度和影响力进一步上升。

（2）正品承诺:考拉海购与全球 2 000 多家品牌和供应商达成战略合作,为消费者提供来自全球 80 多个国家的商品。其采购商品均来自官方授权经销商,提供正品承诺,对所有供应商的资质进行严格审核,从源头上杜绝假货。

（3）低价保障:考拉海购在全球多个国家和地区设立了分公司或办事处,如美国、德国、意大利、日本、韩国等,直接对接品牌商和工厂,从原产地采购,缩减中间环节,实现了更低的进价,甚至做到“海外批发价”。

（4）物流配送:考拉海购与多家物流公司合作,不断提高配送时效。考拉海购还推出“次日达”配送服务,即指定商品、指定收货地址的现货订单,16 点前下单并支付完成,商品最快将于次日送达。

2. 考拉海购发展现状

2024 年,考拉海购以 18.7% 的市场份额稳居中国跨境进口电商第三位,仅次于天猫国际、京东国际。平台年 GMV 预计达 900 亿元,同比增长 15%。目前汇聚超 2 万个国际品牌,母婴、美妆和保健品三大核心品类贡献 65% 的销售额。依托阿里巴巴生态,考拉海购建成 6 大保税仓,实现全国重点城市 72 小时送达率 78%,保税订单平均时效压缩至 3.2 天。

3. 商家入驻须知

（1）商家的注册地须为中国大陆境外。同时保证所有商品均属中国大陆境外直采,是海外原装正品,承担商品质量安全,并按规定履行相关义务。

（2）考拉海购在店铺类型及名称、品牌等方面对申请入驻的商家设有一定的准入条件。同时,申请开设不同类型店铺,经营不同类目商品的商家要求具备相应的资质。

（3）入驻商家须缴纳保证金和技术服务费。一般贸易的商家保证金为 50 000 元人民币,保税、直邮及其他贸易模式则为 15 000 美元。技术服务费是依照商家各类目销售额的一定百分比(即费率)缴纳,费率不等。

技能与素养提升

商务部:继续扎实推进跨境电子商务综合试验区建设

截至 2022 年底,国务院已先后分七批设立 165 个跨境电子商务综合试验区,覆盖 31 个省区市,基本形成了陆海内外联动、东西双向互济的发展格局。

综试区作为跨境电商发展的创新高地,有效助力外贸稳规模、优结构,有力推动了业态创新发展。2022 年,我国跨境电商进出口额达到 2.11 万亿元,增长 9.8%。其中各综试区的进出口额占比超过九成。目前各综试区跨境电商相关企业约 20 万家,其中被认定为高新技术的企业超过 9 300 家。产业配套日趋齐全。各综试区积极建设跨境电商产业园,丰富各类配套设施,涌现了一批支付、物流、营销等环节的专业服务商。

下一步商务部将继续扎实推进综试区建设,指导各综试区结合各地产业优势积极创新,实现差异化发展。加强对规模化、专业化跨境电商企业的培育,提升综合竞争力。开展优秀实践案例遴选,总结梳理成熟的经验做法,向全国复制推广。加快跨境电商领域的国际合作。支持各类主体开拓好海外市场,加强与其他国家在规则制定、标准建设等方面的协调互动。

资料来源:商务部网站

思考:跨境电子商务综合试验区在推动我国外贸稳规模、优结构方面起到了哪些作用?

项目训练

1. 单选题

(1) 以下关于跨境电商表述不正确的是( )。

A. 分属相同关境的交易主体　　　　B. 通过电子商务平台进行支付结算

C. 通过电子商务平台达成交易　　　　D. 通过跨境物流送达商品完成交易

(2) 2014 年 1 月,海关总署增列海关监管方式代码( ),适用于境内个人或电子商务企业通过电子商务交易平台实现交易,并采用"清单核放、汇总申报"模式办理通关手续的电子商务零售进出口商品。

A. 1210　　　　B. 1220　　　　C. 9610　　　　D. 9620

(3) 我国电子商务的最早期模式是( )。

A. B2B　　　　B. B2C　　　　C. C2C　　　　D. O2O

(4) 亚马逊是以销售( )起家,目前已成为全球商品品种最多的网上零售商和全球第二大互联网企业。

A. 母婴用品　　　　　　　　　　B. 书籍和音像制品

C. 服装配饰　　　　　　　　　　D. 家居用品

(5) 有着"国际版淘宝"之称的跨境电商平台是(　　)。

A. 天猫国际　　　　　　　　　　　　B. 全球速卖通

C. Wish　　　　　　　　　　　　　　D. 亚马逊

(6) eBay 平台提供独具特色的(　　)功能,吸引了众多用户使用。

A. 比价　　　　　　B. FBA　　　　　　C. 拍卖　　　　　　D. 算法推荐

2. 多选题

(1) 跨境电商的特点包括(　　　　)。

A. 全球性　　　　　B. 快速演进　　　　C. 即时性　　　　　D. 无纸化

(2) 跨境电商的"三流"指(　　　　)。

A. 物流　　　　　　B. 技术流　　　　　C. 资金流　　　　　D. 信息流

(3) 跨境出口和跨境进口涉及的海关监管方式代码有(　　　　)。

A. 9610　　　　　　B. 9630　　　　　　C. 1210　　　　　　D. 1230

(4) 相较 B2B,B2C 模式与之存在的不同包括(　　　　)。

A. 目标客户是最终消费者　　　　　　B. 交易规模较小

C. 侧重于广告投放、社交媒体宣传　　D. 议价空间较大

(5) 关于亚马逊平台,以下说法正确的有(　　　　)。

A. 亚马逊 Prime 会员是免费加入的

B. 亚马逊对卖家要求很高,既要有质量优势,又要有品牌优势

C. 使用 FBA 的卖家一般不用担心因物流配送带来的差评

D. 选择专业销售计划的卖家,亚马逊按月收取 39.99 美元的月租费和额外费用

(6) 关于全球速卖通平台,以下说法正确的有(　　　　)。

A. 商家入驻需按经营类目支付保证金,但保证金是可以退的

B. 容错性较高,对新手以及中小型店铺比较友好

C. 在俄罗斯、巴西等国很受欢迎,用户群体规模较大

D. 产品种类丰富但价格较高,用户多为中高端客户

3. 判断题

(1) 国内卖家可以通过全球速卖通平台开展产品批发业务。　　　　　　(　　)

(2) 目前具有代表性的 B2B 平台有 Amazon、eBay、AliExpress 和 Wish 等。(　　)

(3) 自营型模式的商家较平台型模式有更多优势,因而所有商家都适合采用自建平台发展跨境电商业务。　　　　　　　　　　　　　　　　　　　　　　(　　)

(4) 全球速卖通是中国唯一一个覆盖"一带一路"全部国家和地区的跨境出口零售平台。　　　　　　　　　　　　　　　　　　　　　　　　　　　　　　(　　)

(5) Wish 是一家专注于网页端购物体验的跨境电商平台。　　　　　　　(　　)

(6) 在选择入驻平台时,对于新手卖家而言,需要结合优势谨慎选择。　　(　　)

4. 任务实训

(1) 将学生每四人分成一组,以抽签形式两两展开讨论。讨论主题:在所学 B2C 平台中,中小型外贸企业开展跨境电商业务时选择哪一家平台更有利。

(2) 代入情境导入中小王的角色,为安徽名尚国际贸易有限公司从传统外贸转向跨

境电商选择一个最合适的 B2C 平台。

（3）每四人一小组，利用周末走访当地跨境电商企业或通过网络调研，了解企业跨境电商业务经营品类、经营模式、通关方式等情况，根据所学知识为企业设计合理的通关方案，并在课堂分享。

跨境电商平台注册

项目导图

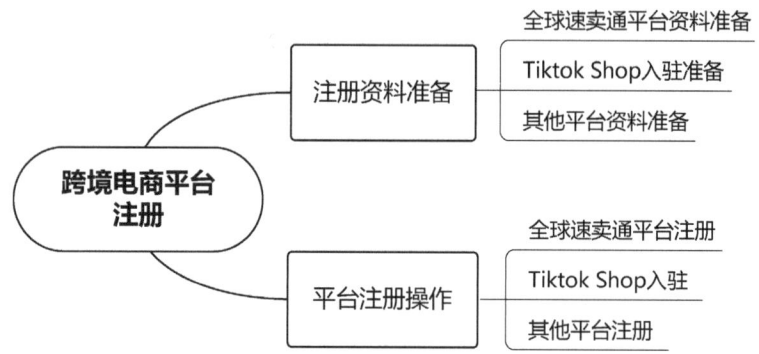

学习目标

1. 知识目标

（1）熟悉不同跨境电商平台注册所需资料及提交规范。

（2）了解跨境电商注册的法律法规。

（3）掌握主流跨境电商平台的注册要求。

2. 能力目标

（1）能够根据平台指引逐步完成主流跨境电商平台的账号注册与资质验证。

（2）能够高效整理与审核注册资料。

（3）能够解决注册中的常见问题。

3. 素养目标

（1）严格遵守平台规则及跨境贸易法规,强化合规意识与责任感。

（2）注重隐私与信息安全。

（3）培养持续学习的职业态度,提升适应新规则的能力。

项目背景

　　我国是全球最大的玩具生产国,有着"世界玩具工厂"之称,全球约 75％ 的玩具在中国生产。随着我国跨境电商发展势头越来越好,越来越多的中国玩具企业将目光聚焦在更广阔的全球市场,纷纷寻求与全球速卖通、Shopee、亚马逊、TikTok 等平台合作,希望快速打开国外市场。然而跨境电商平台众多,不同的平台入驻条件不一,跨境卖家只有充分了解不同平台的入驻规则和条件,掌握入驻流程,才能正确打开跨境电商外贸之旅。

 **情境导入**

安徽名尚国际贸易有限公司梁经理听了市场拓展部小王的汇报,对跨境电商发展有了初步的认识,也了解了目前我国跨境电商出口的一些主流平台,接下来公司准备在多个跨境电商平台进行店铺注册。由于小王前期在调研跨境电商平台中做了大量工作,梁经理将注册的任务也交给了他,接下来我们跟随小王来完成店铺注册操作。

任务 一 注册资料准备

跨境电商平台入驻对比分析

目前,我国主流跨境电商出口平台主要有全球速卖通、亚马逊、Shopee、TikTok Shop 等,这些跨境电商平台和国内淘宝、京东等电商平台一样都是买卖商品的平台,但不同平台在入驻条件、平台规则、运营法则等方面存在差异,下面简要介绍不同平台的入驻条件。

一、全球速卖通平台资料准备

在全球速卖通上开通一个跨境店铺,需要准备以下资料,若资料不完整,将无法注册成功。下面根据全球速卖通开店入驻主要步骤介绍开店资料准备工作。

(一) 注册账号

此环节需要准备一个未注册过全球速卖通账号的邮箱,以下两点需要注意:

(1) 一个邮箱只能注册一个全球速卖通账号。

(2) 邮箱中不能出现 aliexpress,taobao 或 alibaba 这样的字母,若出现则无法注册成功。

(二) 企业认证

此环节需要提前准备以下资料:

(1) 营业执照彩色扫描件。

注意:营业执照注册时间应大于 14 天且在有效期内(如注册时间小于 14 天,即使信息填写准确也会出现法人姓名、营业执照有效期等错误的提醒);

(2) 企业支付宝账号或对应法人个人支付宝账号。

(3) 法人、股东基本信息(含身份证信息)。

(4) 联系方式(公司的联系邮箱、电话等)。

一个企业最多只能认证 6 个账号,注销的店铺或被处罚关闭的店铺仍占用认证名额,且目前仅支持法人为中国大陆公民的中国大陆企业进行入驻认证,暂不支持个体工商户及其他企业。

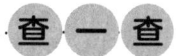

全球速卖通自 2010 年创立以来,注册条件经历了哪些变化?

(三) 经营类目申请

每个全球速卖通账号只准选取一个经营范围经营,并可在该经营范围下经营一个或多个经营大类(只有经营范围 9 和 10 下有多个经营大类)。入驻不同的经营大类需缴纳不同金额的保证金,保证金按店铺入驻的经营大类收取,如果店铺入驻多个经营大类(仅涉及经营范围 9 和 10),则保证金为多个经营大类中的最高金额。不同经营大类的保证金,如表 2 - 1 所示。

表 2 - 1　不同经营大类保证金　　　　　金额单位:元

经营范围	经 营 大 类	保证金
1	珠宝手表(含精品珠宝)	1 万
2	服装服饰	1 万
3	婚纱礼服	1 万
4	美容个护(含护肤品)	1 万
5	黑人真人发	3 万
	白人真人发	1 万
6	化纤发	1 万
7	母婴玩具	1 万
8	箱包鞋类	1 万
9	健康保健	1 万
	成人用品	1 万
10	3C 数码(除内置存储、移动硬盘、U 盘、刻录盘、电子烟、手机、电子元器件)(投影仪定向邀约)	1 万
	内置存储、移动硬盘、U 盘、刻录盘	1 万
	电子烟	3 万
	手机	3 万
11	电子元器件	1 万

续　表

经营范围	经 营 大 类	保证金
12	汽摩配	1万
13	家居家具家装灯具工具	1万
14	家用电器	1万
15	运动娱乐(含电动滑板车)	1万
16	特殊类	

资料来源：全球速卖通官网

(四) 品牌类目申请

申请品牌类目时应注意以下两点。

(1) 在发布商品时通常需要选择对应品牌,因此需要申请品牌类目权限,少部分类目发布时支持无品牌。卖家若拥有或代理品牌,可根据品牌资质,选择经营品牌官方店、专卖店或专营店店铺类型,若不经营品牌,可跳过这个步骤。

(2) 目前全球速卖通系统已经收录了大量的品牌,"新商标注册申请"用于提交新商标备案,"平台已有的品牌申请"是直接申请已被平台收录的品牌的经营权限。

二、TikTok Shop 入驻准备

(1) 营业执照：必须拥有中国内地或中华人民共和国香港特别行政区的合法企业营业执照。

(2) 基本信息：法人证件(身份证/护照)、手机号和邮箱、其他电商平台的店铺后台截图(显示店铺名称、注册主体及 DSR 评分)、中国内地或香港的发货和退货仓联系信息。

(3) 第三方平台经验：需有其他主流电商平台(如 Shopee、Lazada、Amazon 等)的经营经验,店铺综合评分须达到 4.3 以上或好评率 90％以上。

(4) 产品合规性：产品必须符合当地出口要求和平台治理需求。

三、其他平台资料准备

(一) 亚马逊资料准备

注册账号前,需要先按照要求准备好所有资料,主要包括以下基本资料。

(1) 公司营业执照彩色扫描件或照片：必须由中国大陆、中国香港、中国台湾出具。

① 中国大陆企业：营业执照(距离过期日期应超过 45 天)；

② 中国香港企业：公司注册证明书和商业登记证(距离过期日期应超过 45 天)；

③ 中国台湾企业：商业登记抄本/设立登记表/变更登记表。

(2) 法定代表人身份证件(身份证或护照)彩色扫描件或照片。

① 身份证件上的姓名必须与营业执照上法定代表人的姓名一致；

② 身份证件上的姓名应与注册的亚马逊账户上的姓名完全匹配；

③ 身份证件必须在有效期内。

（3）付款信用卡或借记卡。

可进行国际付款的信用卡或借记卡（VISA 或者 MasterCard，首选 VISA）；确认开通销售国币种的支付功能。若同时开通多个商城，建议使用可以支持多币种支付的信用卡或借记卡；确认信用卡尚未过期且具有充足的信用额度，且对网购或邮购付款没有任何限制。

（4）联系方式。

① 联系人的电子邮箱地址；

② 联系人的电话号码（建议填写法人的联系电话）；

③ 公司的地址、联系电话。

（5）银行账户：用于接收付款的银行账户，有以下三种方式可供选择（三选一）。

① 国内银行账户：使用人民币接收全球付款并直接存入国内银行账户，银行地址选择中国；

② 北美或中国香港的银行账户：使用海外或中国香港地区的有效银行账户，用当地货币接收亚马逊销售款；

③ 第三方存款账户：使用支付服务商提供的银行账户，此种情形下需选择银行地址为支付服务商开立的银行账户所在国家。

注册前，须确保注册资料符合亚马逊的规定，若资料不完整或不真实，将无法注册成功。

（二）Shopee 资料准备

Shopee 平台需要准备的开店材料分为 4 类，分别是法人材料、基本信息、公司信息及店铺信息。

（1）法人材料。

法人身份证正反面＋法人根据提示录制认证小视频。

（2）基本信息。

① 联系人姓名：法人或店铺运营人员；

② 公司邮箱：常用邮箱，未入驻过，接收审核链接；

③ 联系人手机号：必须为实名卡，不可使用虚拟号、副卡，且此前该号码没有入驻过 Shopee，如果该手机号曾经入驻 Shopee，必须更换新手机号入驻。

（3）公司信息。

① 营业执照原件（正副本）照片。

提供正本原件照片或副本原件照片，须与后续所提交视频中的营业执照保持一致。营业执照包括有限公司类型执照、个人独资企业类型执照及个体工商户类型执照。营业执照须未入驻过 Shopee，1 位法人只能开设 1 个店铺。对于新申请的营业执照，必须在国家信息公示网上能查询到后，才可提交入驻，否则可能会判定为虚假入驻，材料作废。有限公司执照必须在营业期限内，超出营业期限的公司会被关闭审核。

② 营业执照公司名称。

③ 营业执照统一社会信用代码。

企业统一社会信用代码必须与营业执照(正本)完全一致,注意区分字母和数字,如字母 O 和数字 0。

④ 办公地址。

(4) 其他验证材料。

① 法人手持营业执照视频。

要求日期为三天内,确保人脸清晰,不可以佩戴口罩、帽子等遮盖面容的物品,确保人脸与身份证照片头像一致,可清楚辨认为同一人。

② 内外贸电商平台店铺登录视频。

这部分材料一般是复审时提交,初审时不必提交,通常是初审材料不清晰才会导致复审。

查一查

Wish 及 eBay 平台注册需具备哪些条件?

任务二 平台注册操作

一、全球速卖通平台注册

全球速卖通平台注册所需材料准备齐全后,进入注册环节。注册流程如图 2-1 所示。

全球速卖通卖家账号注册操作

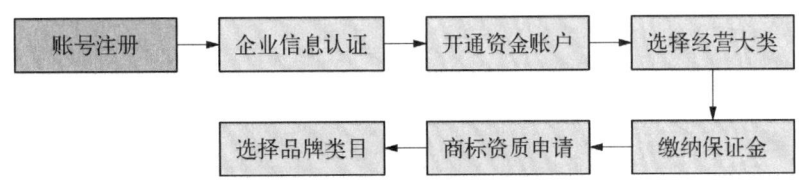

图 2-1　全球速卖通注册流程

Step 1：账号注册

进入全球速卖通官方卖家端页面,在页面顶部单击"注册"按钮,在公司注册地所在国家一栏,根据营业执照注册地进行选择,若有其他国家的营业执照可以相应选择,注册后国家不可更改。选好后即可跳转到账号注册页面,如图 2-2 所示。

在该页面,需要填写店铺注册基本信息。注册邮箱作为店铺登录所使用的账号,设置了邮箱和密码之后填写手机号码,勾选同意下方的相关协议和声明,即可进入下

图 2-2 账号注册

一步。

Step 2：企业信息认证

对于新入驻全球速卖通平台的跨境商家，自 2022 年 11 月 15 日起，建议选择人民币作为主要经营币种。主要是为了降低汇率变动对商家经营的影响，提升经营的稳定性。因此，新商家在入驻时无须自行选择经营币种，系统会自动提示以人民币为经营币种。完成入驻流程后，在平台上发布商品时，应使用人民币作为报价币种，商品在各个国家市场展示时会转换为当地货币。

企业支付宝账号认证环节，有两种认证方式可以选择，即企业支付宝认证和企业法人支付宝认证，如图 2-3 所示。如果营业执照已申请企业支付宝，可通过企业支付宝认证方式申请;若没有企业支付宝账号,可使用企业法人支付宝认证。认证前需要准备好以下材料:企业营业执照资质信息、企业法人支付宝账号、法人基本信息、企业股东信息。点击"企业法人支付宝认证"按钮,出现支付宝扫码登录页面,支付宝扫描后,开始填写企业经营信息、法人信息、联系人三个部分,分别如图2-4、图2-5、图2-6所示。

图 2-3 支付宝认证图

商家填写企业信息并提交后,将进入企业信息审核,可在5分钟左右刷新页面。有三种结果:通过审核,继续填写材料即可;审核中,即机审未通过,进入人工审核,一般需3~5个工作日;审核驳回,需要确认企业注册时间是否已超过14天,再检查基础信息是否填写准确,如法人身份证号的格式等。

Step 3:开通资金账户

完成认证后,进入开通资金账户环节,根据页面提示填写法人及企业受益人信息。资金账户是指国际支付宝账户,主要用途是商家用来收款,比如交易订单的结算资金。开通资金账户,审核需2~3天。该项审核是在国际支付宝侧,非平台审核,进入人工审核时,商家可以前往国际支付宝查看审核情况,审核通过直接进入下一步。

Step 4:选择经营大类

店铺正式开始经营前,需要选择入驻经营大类,每个全球速卖通账号只可选取一个经营范围在平台进行经营活动(经营中支持更换经营大类),部分类目为特殊类目,在入驻经营大类时需要提交资料并审核通过后才能取得发布类目权限。依次点击全球速卖通的商家后台—账号及认证—我的申请,跳转到申请经营大类,在其中选择经营类目后点击确认按钮即可(部分经营类目需要提交额外的经营资质),如图2-7所示。

选择经营大类

Step 5:缴纳保证金

平台店铺经营须缴纳店铺保证金,入驻不同的经营大类须缴纳不同金额的保证金。确认类目之后,页面将跳转到缴纳保证金页面,如图2-8所示,需要准备一个账户"余额"

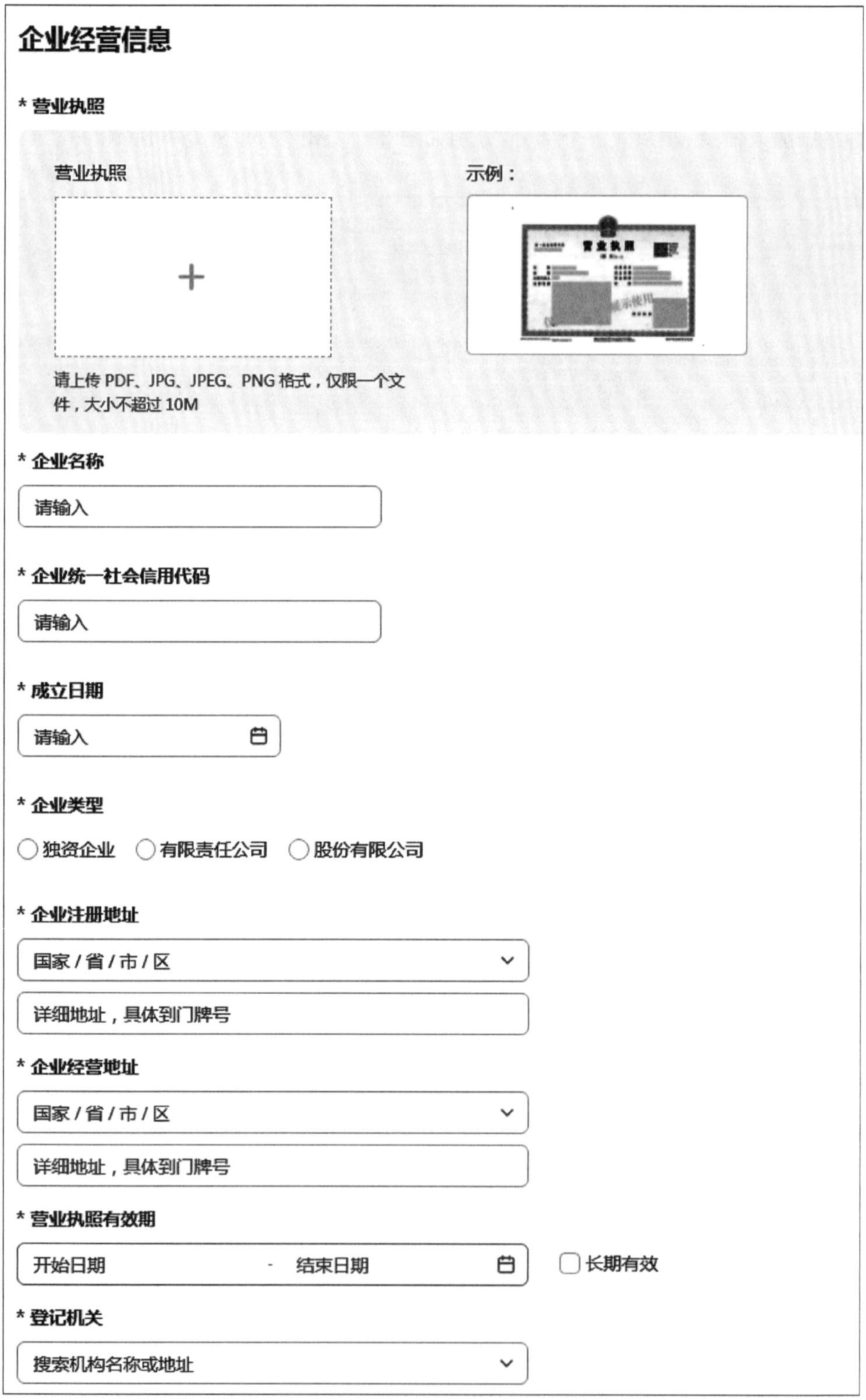

企业经营信息

* 营业执照

营业执照

示例：

请上传 PDF、JPG、JPEG、PNG 格式，仅限一个文件，大小不超过 10M

* 企业名称

请输入

* 企业统一社会信用代码

请输入

* 成立日期

请输入 　🗓

* 企业类型

◯独资企业　◯有限责任公司　◯股份有限公司

* 企业注册地址

国家 / 省 / 市 / 区　　　　　　　　　⌄

详细地址，具体到门牌号

* 企业经营地址

国家 / 省 / 市 / 区　　　　　　　　　⌄

详细地址，具体到门牌号

* 营业执照有效期

开始日期　　　　　-　结束日期　　🗓　　☐长期有效

* 登记机关

搜索机构名称或地址　　　　　　　⌄

图 2-4　企业经营信息页面

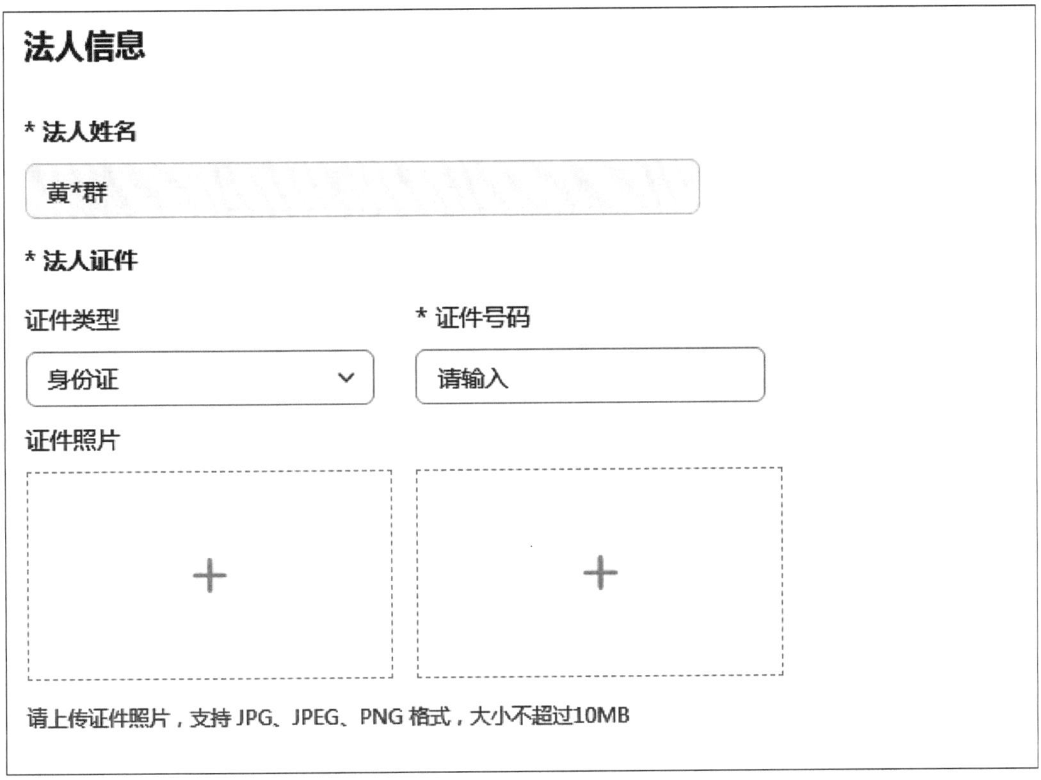

法人信息

*法人姓名

黄*群

*法人证件

证件类型

身份证 ⌄

*证件号码

请输入

证件照片

+

+

请上传证件照片，支持 JPG、JPEG、PNG 格式，大小不超过10MB

图 2-5　企业法人信息页面

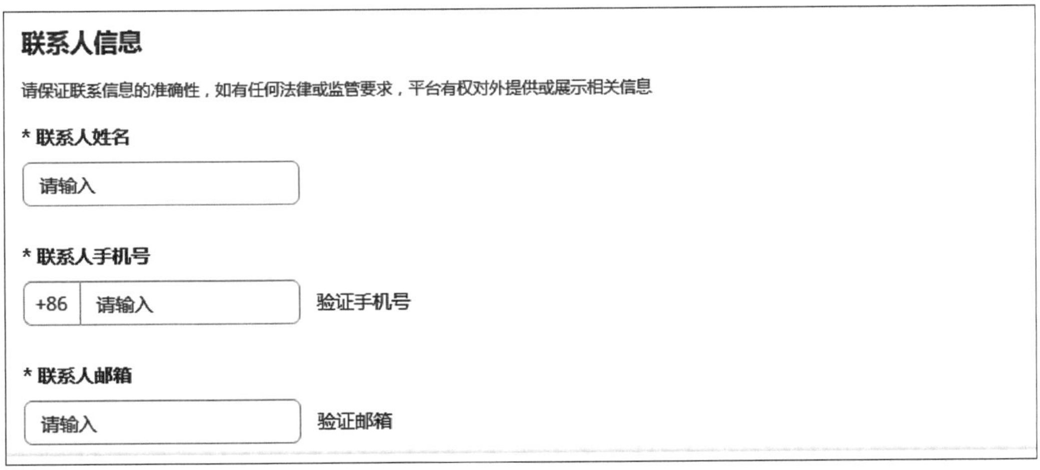

联系人信息

请保证联系信息的准确性，如有任何法律或监管要求，平台有权对外提供或展示相关信息

*联系人姓名

请输入

*联系人手机号

+86　请输入　　验证手机号

*联系人邮箱

请输入　　验证邮箱

图 2-6　企业联系人信息页面

大于类目保证金的支付宝账号，全球速卖通将对保证金余额进行冻结。

Step 6：商标资质申请

　　除个别类目外，全球速卖通平台对全行业启动了商标化政策，确保每个商品都有相应的品牌标识，根据品牌资质，可选择经营品牌官方店、专卖店或专营店。

商标资质申请

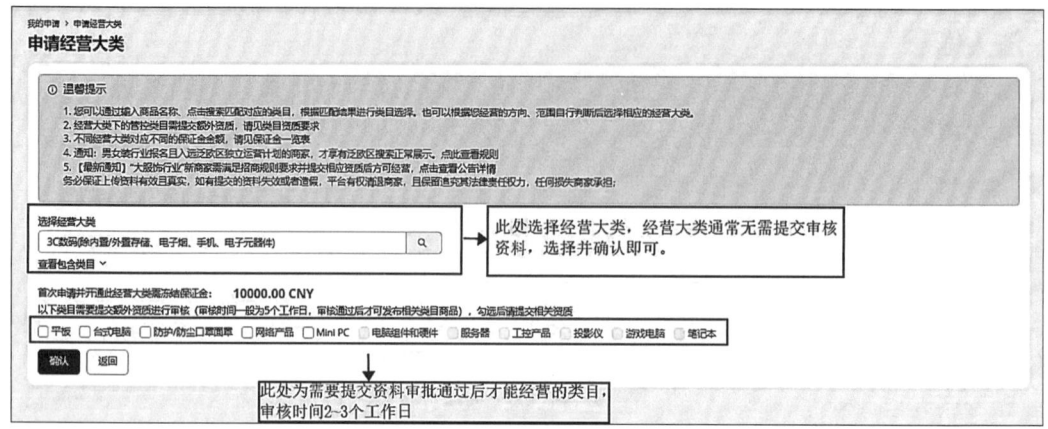

图 2 - 7 选择经营大类

图 2 - 8 缴纳保证金页面

在注册环节,确定类目并缴纳保证金后,即开始商标添加与资质申请流程。商标添加前,可通过搜索查看全球速卖通平台是否有要添加的商标,若存在,则直接勾选后进行授权即可。

Step 7:选择品牌类目

(1)搜索并选择自己的品牌,选择需要发布商品的类目;

(2)如搜不到品牌,可点击【添加新品牌】或点击【我的申请】—【新商标注册申请】,按页面要求提交相关材料。

二、TikTok Shop 平台入驻

准备齐全 TikTok Shop 平台入驻所需资料后，接下来就进入平台入驻环节，该平台的入驻主要流程，如图 2－9 所示。

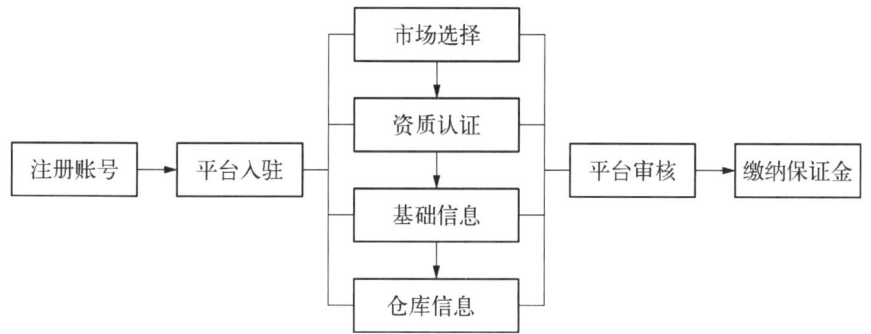

图 2－9　TikTok Shop 平台注册流程图

Step 1：注册账号

点击注册链接进入注册店铺界面，如图 2－10 所示。

图 2－10　Tiktok Shop 平台注册页面

在注册页面填写手机号码、邮箱地址和密码后,点击注册,进入平台入驻环节。

Step 2:平台入驻

1. 市场选择

选择希望开通的市场及售卖国家。目前,有东南亚、北美、欧洲三个选项,如图 2‐11 所示。

图 2‐11 市场选择页面

东南亚目前开通了马来西亚、泰国、菲律宾、越南、新加坡五个售卖国家,卖家可根据运营计划申请某一个或多个国家,北美市场目前仅开放美国一个售卖国家。

公司主体所在地根据自己的营业执照和公司主体所在地进行选择。平台提供两种选项:中国内地、中国香港。此处的选择会影响资质认证环节提交的资料类型,若选择中国内地,提交公司营业执照;选择中国香港,提交公司注册证明书、商业登记证。

2. 资质认证

资质认证需要填写公司信息、法人代表信息及主要经营平台资料。需提交的资料包括手机号、邮箱、公司营业执照、法人证件图片、主要经营电商平台资料等。

(1)公司资质。

以中国内地资质为例,需上传公司营业执照,确保上传的营业执照信息是清晰彩色照片，如果上传黑白复印件需加盖公司公章。在资质认证环节需填写公司名称、公司营业执照号码、注册地址、注册日期、营业执照有效期信息，如图 2-12 所示。

图 2-12　资质认证页面

（2）法人代表信息。

以中国内地身份证为例,需上传身份证证件正面和反面。务必上传完整清晰的彩色身份证正反面照片,照片需要覆盖身份证四角。填写企业法人姓名(中文填写)和法人代表证件号码,须和身份证上一致,如图 2-13 所示。

图 2-13　法人代表信息页面

（3）第三方经营信息。

主要经营电商平台包含跨境电商平台和国内电商平台两种。

跨境电商平台有 Shopee、Lazada、Amazon、AliExpress、Wish、SHEIN、eBay、Shopify、Mercado Libre、Alibaba、Ozon、Temu 等。

国内电商平台包括拼多多、淘宝、天猫、京东、抖音、1688、快手等。

截图内容需要包括店铺名称、注册该店铺的公司主体或法人(要与注册 TikTok Shop 的公司主体或者法人一致)、店铺综合评分≥4.3 分或好评率≥90%,如图 2-14 所示。

3. 基础信息

设置账号名称,名称须用英文填写且全网唯一,如图 2-15 所示。店铺注册成功后,需要注册与 TikTok Shop 命名一致的 TikTok 账号进行绑定;选择主营类目,如图 2-16 所示,一个商家账号仅支持选择一个主营类目,该账号在所有国家站点只能发布主营类目的商品,无法发布非主营类目的商品。

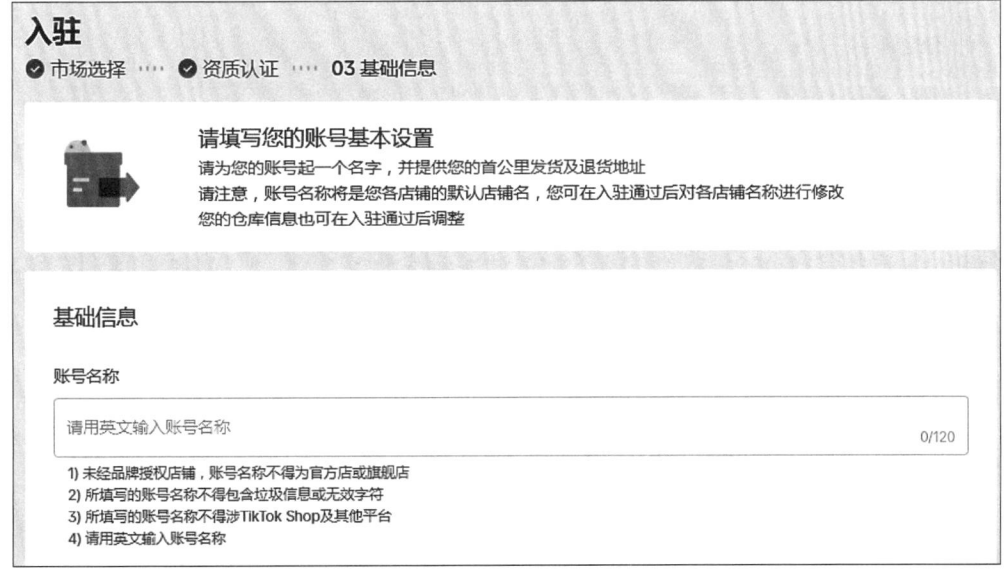

目前主要经营电商平台

提供您现有的电商平台信息将有助于我们了解您过往的经营经验

上传主营店铺截图

请提供您正在运营的电商平台当中最主要店铺的后台截图，1个店铺即可
例如：跨境电商平台Shopee/Lazada/Amazon/AliExpress/Wish/Shein/Ebay/Shopify/Mercado/Alibaba .com /OZON/Temu 或
拼多多，淘宝，天猫，京东，抖音，1688截图内容请体现以下信息：
1) 店铺名称
2) 注册该店铺的完整公司主体名称，请保证与注册TikTok Shop跨境的公司主体或法人一致
3) 店铺综合评分大于4.3或90%

最多支持上传3张截图。请确保图片小于5M，格式为JPG、PNG或BMP。请务必查看样例，准确上传截图，截图或链接错误将直接无法通过审核。查看样例

> +
> 上传
> (0/3)

主营店铺链接

请提供您的店铺链接，请保证与上述截图为同一店铺

> https://

◎ 查看市场选择   保存   继续

图 2-14 第三方经营信息填写页面

入驻
✔ 市场选择 ···· ✔ 资质认证 ···· **03 基础信息**

请填写您的账号基本设置

请为您的账号起一个名字，并提供您的首公里发货及退货地址
请注意，账号名称将是您各店铺的默认店铺名，您可在入驻通过后对各店铺名称进行修改
您的仓库信息也可在入驻通过后调整

基础信息

账号名称

> 请用英文输入账号名称   0/120

1) 未经品牌授权店铺，账号名称不得为官方店或旗舰店
2) 所填写的账号名称不得包含垃圾信息或无效字符
3) 所填写的账号名称不得涉TikTok Shop及其他平台
4) 请用英文输入账号名称

图 2-15 账号名称填写页面

4. 仓库信息

在入驻流程里，不论中国内地主体，还是中国香港主体的卖家，均可选择填写 1 或 2

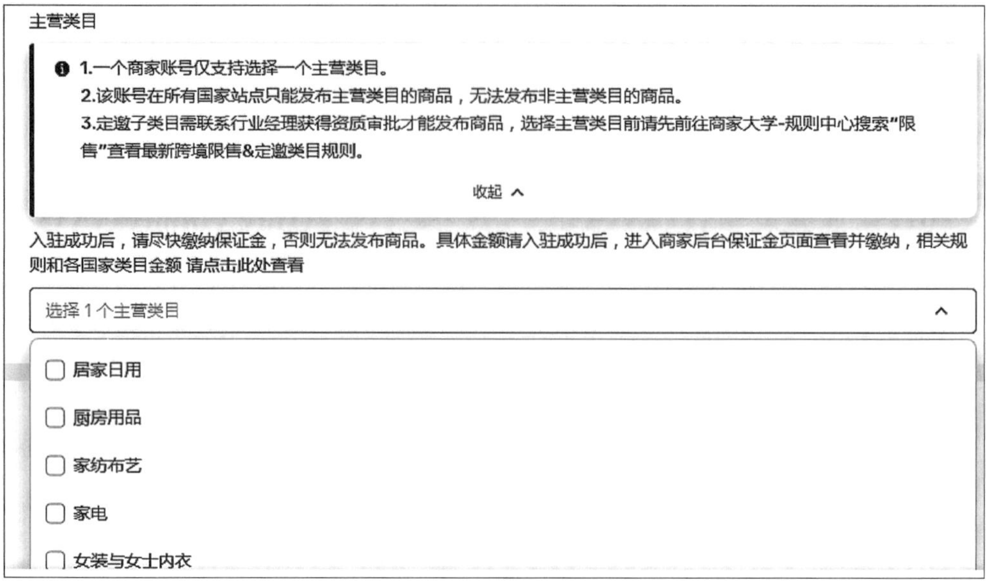

图 2‑16 主营类目选择页面

个仓库。发货仓库地址必须至少填写其中一个,如图 2‑17 所示。如果在入驻流程仅填写了一个仓库,之后可以去"商家后台—商家资料"里编辑新增。若第一个选择大陆仓,新增仓库(第二个仓库)仅能选择香港仓,反之同理。中国大陆仓的手机号码对应区号+86,香港仓的手机号码对应区号+852。

图 2‑17 仓库信息页面

填完以上信息后提交注册信息等待审核,一般会在3~10个工作日内审核完成,审核完成后会收到邮件通知,审核通过后,通过商家后台—资产—保证金,进入保证金页面,完成店铺保证金缴纳即可。

小 思 考

试比较全球速卖通和 Tiktok Shop 注册环节的异同点。

三、其他平台注册

除以上介绍的全球速卖通和 Tiktok Shop 以外,Shopee、亚马逊、eBay 等平台在跨境电商市场中都占有重要的份额,尤其是全球最大的在线零售商之一亚马逊和占据东南亚市场的 Shopee 平台,也备受中国商家青睐。下面介绍这两个平台的注册流程。

(一)亚马逊平台注册

Step 1:创建账号

打开亚马逊全球开店官网,点击右上角"前往站点注册"。

亚马逊已开放19个海外站点:北美站(美国站、加拿大站)、拉丁美洲站(墨西哥站、巴西站)、欧洲站(英国站、法国站、德国站、意大利站、西班牙站、荷兰站、瑞典站、波兰站、比利时站)、日本站、澳洲站、新加坡站、中东站(阿联酋站、沙特站)、印度站,如图2-18所示。下面以北美站为例进行注册。

图2-18 亚马逊站点选择页面

小 思 考

想一想,我们在亚马逊注册时该如何选择站点呢?

点击"北美站注册"后，点击"创建您的亚马逊账户"，进入如图 2-19 所示页面，在"您的姓名"栏建议填写法定代表人姓名的拼音，填写邮箱地址并设定密码。

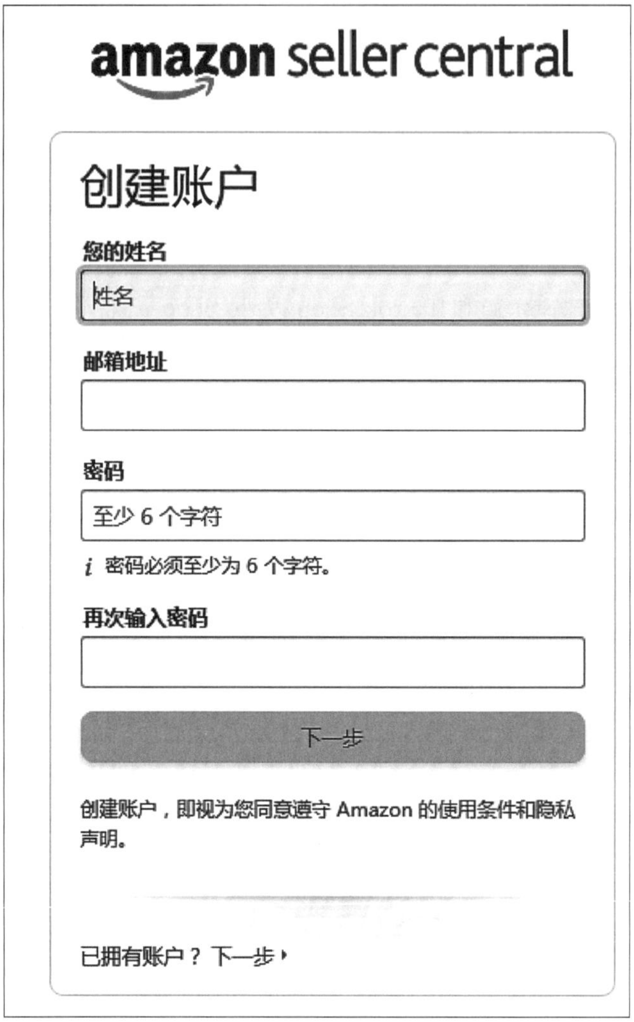

图 2-19 创建账户页面

点击"下一步"按钮后，亚马逊将向该邮箱发送验证码邮件。打开邮箱，找到亚马逊发送的验证码。在下面的对话框中输入验证码，然后点击"创建您的亚马逊账户"进行验证。如果未收到验证邮件，请到垃圾邮件箱中查找。如果依然没有，点击对话框中的"重新发送验证码"。

验证通过以后，进入商业信息的填写界面，如图 2-20 所示。在"公司地址"下拉列表中选择自己所在的国家或地区，根据自己公司的实际情况选择业务类型，业务类型有国有企业、上市公司、私有企业和慈善机构，一般卖家为私有企业较多。选择后用拼音填写公司法定名称（即执照上公司名字的拼音），勾选"我确认我的营业地点和类型正确无误，同时我也了解此信息以后无法更改"，最后点击"同意并继续"按钮。

图 2-20 商业信息填写页面

Step 2：填写公司和法定代表人信息

依据企业信息表的内容，依次输入公司的相关信息（公司英文名已默认存在），如图 2-21 所示。填写相关信息时需要注意以下几点。

（1）公司中文名称填写营业执照上公司的中文名称；如果注册中国香港公司时有中文名称则用注册备案的中文名称；如果没有，可自行翻译。

（2）公司注册号码需要和营业执照上的相同。

（3）地址栏可以填写公司营业执照上的地址或者公司的实际运营地址，地址需详细到门牌号，填写时使用中文。

（4）PIN 接收方式选择用哪种方式进行验证，可以选择短信或者电话。如果选择短信验证，就会收到短消息，输入短信验证码即可。如果选择电话，就会接到自动打过来的

图 2 - 21 企业信息填写页面

语音电话,请接起电话,把网页中显示的数字输入手机进行验证,若验证码正确,网页会显示认证成功。当系统验证出错时,可尝试用其他语言进行验证或者短信验证,3次不成功则需要等候1小时后才可重新验证。

(5) 主要联系人填写公司法定代表人姓名的拼音。

所有信息输入完毕,而且通过短信或者电话验证后,点击"下一页"按钮,进入下一环节。

在个人信息页面,需要进一步完善账号所在公司法定代表人的信息,如图2-22所示。

需要注意几点。

(1) 法定代表人填写公司法定代表人姓名的拼音,中间名可不写,仅填写名字和姓氏即可。

(2) 选择国籍后,依次输入或者选择出生地、出生日期、中文名、中文姓、身份证明(默认为身份证)、签发国家、地区、身份证号码和有效期(如是长期有效身份证,请填写可选范围内最远日期)。

(3) 居住地址如果和页面上默认的企业办公地址不一样,可以点击"添加新地址"按钮,增加新的地址,后续可能会对该地址进行验证,请务必填写真实的法人居住地址。

(4) 用于验证的电话号码须为法人的手机号码,如果和页面上默认的电话号码不一样,也可以点击"添加新的手机号码",增加新的手机号。需要注意的是,新增加的手机号也需要通过短信或者电话进行验证。

(5) 受益人(Beneficial owner)必须是公司所有人或管理者,即直接或间接拥有公司25%及以上股份,或对业务发展有决定权,或以其他形式对公司行使管理权的自然人或者公司。人数必须与实际情况相符,相关信息有可能被验证。

(6) 确认主要联系人的身份,请根据实际情况勾选"是企业的受益所有人"和"是企业的法人代表"勾选框(如果主要联系人是公司法人,同时也是公司受益人,则两个都要勾选)。

填写无误后,点击"下一步"。

Step 3: 填写银行账户信息

填写银行账户信息,如图2-23所示。如列表中没有所需填写金融机构的名称则选择others,并手动填写。同时,需要确保银行账户持有人姓名与银行证件上的相同。如果不清楚银行识别代码,可咨询信用卡所属银行。随后填写信用卡卡号、有效期、持卡人姓名、账单地址等付款信用卡信息,此信用卡用于账户结算,若卖家账户结余不足以抵扣相关款项,亚马逊会从这张信用卡中扣除每月月租费或是其他销售费用。

检查默认地址信息是否与信用卡账单信息相同,如不同,点击"添加新地址",然后使用英文或拼音填写新的地址信息。

确认好银行账户信息和信用卡信息后,可进行下一步。

法定代表人 ∧

名字　　　　　　　　　中间名　　　　　　　　　姓氏

名字　　　　　　　　　中间名　　　　　　　　　姓氏

请提供一个值　　　　　　　　　　　　　　　　请提供一个值

输入显示在您的护照或身份证上的完整姓名

国籍

中国 ⌄

出生地　　　　　　　　　　　　出生日期

选择国家/地区 ⌄　　　　　天 ⌄　月 ⌄　年 ⌄

中文名 ⑦　　　　　　　　　　中文姓 ⑦

名　　　　　　　　　　　　　姓

身份证明　　　　　　　　　　签发国家/地区

身份证 ⌄　　　　　　　　　选择国家/地区 ⌄

请确保您拥有有效的户口本文件以便按需提供。

居住地地址
查看所有保存的地址

中国 ⌄　　　　　　　　　邮政编码

详细地址，如道路、街道、门牌号等　　　详细地址，如大厦、楼层、房间号等

城市/城镇　　　　　　　　　州/地区：

用于验证的电话号码

◉ +8614705513996

+添加新的手机号码

确认是否为主要联系人

☐ 是企业的受益所有人

☐ 是企业的法人代表

主要联系人是企业唯一的受益所有人

○ 是　　　○ 否

☐ 我确认是代表自己或代表注册企业行事，并承诺在发生变更时更新受益所有权信息。

上一步　　　　　　　下一步

图 2-22　法定代表人填写页面

图 2 - 23　添加银行账户页面

Step 4：填写店铺信息

根据注册页面的提示，填写店铺名称、商品编码和品牌等信息，其中店铺名称建议使用销售国当地语言填写，如图 2‐24 所示。

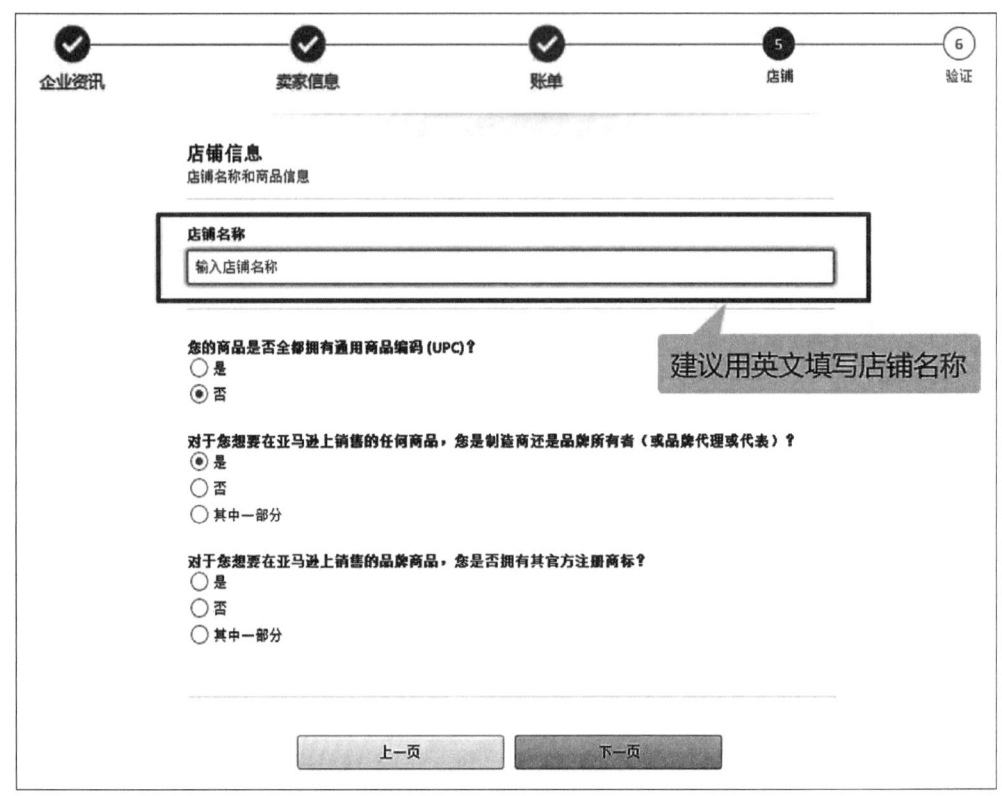

图 2‐24　店铺信息填制页面

Step 5：验证

（1）提交身份验证资料。

按照提示正确提交身份资料，如法定代表人身份证或护照个人信息页正反面、公司商业文件的彩色扫描件，并等待审核。点击对应按钮选择上传对应的资料。页面有身份证明文件上传说明，填写时应仔细阅读并保证符合资料上传要求，然后再勾选。

（2）进入身份验证。

身份资料提交完成之后，正式进入身份验证的环节，亚马逊提供了两种身份验证方式——拍摄面部照片和视频通话，如图 2‐25 所示。企业可以根据自身需求情况进行审核。

（3）进行地址验证。

完成身份验证之后，亚马逊可能会向注册时填写的地址邮寄包含一次性密码的明信片来进行地址验证，填写时需确保该地址正在使用并可以邮寄。如果遇到地址验证，可根据卖家平台页面提示，完成操作。

（4）通过资质审核。

完成以上全部审核验证后，亚马逊会通过电子邮件告知审核结果。若收到邮件告知

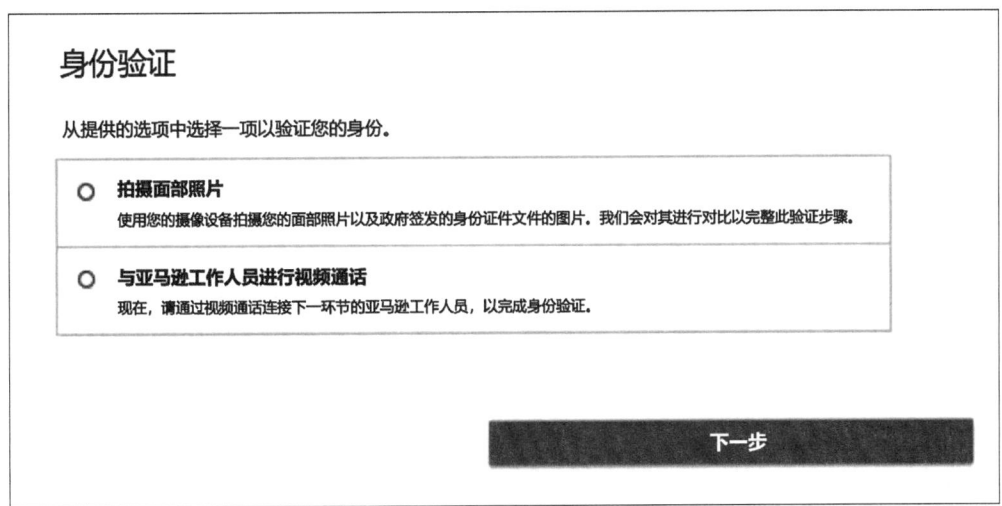

图 2-25 身份验证页面

"您的账户信息已经通过验证,现在您可以登录卖家平台进行后续操作"则表示已经成功完成亚马逊卖家账户资质审核。

(二) Shopee 店铺注册

Step 1:申请主账号

主账号是管理员账户,可以管理该账号下的所有店铺,包括设置店铺的权限、绑定收款账号等,卖家在开设店铺前,必须完成主账号的申请。登录 Shopee 官网,开始申请入驻。

进入注册界面后,这里有四个步骤,第一个环节是填写登入信息,设定登入名称和密码,如图 2-26 所示。

图 2-26 登入信息填写页面

登入信息填写完毕,点击"下一步"进入基本信息填写环节,如图 2 - 27 所示。

图 2 - 27 基本信息填写页面

填写完成后点击"下一步",输入手机收到的验证码进行验证,主账号申请流程就结束了。

Step 2:申请入驻

主账号申请成功后,须登录主账号申请入驻,主要有以下几个步骤。

(1)法人实名认证。

该环节须使用手机扫描认证二维码,如图 2 - 28 所示,在手机端上传法人身份证正反面照片、填写姓名和身份证号、进行人脸识别视频录制,按照要求完成对应动作后即完成法人实名认证。

(2)填写基本信息。

完成实名认证后,按指引填写基本信息,注意所有信息均为必填项,如图 2 - 29 所示。因后续所填信息会根据"过往主要经营经验"有不同的填写需要,请务必根据真实情况进行填写,注意填写过程中可以修改,确认提交后无法更改。

(3)填写公司信息。

按照指引填写公司信息,如图 2 - 30 所示,注意所有信息均为必填项。重点注意需要上传中国香港/中国内地有限公司营业执照/个体工商营业执照原件照片(营业执照须在营且无经营异常)。

(4)填写店铺信息。

进入店铺信息填写,卖家可根据自身实际情况,在"是否为品牌"选择"是"或"否"。若选择"是",则需要提交"品牌 logo"以及"品牌资产证明",待工作人员审核后才可开店,如图 2 - 31 所示。

图 2-28 法人实名认证页面

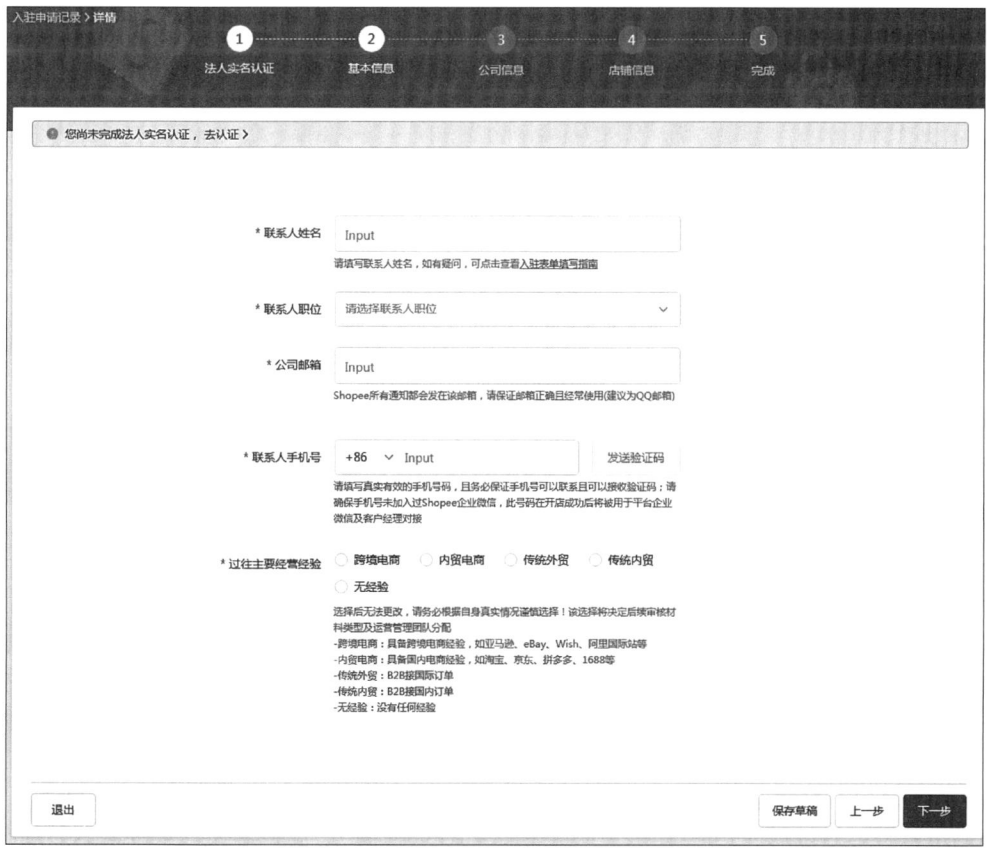

图 2-29 基本信息页面

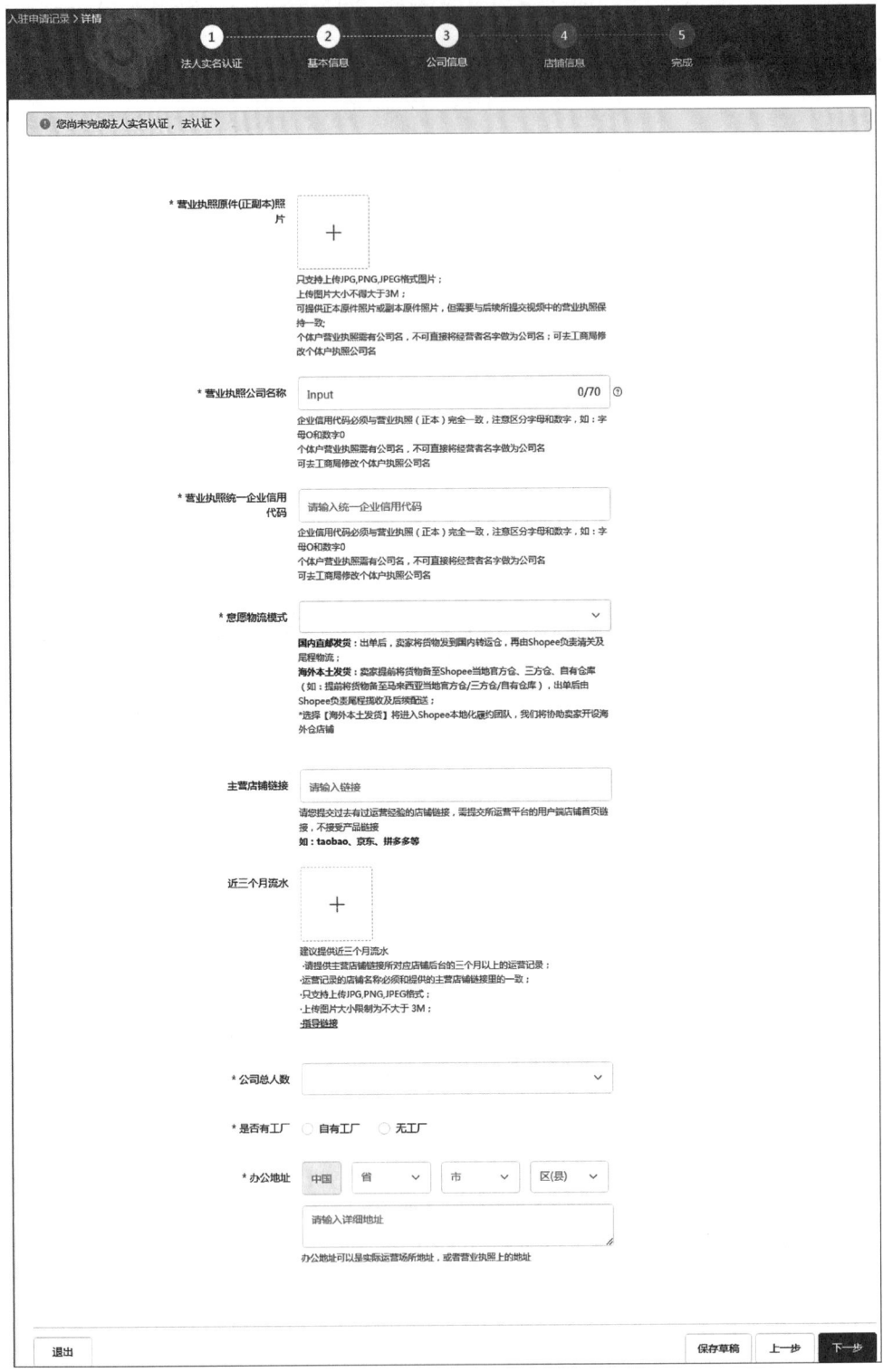

图2-30 公司信息页面

图 2-31 店铺信息页面

若选择"否",可点击"申请开店"来注册第一家店铺或点击"查看入驻记录"来管理入驻申请。

完成店铺注册后,店铺邮箱以及联系人邮箱将会收到一封欢迎信,表示已完成Shopee 店铺入驻!

以上重点介绍了四种平台的注册流程,其他平台的注册大同小异,商家在相关网站了解平台入驻规则和所需资料后,按照平台的要求和流程指引完成注册即可。

小 思 考 ··· **???**

如果你是一名刚接触跨境电商的新手,该如何选择平台?

技能与素养提升

长平进出口有限公司是一家以出口玩具产品为主的外贸公司。近年来随着跨境电商的发展,其主流客户偏好"线上挑选、送货到家"的服务模式,因此该公司努力拓展 B2C 业务,希望从传统外贸向跨境电商转型。该公司多次尝试在亚马逊上注册店铺但均未成功。多次遭到拒绝后,企业萌生了放弃的念头。长平进出口有限公司在跨境电商平台注册中所面临的问题是众多中国中小企业同样面临的问题。很多企业在准备注册跨境电商平台的卖家时,发现需要提供的文件繁多,包括但不限于营业执照、统一社会信用代码、法人身份证明等。此外,还需要满足平台特定的要求,如提供商品来源证明、品牌授权书等。复杂的注册程序、所要提交的符合平台要求的文件及当地法律法规等都阻碍了企业前进的脚步。跨境电商专业的学生应具有主动服务社会的意识,展现为民服务的社会责任担当。

请联系当地一家希望开拓国际市场的企业,协助其进行跨境电商平台注册,让企业轻松开启海外贸易之旅。

项目训练

1. 单选题

(1) 亚马逊平台注册,PIN 验证方式有( )。

A. 短信   B. 电话   C. 邮箱   D. 短信或电话

(2) Shopee 平台注册,一位法人可以开设( )个店铺。

A. 1   B. 2   C. 3   D. 4

(3) TikTok 市场选择中,北美市场目前开放的国家是( )。

A. 加拿大   B. 美国   C. 墨西哥   D. 古巴

(4) 在亚马逊平台注册账号前不需要准备的资料是( )。

A. 公司营业执照   B. 法定代表人身份证件

C. 公司地址   D. 法人代表户口本

2. 多选题

(1) 全球速卖通平台注册认证企业信息的认证方式有( )。

A. 企业支付宝认证   B. 企业法人代表认证

C. 企业法人支付宝认证   D. 企业认证

(2) 亚马逊平台注册时用于接收付款的银行账户,可供选择的方式有( )。

A. 国内银行账户   B. 北美银行账户

C. 中国香港的银行账户   D. 第三方存款账户

（3）亚马逊平台注册中有关商业信息填写中，公司业务类型有（　　　　）。

A. 国有企业　　　　B. 上市公司　　　　C. 私有企业　　　　D. 慈善机构

（4）Shopee 平台需要准备的开店材料主要包括（　　　　）。

A. 法人材料　　　　B. 基本信息　　　　C. 公司信息　　　　D. 店铺信息

（5）目前，TikTok 平台入驻的市场选择有（　　　　）。

A. 东南亚　　　　B. 北美　　　　C. 欧洲　　　　D. 南美

3. 判断题

（1）全球速卖通注册地所在国可在注册后修改。（　　　）

（2）亚马逊注册时所填用于接收付款的银行账户只能是国内银行账户。（　　　）

（3）亚马逊平台暂未开通澳洲站点。（　　　）

（4）全球速卖通店铺正式开始经营前，需要选择入驻经营大类，每个全球速卖通账号只准选取一个经营范围在平台进行经营活动。（　　　）

（5）Shopee 在欧美跨境电商市场占主导地位。（　　　）

4. 任务实训

（1）TikTok 是一个集视频录制、发消息、直播为一体的社交软件，已经成为全球最受欢迎的应用程序之一，全球月活跃用户已突破 10 亿人。巨大的用户基数和极高的用户活跃度，使得 TikTok 成为卖家进行产品营销的理想平台之一。安徽名尚国际贸易有限公司已经在多个跨境电商平台注册，看到 TikTok 发展速度惊人，公司希望通过该平台进一步扩大市场份额。请帮助公司完成以下任务：

① 了解 TikTok 等平台入驻规则；

② 查资料，了解 TikTok 平台注册所需条件；

③ 尝试在 TikTok 平台注册店铺。

（2）登录全球速卖通、亚马逊、Shopee 等平台，了解平台入驻规则，并尝试在平台注册。

（3）了解 eBay、Wish、敦煌网等跨境电商平台注册条件和注册流程，并尝试注册。

（4）通过网络或走访所在城市传统外贸公司，以专业知识协助公司在主流跨境电商平台注册。

项目三 跨境电商物流选择

 项目导图

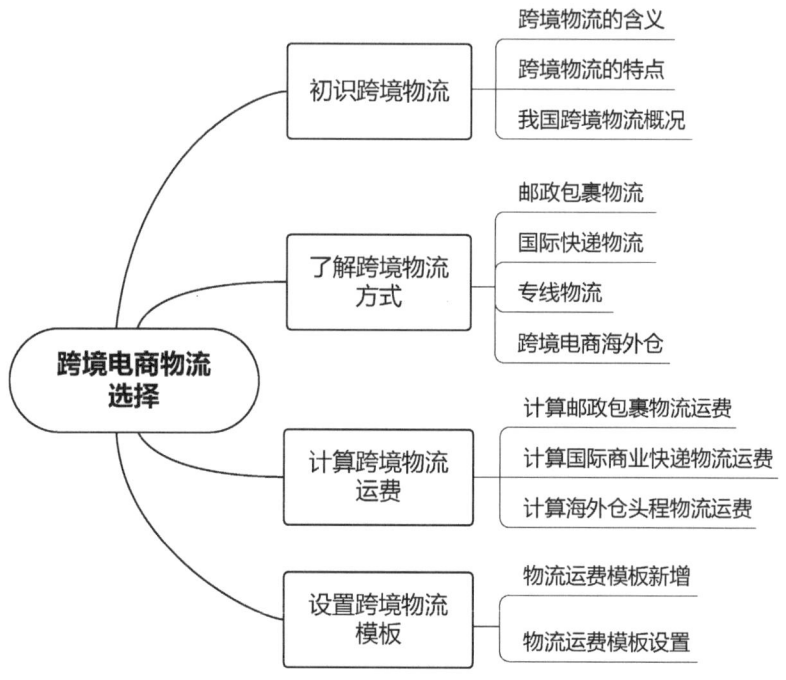

- 跨境电商物流选择
  - 初识跨境物流
    - 跨境物流的含义
    - 跨境物流的特点
    - 我国跨境物流概况
  - 了解跨境物流方式
    - 邮政包裹物流
    - 国际快递物流
    - 专线物流
    - 跨境电商海外仓
  - 计算跨境物流运费
    - 计算邮政包裹物流运费
    - 计算国际商业快递物流运费
    - 计算海外仓头程物流运费
  - 设置跨境物流模板
    - 物流运费模板新增
    - 物流运费模板设置

学习目标

1. **知识目标**

（1）了解跨境物流的含义。

（2）熟悉常见的跨境物流方式。

（3）掌握跨境物流运费的计算。

（4）掌握物流模板设置的方法。

2. **能力目标**

（1）能够根据不同跨境物流方式的特点,选择合适的跨境物流方式。

（2）能够运用跨境物流运费计算方法核算物流成本。

（3）能够合理设置物流模板。

3. **素养目标**

（1）通过传统手工艺品走红的视频、案例等，让学生感受中国传统文化，潜移默化中培养民族自豪感。

（2）从古代丝绸之路，张骞出使西域到"一带一路"倡议，了解中国跨境电商物流相关行业的发展，培养文化自信。

（3）能够为企业设计物流方案，节约物流成本，培养学生的社会责任担当。

 **项目背景**

随着世界各国文化的传播与交融，我国传统的手工艺品在海外越来越受欢迎。审美多元化的转变，让许多海外用户对手工艺品需求量增多，新奇有趣的手工艺品市场迎来了新商机。就全球范围而言，手工艺品市场需求量较大的是北美地区，占据市场主要份额，其次是欧洲、亚太地区。随着跨境电商的发展，中国制造的手工艺产品在海外销量十分火热。女性饰品、家居装饰、积木、柳艺制品等持续走销。一方面，中国流传的特色传统文化与珍贵的民间手工技艺相结合，加上生产、制造经验，中国手工艺品出海优势明显。另一方面，由于油价波动及各国政府管控，跨境物流成本不断提高，我国传统手工艺品进一步扩大海外市场面临挑战，这需要跨境从业者在充分了解跨境物流知识的基础上，为产品设计合理的物流方案，助力中国企业走向更加广阔的世界。

情境导入

由于油价波动及各国政府管控等因素，跨境物流成本不断提高。安徽名尚国际贸易有限公司为布局跨境电商市场，前期做了大量的调研开拓工作，梁经理知道跨境物流是跨境电商十分重要的一环。今天，他叫来了跨境电商部门专门负责物流工作的小张，让其为公司出口的产品设计跨境物流方案。如果你是小张，接下来该如何开展这一工作呢？

任务 一 初识跨境物流

一、跨境物流的含义

随着国内电子商务市场趋于饱和以及经济全球化的发展，越来越多的电子商务企业开始向国际市场转移，给国内企业的发展带来机遇与挑战。无论是国内还是跨境电子商务，物流支撑都是不可或缺的。

跨境电商物流，是伴随着跨境电商的发展而发展起来的国际货物流通，是指位于不同国家或地区的交易主体通过电子商务平台达成交易并进行支付清算后，把货物从一个国家或地区通过海运、空运或陆运等方式运送到另外一个国家或地区,送达商品进而完成交易的一种商务活动。跨境物流的实质是按国际分工协作的原则,依照国际惯例和标准,利用国际化的物流网络、物流设施和物流技术,实现货物在国际的流动与交换,以促进区域经济的协调发展和世界资源的优化配置。

二、跨境物流的特点

跨境物流主要特点体现在以下几个方面。

(1)国际性与复杂性。跨境物流涉及不同国家和地区的法规、政策、文化和语言差异,需要处理国际运输、海关通关、税务等复杂流程。这要求物流服务提供商具备国际贸易和国际物流的专业知识,以及应对跨国运营中的各种复杂情况的能力。

(2)配送时间长、费用高、环节多、风险大。由于跨境电子商务物流需要通过国内物流发送到海关,通过海关检验检疫,然后发送到目的国,再通过目的国海关后由当地物流配送到消费者手中,中间环节多,配送时间长、费用高。整个业务环节多且相对复杂,除了基本的产品配送之外,还涉及海关、检疫检验、外汇结算、出口退税、进口征税、跨境运输等多个环节,风险因素较多。

(3)竞争集中在东南沿海地区,中西部地区竞争较少。由于渤海地区、长江三角洲、珠江三角洲等东南沿海地区经济发达,对于跨境运输需求也比较旺盛,海运、空运等基础设施相对完善。因此,东南沿海地区对交通资源的供应和货源的争取最为激烈。在中西部地区,由于经济相对不活跃,跨境运输需求低,运输成本高,该地区的国际货运服务资源投入较少。

(4)地区间或单一行业存在激烈的竞争,各地区的跨行业竞争较少。虽然跨境物流业有很多市场竞争者,但受其自身财务实力、管理和技术能力的限制,而且由于国家物流市场相互分离,其竞争通常是地区或企业之间的竞争。如长三角地区跨境物流公司之间的竞争较为激烈;或竞争某一行业的客户资源,例如电子制造业的客户资源竞争,而跨地区的、跨行业竞争则较少。

(5)由单一服务转向多元化的服务。随着跨境物流需求的增多,大多数跨境物流公司从单一的运输服务开始转向多元化服务。为了适应不同商品类型、客户需求及成本预算,跨境物流提供了多样化的服务选项,包括海运、空运、铁路运输、快递服务等,以及由此衍生出的组合运输方案。跨境电商商品种类繁多,从轻小件到大件商品,不同商品对物流的需求各异。物流服务商需要提供定制化、多元化的解决方案,如冷链物流、大宗货物运输等。在跨境物流这一链条上,提供头程清关、仓储、配送,以及与 FBA 相关的诸多衍生和替代服务,如海外仓贴标换标、一件代发等。除此之外,一些物流公司与海外仓储公司合作为跨境企业提供海外仓储服务。

三、我国跨境物流概况

我国跨境物流发展概况如下。

(一)跨境物流多种运作形态并存

(1)邮政国际小包快递。根据不完全统计,中国跨境电商出口业务 70% 的包裹都通过邮政系统投递,其中中国邮政占据业务 50% 左右的份额。虽然邮政网络基本覆盖全球,但其运输时间长,丢包率相对较高。

(2) 国际快递运输。主要由 UPS、FedEx、DHL、TNT 四大巨头组成。国际快递速度较快、客户体验好,但其价格昂贵。使用 UPS 从中国寄包裹运送至美国,最快可在 48 小时内到达。

(3) 建立海外仓。卖家先将货物存储到海外仓库,然后根据订单情况再进行货物的分拣、包装以及规模化递送。近年来,中国跨境物流企业通过海外仓业务模式来解决物流配送时间没有保障、消费者满意度不高等问题,已经取得良好效果。解决了小包裹物流成本高昂、配送周期长的问题,但其也存在容易压货、存储成本高等问题。

(4) 跨境专线物流。此种运作方式一般是通过航空包舱方式将货物运输到国外,再通过合作公司进行目的地的国内派送。这种方式通过规模效应降低成本,但在国内的揽收范围相对有限,覆盖地区也有待扩大。

(5) 国内快递的国际化服务。圆通、顺丰均已在跨境物流方面建立战略规划。但由于并非专注于跨境业务,覆盖的海外市场也就比较有限。

(二) 各平台寻求适合自身的新模式

(1) 阿里构建跨境物流体系。自 2015 年开始阿里就借助旗下菜鸟网络开始搭建跨境物流体系,以支撑天猫国际的海外直购服务,消费者最快可在一天之内收到海淘包裹。菜鸟网络通过与圆通快递合作,目前已经打通了国内—东北亚(韩国)、中国香港—中国大陆的跨境快件通道,国内部分区域已经实现次日达。此外,菜鸟网络还在俄罗斯、新加坡、芬兰等国与当地合作伙伴进行了数据对接,用于开发适合中国用户的快递产品。

(2) 京东选择与第三方物流合作。京东采取了与国际第三方大型物流公司合作的方式,其跨境电商业务已覆盖全球 50 多个国家及地区。在国内段,京东还开通了宁波、杭州、广州 3 个保税区的口岸服务,用以解决商家的备货及仓配问题,缩短产品运输时间,满足全球购产品及时配送的需求。

(3) 其他平台的模式选择。唯品会、聚美优品等公司采用自建或合作的方式建立海外仓,用来解决跨境电商物流问题。此外,唯品会、聚美优品等公司还积极与上海、杭州等地保税区合作,尝试跨境保税的模式,以此为用户提供更为稳定高效的物流服务。

(三) 政府重视并引导发展跨境电商物流

近年来,跨境电商已成为我国对外贸易和全球经贸领域的新亮点。作为跨境电商产业链中不可或缺的关键环节,跨境物流的健康发展对于推动跨境电商及海外仓等外贸新业态的发展至关重要。为此,国家层面高度重视,密集出台了一系列政策措施,旨在激发跨境物流行业的创新活力,为外贸新业态的健康有序发展保驾护航。2024 年,商务部等 9 部门发布《关于拓展跨境电商出口推进海外仓建设的意见》,明确提出加强相关基础设施和物流体系建设,增强跨境电商物流保障能力,为跨境物流及海外仓行业发展指明方向,相关政策如表 3-1 所示。

表 3-1 中国跨境物流行业相关政策

时 间	政策文件	发布部门	内 容
2023 年 12 月	《关于提升加工贸易发展水平的意见》	商务部等	鼓励地方因地制宜强化跨境物流运输保障。对接共建"一带一路"倡议,结合地方发展需求和重点项目布局,优化中欧班列开行布局,提升开行效率。支持国际航空运向中西部和东北地区重点城市增加货运航线和班次。进一步优化运输组织与线路布局,促进多式联运高质量发展。鼓励中西部和东北地区加大支持力度,降低加工贸易企业国际物流运输成本。支持边境省区推进智慧口岸建设,保障陆路口岸货运物流高效畅通,持续提升口岸过货能力,为加工贸易发展打造快速跨境物流通道
2024 年 4 月	《数字商务三年行动计划(2024—2026 年)》	商务部	打造一批数字化服务平台,加强物流全链路信息整合,推广使用智能仓配、无人物流设备,加快标准托盘、周转箱(筐)等使用,提高配送效率,降低物流成本。推动电子商务与快递物流协同发展,指导电商平台与快递企业加强业务对接和数据共享,开展电商平台原发包装引领行动,加快电商领域快递包装绿色转型
2024 年 6 月	《关于拓展跨境电商出口推进海外仓建设的意见》	商务部等	加强相关基础设施和物流体系建设,推动跨境电商海外仓高质量发展。增强跨境电商物流保障能力,促进中欧班列沿线海外仓建设,积极发展"中欧班列＋跨境电商"模式。支持物流企业结合跨境电商行业发展特点,加强海运、空运、铁路、多式联运等运输保障能力建设。鼓励物流企业与东道国寄递企业开展合作,提升"最后一公里"履约能力

2025 年 4 月,跨境贸易便利化专项行动(海关总署等 20 部门联合部署)在京启动,政策举措涵盖货物贸易、数字贸易、绿色贸易等领域,包括强化政策供给、促进物流畅通、优化监管模式、推进互联互通、促进降本增效等 5 方面任务共计 29 项措施。我国加力培育壮大外贸发展新动能,以更优口岸营商环境激发活力、应对外部冲击、稳定增长,深化国际交流,做好规则衔接、机制对接,便利经贸合作;加快推进智慧海关建设合作,深入实施"智关强国"行动,更好地服务发展大局。

拓展阅读

我国跨境物流行业从萌芽到不断发展壮大历经了多年的成长,物流模式及产品渠道的迭代创新,都伴随着平台政策、税务关务以及商流的调整和变化。从大的行业周期角度来看,跨境物流行业的发展大致可分为三个阶段:

(1) 2008—2015 年以邮政小包为主导的直发物流时代。

(2) 2015—2020 年直发专线与海外仓的双轮驱动时代。

（3）2020 年以后全球化跨境网络与供应链协同时代。

在未来的发展过程中，跨境物流企业的全球化服务能力以及本土化运营能力的结合将会成为重点。跨境物流从直发小包到海外仓，再到仓配一体化，最终形成跨境供应链综合解决方案，是一个点、线、面、体的进化过程。

任务 二　了解跨境物流方式

跨境物流是跨境电商交易中至关重要的一环，两者互相促进协同发展，跨境电商的需求和发展不断促进国际物流的发展，国际物流的发展反过来促进和服务跨境电商的发展。优质的物流渠道可以提供高效的物流服务，是跨境电商卖家做好运营的基础前提，顾客可以获得良好的购物体验，也将会带动产品的竞争力。跨境电商物流方式主要包括传统的邮政包裹、国际快递、专线物流、海外仓储。

一、邮政包裹物流

邮政拥有着几乎覆盖全球的网络，这主要归功于两个组织：一个是万国邮政联盟（Universal Postal Union，UPU），另一个是卡哈拉邮政组织（Kahala Posts Group，KPG）。万国邮政联盟是商定国际邮政事务的政府间国际组织，其主要是通过制定一些公约法规来改善国际邮政业务，同时开展有关于邮政方面的国际合作。而卡哈拉邮政组织则是在万国邮政联盟的基础上成立的，由邮政系统相对发达的 6 个国家和地区（中、美、日、澳、韩以及中国香港）成立，后来西班牙和英国也加入了该组织。卡哈拉邮政组织对成员的投递时限提出了严格的要求。为了满足跨境电商多样化的物流需求，邮政提供了多种产品服务，主要分为优先类、标准类、经济类、货运类以及海外仓配送，例如国际平常小包、国际挂号小包、国际跟踪小包、e 邮宝、国际（地区）特快专递等。下面介绍几种跨境电商常见包裹模式。

（一）国际平常小包

国际平常小包是中国邮政基于万国邮联网络，针对 2 千克以下小件物品推出的经济类直发寄递服务，通达全球 200 多个国家和地区。可通过线上与线下两种渠道进行发货，为客户提供经济实惠、清关便捷的轻小件寄递服务。

1. 服务优势

（1）平台认可：平常小包业务是最早在主流电商平台上线的物流解决方案之一，可通过线上线下两种渠道发货。

（2）交寄便利：全国大部分地区可交寄平常小包，线上渠道提供上门揽收、客户自送等多种交寄方式。

（3）性价比高：平常小包为经济型产品，性价比高。其中提供"平＋服务"的路向还会提供 1～2 个境外段关键节点反馈信息。

（4）渠道多样：部分路向提供航空、陆运多种运输方式。

2. 尺寸限重

（1）国际小包限重：2 千克。

（2）国际小包尺寸规格：最大：长、宽、厚合计 900 毫米，最长一边不得超过 600 毫米，公差不超过 2 毫米。圆卷状的，直径的两倍和长度合计 1 040 毫米，长度不得超过 900 毫米，公差 2 毫米。最小：至少有一面的长度不小于 140 毫米，宽度不小于 90 毫米，公差 2 毫米。圆卷状的，直径的两倍和长度合计 170 毫米，长度不得少于 100 毫米。

（二）国际挂号小包

国际挂号小包业务是中国邮政基于万国邮联网络，针对 2 千克以下小件物品推出的标准类直发寄递服务，通达全球 200 多个国家和地区。可通过线上与线下两种渠道进行发货，为中国客户提供全程可控、清关便利的轻小件寄递服务。

1. 服务优势

（1）价格便宜：邮政网络基本覆盖全球，比其他任何物流渠道都要广。而且，由于邮政一般为国营，有国家税收补贴，因此价格非常便宜。

（2）平台认可：挂号小包业务是最早在主流电商平台上线的物流解决方案之一，可通过线上线下两种渠道发货。

（3）交寄便利：全国大部分地区可交寄挂号小包，线上渠道提供上门揽收、客户自送等多种交寄方式。

（4）赔付保障：丢损赔付，安心交寄（不同渠道赔付标准详情请咨询本地客户经理）。

（5）全程可控：主要路向提供全程跟踪信息，并提供异常情况查询、收件人签收等增值服务。

2. 尺寸限重

（1）国际小包限重：2 千克。

（2）国际小包尺寸规格：最大：长、宽、厚合计 900 毫米，最长一边不得超过 600 毫米，公差不超过 2 毫米。圆卷状的，直径的两倍和长度合计 1 040 毫米，长度不得超过 900 毫米，公差 2 毫米。最小：至少有一面的长度不小于 140 毫米，宽度不小于 90 毫米，公差 2 毫米。圆卷状的，直径的两倍和长度合计 170 毫米，长度不得少于 100 毫米。

（三）国际跟踪小包

国际跟踪小包业务是中国邮政与法国、德国、澳大利亚、新西兰、摩洛哥、挪威、亚美尼亚、俄罗斯、英国等 20 个重点国家（地区），针对轻小件物品寄递需要合作开办的标准类直发寄递服务。可通过线上与线下两种渠道进行发货，为中国客户提供全程跟踪、价格优惠的轻小件寄递服务。

1. 服务优势

（1）平台认可：跟踪小包业务得到平台广泛认可和推荐，可通过线上线下两种渠道发货。

（2）交寄便利：全国大部分地区可交寄跟踪小包，线上渠道提供上门揽收、客户自送等多种交寄方式。

（3）全程跟踪：提供全程跟踪信息，运行质量稳定且价格实惠。

2. 尺寸限重

（1）国际小包限重：2千克。

（2）国际小包尺寸规格：最大：长、宽、厚合计900毫米，最长一边不得超过600毫米，公差不超过2毫米。圆卷状的，直径的两倍和长度合计1040毫米，长度不得超过900毫米，公差2毫米。最小：至少有一面的长度不小于140毫米，宽度不小于90毫米，公差2毫米。圆卷状的，直径的两倍和长度合计170毫米，长度不得少于100毫米。

（四）e邮宝

e邮宝业务是中国邮政为适应跨境轻小件物品寄递需要，针对澳大利亚、爱尔兰、奥地利、巴西、德国、法国、韩国等38个国家（地区）开办的标准类直发寄递业务。该业务依托邮政网络资源优势，境外邮政合作伙伴优先处理，为客户提供价格优惠、时效稳定的跨境轻小件寄递服务。暂不受理延误、丢失、破损、查验等附加服务。

1. 服务优势

（1）在线打单：在线订单管理，方便快捷。

（2）时效稳定：重点路向全程平均时效（参考时效）7～15个工作日，服务可靠。

（3）全程跟踪：提供主要跟踪节点扫描信息和妥投信息，安全放心。

（4）平台认可：主流电商平台认可和推荐物流渠道之一，品牌保障。

2. 尺寸限制

（1）单件最大尺寸：长、宽、厚合计不超过900毫米，最长一边不超过600毫米。圆卷邮件直径的两倍和长度合计不超过1040毫米，长度不得超过900毫米。

（2）单件最小尺寸：长度不小于140毫米，宽度不小于110毫米。圆卷邮件直径的两倍和长度合计不小于170毫米，长度不小于110毫米。

（五）国际（地区）特快专递

国际（地区）特快专递（简称"国际EMS"）是中国邮政与各国（地区）邮政合作开办的中国大陆与其他国家和地区寄递特快专递（EMS）邮件的快速类直发寄递服务，可为用户快速传递各类文件资料和物品，同时提供多种形式的邮件跟踪查询服务。该业务与各国（地区）邮政、海关、航空等部门紧密合作，打通绿色便利邮寄通道。此外，中国邮政还提供保价、代客包装、代客报关等一系列综合延伸服务。

1. 服务优势

（1）覆盖面广：揽收网点覆盖范围广，目的地投递网络覆盖能力强。

（2）收费简单：无燃油附加费、偏远附加费、个人地址投递费。

（3）全程跟踪：邮件信息全程跟踪，可随时了解邮件状态。

（4）清关便捷：享受邮件便捷进出口清关服务。

2. 尺寸限制

国际EMS通达一百多个国家和地区，一般限重30千克，少数国家限重20千克、31.5千克、50千克等，例如乌克兰限重20千克，阿塞拜疆限重50千克。

对交寄的物品长、宽、高三边中任一单边达到 40 厘米的特快物品进行计泡,计泡系数为 6 000,计泡公式为体积重量(kg)=长(cm)×宽(cm)×高(cm)/计泡系数,测量邮件的长、宽、高时,测量值精确到厘米,厘米以下去零取整。计泡是指对包装后的邮件,取体积重量和实际重量中的较大者作为计费重量,再按照资费标准计算应收邮费。

登录中国邮政速递物流官网,了解更多跨境物流业务。

二、国际快递物流

UPS 国际快递、DHL 国际快递、FedEx 国际快递、TNT 国际快递,是全球知名的四大国际快递,四大国际快递公司的特点、时效等各不同,在运费方面也不一样,跨境电商卖家及外贸商在选择快递时,要根据自身的需求选择合适的快递渠道。

(一) UPS

UPS(United Parcel Service),即联合包裹速递服务公司,1907 年成立于美国华盛顿州西雅图,是世界上最大的快递承运商与包裹递送公司,同时也是专业的运输、物流、资本与电子商务服务的提供者。依托 UPS 强大的背景关系,可在北美地区享受高效的清关服务。在寄运 20 千克以上的大货以及 100 千克以上的重货时,UPS 的价格优势显著。

(1) UPS 的优势:到达美国快件速度较快;可邮寄敏感货物;货物可送达全球 200 多个国家和地区,查询网站信息更新快,遇到问题解决及时,可以在线发货,全国 109 个城市提供上门取货服务。

(2) UPS 的劣势:体积重和实际重取较大者计费(四大国际快递公司均采用该计费方式);整体清关能力一般;欧洲国家地区 UPS 时效相对来说较慢,某些地区可能还有较高的偏远附加费。

(3) UPS 的时效:通常情况下 3~6 个工作日可送达,欧洲国家一般在 5~8 个工作日。

(二) DHL

DHL 是一家创立于美国,目前为德国邮政集团 100% 持股的快递货运公司,是目前世界上最大的航空快递货运公司之一,是全球快递、洲际运输和航空货运的领导者,为客户提供从文件到供应链管理的全系列的物流解决方案。在欧洲、非洲、中东地区具有优势。

(1) DHL 的优势:具有完善的快递和物流服务体系,速度较快;拥有全球最大的快递和物流网络,在美国和西欧清关能力强;可邮寄敏感货物;派件服务好,丢失率低、送达范围广;寄运 5 千克及以下货物价格有明显的优势,适合寄运轻小件货物。

(2) DHL 的劣势:体积重和实际重取较大者计费(四大国际快递公司均采用该计费方式);整体清关能力一般;某些地区有较高的偏远费。

（3）DHL 的时效：从中国寄件到国外，DHL 是最快的一种快递方式，正常情况下2～6 个工作日即可，欧洲国家一般 3 个工作日，东南亚一般 2 个工作日即可送达。

（三）FedEx

FedEx 国际快递是美国本土企业，隶属于美国联邦快递集团，提供隔夜快递、地面快递、重型货物运送、文件复印及物流服务，总部设于美国田纳西州，价格便宜，时效优势明显，依托发达的物流网络，货物在北美地区清关更加便捷。

（1）FedEx 的优势：服务好，时效稳定；在同等地区、同等重量条件下，FedEx 的快递价格往往比其他快递公司便宜，尤其在寄运 20 千克以上的大货到中南美洲和欧洲的价格优势显著。最长可邮寄 270 厘米的货物。

（2）FedEx 的劣势：在西欧、美加、南美、非洲、中东国家没有价格和速度上的优势；体积重和实际重取较大者计费（四大国际快递公司均采用该计费方式）。

（3）FedEx 的时效：正常情况下一般 5～8 个工作日可送达。

（四）TNT

TNT 快递成立于 1946 年，是一家荷兰的国际快递公司，在西欧国家有优势。其国际网络覆盖世界 200 多个国家，提供全球整合性物流解决方案。此外，TNT 还为澳大利亚以及欧洲、亚洲的许多国家提供业界领先的全国范围快递服务。

（1）TNT 的优势：通达范围广，在西欧国家清关能力最强；时效快，到西欧 3 个工作日左右，派送能力强，处理问题及时。

（2）TNT 的劣势：价格相比其他快递公司较高；在四大国际快递巨头中相对实力比较弱，对所运货物限制也比较多；整体清关能力一般；体积重和实际重取较大者计费（四大国际快递公司均采用该计费方式）。

（3）TNT 的时效：在航班正常，清关顺利的情况下，通常 3～6 个工作日即可送达。

四大国际快递都有自己独特的优势，也存在一些不足。例如，DHL 适合寄运轻小件货物；相对而言 20 kg 以上的大货选联邦快递、FedEx 或 UPS 国际快递，运费相对更具优势。当然，在实际选择国际快递渠道时需要综合考虑多种因素，如发货国家、渠道运费、货物重量、货物尺寸、时效要求、货物种类、清关能力等，这些因素对选择国际快递公司都会产生影响。与其他物流方式相比，四大国际快递的优点是服务好、时效快，缺点是价格昂贵。

三、专线物流

专线物流模式是指通过专一的航线运输并由合作公司进行目的国派送的物流方式，主要涵盖了四类专线：空运专线、海运专线、陆运专线、铁路专线（主要针对中欧之间的特定路线运输）。

跨境电商专线类物流一般是通过航空包舱方式运输到国外，再通过合作公司进行目的国派送的一种物流方式。专线物流的优势在于其能够集中大批量货物发往某一特定国家或地区，通过规模效应降低成本。因此，其价格一般比商业快递低。在时效上相对较快，专线物流稍慢于商业快递，但比邮政包裹快很多。国际专线操作灵活，服务稳定，全程物流跟踪信息，适合运送价值高、时效要求高的物品，大部分地区不收取偏远地区附加费，一般是 3～5 个工作日送达。市面上普遍的专线物流产品是美国专线、欧洲专线、澳洲专线、俄罗斯专线等,也有不少物流公司推出了中东专线、南美专线、南非专线等。常用的专线物流有以下几种。

（一）燕文航空专线

燕文航空专线具有如下特点。

（1）时效快：正常情况 16～35 天能到达目的地,有多条服务专线,如拉美专线、俄罗斯专线、印尼专线等。

（2）交寄便利：深圳、广州、义乌、上海、北京等城市提供免费上门揽收服务,不提供上门揽收服务的城市可以自行发货到指定集货仓。

（3）赔付保障：提供邮件丢失或损毁赔偿服务,可在线发起投诉,投诉成立后最快 5 个工作日完成赔付。

（4）运送范围及价格：支持发往拉美地区的 20 个国家、俄罗斯和印尼;运费根据包裹重量按克计费,1 克起重,每单件包裹限重在 2 千克以内。

（5）时效承诺：物流商承诺货物 60 天内必达,因物流商的原因在承诺时间内未妥投而引起的限时达纠纷赔款,由物流商承担（按订单在全球速卖通的实际成交价赔偿,具体赔偿金额以物流商核定的金额为准）。

（二）俄速通（RussianAir）

俄速通专线物流有如下特点。

（1）经济实惠：俄速通的航空小包以克为单位计费,无首重费,为卖家将运费降至最低。

（2）可邮寄范围广泛：俄速通的航空小包专线物流服务是联合俄罗斯邮政局推出的服务产品,境外递送服务由俄罗斯邮政局承接,其递送范围覆盖俄罗斯全境。

（3）运送时效快：俄速通专线物流开通了"哈尔滨-叶卡捷琳堡"中俄航空专线货运包机,大大提高了配送时效,使中俄跨境电子物流平均时间从过去的近两个月缩短至 13 天,80%以上的包裹 25 天内可以到达。

（4）全程可追踪：可通过网络实现物流信息的全程可视化追踪。

（三）中外运安迈世（Aramex）

中外运安迈世是中东地区知名的快递公司,成立于 1982 年,是第一家在纳斯达克上市的中东国家公司,提供全球范围的综合物流和运输解决方案,在国内也称为"中东专线"。Aramex 中国下辖三个分公司,分别位于上海、北京和广州,为海内外客户提供优质的物流及快递服务。Aramex 是发往中东地区的国际快递的重要渠道。它具有在中东地区清关快、时效高、覆盖面广、经济实惠的特点。

四、跨境电商海外仓

跨境电商海外仓是指国内企业将商品通过大宗运输的形式运往目标市场国家,在当地建立仓库、储存商品,然后再根据当地的销售订单,第一时间作出响应,及时从当地仓库直接进行分拣、包装和配送的一站式控制与管理服务。海外仓是由物流企业、跨境电商平台或大型跨境电商卖家等专业化主体在境外自建或租用、运营的数字化智能化仓储设施,用于存放从国内运输过来的商品,以实现本地化的发货、配送、退换货等服务,形成了一套完整的跨境出海物流配送体系。仓储管理是指中国商家通过物流信息系统,远程操作海外仓储货物,实时管理库存。本地配送是指海外仓储中心根据订单信息,通过当地邮政或快递将商品配送给客户。

目前,跨境电商"9810 模式"越来越多地应用于外贸企业中。在该模式下,国内外贸企业通过跨境物流将货物以一般贸易方式批量出口到海外仓,在跨境电子商务平台上完成在线交易后,再由海外仓将货物运送到境外消费者手中,也就是跨境电商 B2B2C 出口。

(一) 海外仓的分类

目前市场上海外仓主要分为三种。

(1)自建仓,是指卖家自己建造的海外仓库。卖家可以自己掌控和管理仓库,十分灵活;但与此同时卖家也需要自己解决仓储、报关、物流运输等一系列问题。自建仓一般都是由大型电商企业或大型进出口企业设立的,对企业自身实力要求较高。

(2)平台仓,是指依托平台建立的仓储配送物流体系。阿里巴巴旗下的菜鸟物流、中国邮政速递物流股份有限公司、亚马逊 FBA(Fulfillment By Amazon)公司都是海外平台仓。

(3)第三方海外仓,是指企业按照一般贸易方式分批向第三方海外仓出口货物,实现本地销售和本地分销的跨国物流形式。

(二) 海外仓的优劣势

1. 海外仓的优势

海外仓具有"清关快、配送快、周转快、服务快、成本低"的"四快一低"特征,起到了连接国内外供应链的重要作用,可以极大提高时效,也节约了成本,实现目的国本土配送,可以与目的国卖家同台竞争;同时还扩大了商品品类,降低物流成本的同时能有效促进品牌的多样性,提升消费者的购物体验,提高跨境卖家在出口目的地市场的竞争力。主要优势有以下几个方面。

(1)有效避免物流高峰:以节日为例,每逢特殊节假日(圣诞节、万圣节或其他节日)前后会有大量货物待发。囤积的货物会严重影响国际物流商的运转操作,从而影响派送时效,进而影响客户的收件时间。如果使用海外仓,就可以预估物品销售量,提前将货物发至仓库,避开物流堵塞造成的麻烦。

(2)降低物流成本:出口企业将货物批量发送至国外仓库,实现该国本地销售,本地配送。客户下单后,出口企业通过海外仓直接本地发货,大大缩短配送时间,也降低了清关障碍。

(3)提升客户满意度:并不是所有收到的产品,都能让客户满意,这中间可能会出现货物破损、短装、发错货物等情况,客户可能会要求退货、换货、重发等,这些情况在海外仓内便可调整,大大地增强了物流的时效性,改善了购物体验,也能为卖家节省运输成本,减少损失。

(4)提高产品的曝光率:如果平台或者店铺在海外有自己的仓库,那么当地的客户在选择购物时,一般会优先选择当地发货,因为这样对买家而言可以大大缩短收货的时间,更快收到货物。

2. 海外仓的劣势

海外仓虽然为跨境电商带来了许多优势,如快速配送、提高客户满意度等,但也存在一些明显的劣势。海外仓的主要劣势有以下几个方面。

(1) 库存压力与成本:海外仓需要提前备货,这导致了库存管理的复杂性增加,卖家必须准确预测市场需求,否则可能导致库存积压或缺货。无论商品是否销售出去,只要存放在海外仓中,就需要支付仓储费用,这增加了运营成本。

(2) 资金周转不便:将大量货物提前运往海外仓意味着需要占用更多的流动资金,这对资金流紧张的小型卖家来说尤其具有挑战性。如果产品销售情况不如预期,可能会造成资金回笼困难,影响企业的财务健康。

(3) 管理难度大:卖家无法直接接触和管理海外仓中的货物,只能依赖仓库服务提供商的专业水平和服务质量。海外仓对物流信息技术水平要求较高,需要确保物流信息系统和库存管理系统之间的有机衔接,这对于技术资源有限的卖家来说是一个挑战。

(4) 本地化运作复杂:海外仓作为当地的实体"仓库",在法律上被视为一种商业行为,因此必须遵守当地的法律法规,包括税收、劳动法等方面的规定。雇佣当地员工时,需遵循当地的劳动法规和工会组织的要求,增加了人力资源管理和合规性的复杂度。

(5) 政策风险:海外仓受当地政策、社会因素、风土人情、自然因素等不可控因素的影响较大。例如,货物进口时可能遇到海关查扣、没收等问题,给卖家带来经济损失。政策变动(如关税调整、贸易摩擦等)也可能影响海外仓的运营效率和成本。

(6) 退货处理复杂:虽然海外仓可以方便地处理退换货,但这也意味着需要额外的空间来存放退货品,并且还需要考虑如何处理这些退货品(如返修、二次销售或销毁),这又涉及环境保护等更多问题。

综上所述,尽管海外仓提供了显著的优势,但它也带来了相应的挑战,企业在决定使用海外仓之前应该充分评估自身的情况和需求,权衡利弊,做出最适合自己的选择。

(三) 适合海外仓的货物

海外仓虽有诸多优势,但也不是所有产品都适合采用海外仓模式。海外仓要求卖家有一定的库存量,因此一些销量有限及买家特别定制的产品,就不适合选择海外仓销售。销量不理想或存货量预测不准会导致货物滞销,货物积压在海外仓中,就会增加仓储成本,除了增加库存压力,还会导致卖家的资金周转不便。海外仓的仓储成本费用,不同的国家费用也不同,卖家在选择海外仓的时候一定要计算好成本费用,与其他发货方式所需要的成本对比选择。适合海外仓的货物一般具有如下特征。

1. 尺寸、重量大的产品或快递无法运送的产品

如汽配品类、家居园艺品类中部分体积大、超重的大件产品及易碎品(玻璃制品、工艺品、瓷器等),采用国际小包或是专线邮递受规格限制无法送达或运费太贵,而使用海外仓能突破产品的规格限制并降低物流费用。另外,国际小包、快递无法运送的产品,比如带电池的产品、液体、粉末等。

2. 货源稳定、易备货的产品

除了产品质量好以外,货源的稳定性也极为重要。只有确保货源稳定、容易备货

(SKU 品名少的、SKU 不复杂的产品等)的情况下使用海外仓,才能发挥海外仓库的最大优势。

3. 价值高、对物流时效和质量要求高的产品

如果采用国内直邮的方式,出现破损和丢件的概率相对来说比较高,而海外仓服务商可以将货物的破损率、丢件率控制至较低水平,为高价格商品降低运输风险。

此外,通过海外仓可实现本土发货,提高物流时效,有利于提升用户体验,提高该类产品复购率。

4. 货物周转率高(即畅销品)的产品

海外爆款且竞争较大的产品,往往市场需求大,销量稳定,需要通过海运或批量运输降低成本,以获得更高的利润或竞争力。同时,卖家还可以通过海外仓更快速地处理订单,回笼资金。而滞销品不仅占用资金还会产生仓储费用。例如手机、电脑、平板电脑、相机及相应配件零件等电子产品就比较适合海外仓。

(四) 海外仓仓储操作流程

(1) 卖家自己将货物运至海外仓储中心,或者委托承运商将货物发至承运商的海外仓库(这段路程可采取海运、空运或快递等方式)。

(2) 卖家在线远程管理海外仓储(卖家使用物流商提供的物流信息管理系统,远程操作海外仓储的货物,并且保持系统信息实时更新)。

(3) 当交易订单形成后,根据卖家指令进行货物操作(根据海外仓储中心自动化操作设备,严格按照卖家指令对货物进行存储、分拣、包装、配送等操作)。

(4) 系统信息实时更新(发货完成后系统会及时更新信息,包括显示库存状况等)。

海外仓仓储操作流程,如图 3-1 所示。

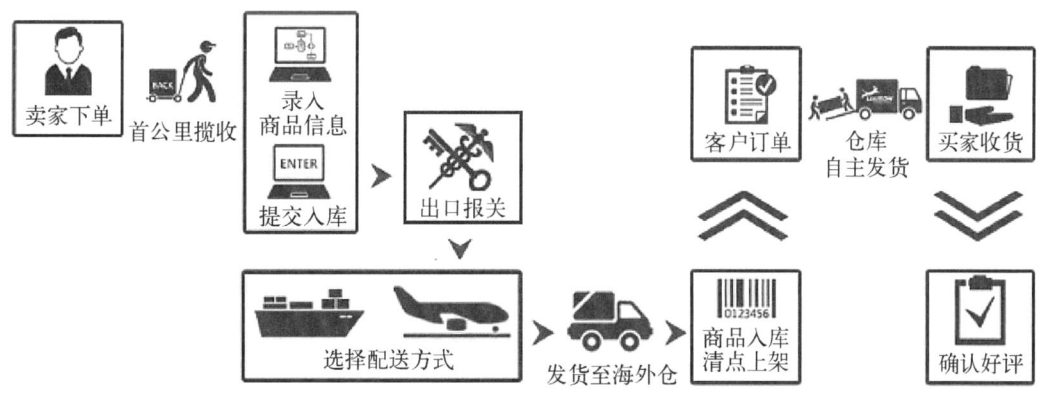

图 3-1　海外仓仓储操作流程

(五) 海外仓储费用

海外仓储费用包括头程运输费、仓储管理费和本地配送费三个部分。头程运输是指中国商家通过海运、空运、陆运或者联运将商品运送至海外仓库。仓储管理是指中国商家通过物流信息系统,远程操作海外仓储货物,实时管理库存。本地配送是指海外仓储中心根据订单信息,通过当地邮政或快递将商品配送给客户。

一般来说,使用海外仓备货所产生费用主要包括以下几个方面。

(1)头程运输费:头程运输费是指货物从国内运输到海外头程运输所产生的费用,具体费用要根据选择的运输方式、货物的体积和重量等因素来计算。

(2)仓储费:仓储费是指货物在海外仓存储期间的费用,通常按照货物的体积、重量以及存储时间进行计费。此外,存储时间越久,价格可能会越高。

(3)管理费:管理费是指海外仓人员对产品进行录入、运输、包装以及货物管理等产生的费用,但不包括人工费。

(4)订单处理费:订单处理费是指当有买家下单时,海外仓会对订单进行处理,包括订单拆分、合并、打包等操作的费用,此项费用通常根据订单的数量和复杂程度进行计费。例如,小包裹拣货费通常定价按照重量段参考,越重的产品价格越高;小包裹打包费则是指抓取货物后进行打包、贴标签、放装箱单操作后,将包裹运送至指定地点的费用。

(5)尾程派送费:尾程派送费是指海外仓负责将货物配送到买家手中产生的费用,具体会根据配送方式和距离、重量等因素进行计费。

(6)退换货费用:退换货费用是指如果买家对购买的货物不满意,需要退换货,海外仓会提供相应的服务,并收取相应的相关费用。

(7)其他附加费用:包括保险费、税费等,根据卖家需求和服务商规定进行计费。还可能会根据提供的额外服务,如中转、退货换标、海外客服等,收取一定的额外服务费。

拓展阅读

2024年6月8日,商务部、国家发展改革委、财政部、交通运输部、中国人民银行、海关总署、税务总局、金融监管总局、国家网信办9部门联合发布《关于拓展跨境电商出口推进海外仓建设的意见》,从积极培育跨境电商经营主体、加大金融支持力度、加强相关基础设施和物流体系建设、优化监管与服务、积极开展标准规则建设与国际合作等五方面提出15条措施,拓展跨境电商出口,优化海外仓布局,加快培育外贸新动能。

根据商务部统计数据,过去5年,我国跨境电商贸易规模增长超过10倍。2024年一季度,跨境电商进出口5776亿元,增长9.6%,其中出口4480亿元,增长14%。目前,全国跨境电商主体已超12万家,跨境电商产业园区超1000个,建设海外仓超2500个、面积超3000万平方米,其中专注于服务跨境电商的海外仓超1800个,面积超2200万平方米。据海关总署统计数据,今年一季度,我国跨境电商海外仓出口同比增长11.8%。市场研究机构Frost&Sullivan(弗若斯特沙利文)数据显示,从2018年到2023年,采用海外仓模式的中国B2C出口电商物流解决方案市场规模激增,从486亿元增长至2039亿元,市场占有率达到45%,复合年增长率为33.2%。预计到2028年,市场规模将达到3870亿元,市场占有率增至51%,复合年增长率预计为13.7%,这一增长速度远超传统直邮模式,显示出海外仓模式的巨大市场潜力。

任务 三 计算跨境物流运费

跨境电商物流

目前跨境电商物流费用在整个跨境电商成本中占到了 20%～30%，比例较高，物流行业的动态时刻扣动卖家心弦。如何降低物流成本是跨境物流卖家最为关心的问题之一。

一、计算邮政包裹物流运费

假设某英国顾客从"3–C0LOUR"的全球速卖通店铺购买了 2 件服装，每件重量为300 克(外包装重量为 100 克)，若选择中国邮政航空挂号小包、e 邮宝、EMS 运输，运费计算分别如下。(实际信息以官网为准)

(1) 航空挂号小包。

登录中国邮政速递物流查询航空挂号小包资费标准，如表 3-2 所示。

表 3-2 中国邮政航空挂号小包资费标准

业务产品	首重资费	续重资费	挂号费	增值服务
航空挂号小包	31.06 元/克	0.063 元/克	0 元	0 元

解答：

① 货物重量：$300 \times 2 + 100 = 700$(克)，

② 挂号小包物流运费：$31.06 + 0.063 \times (700 - 1) \approx 75.1$(元)。

(2) e 邮宝。

e 邮宝资费标准如表 3-3 所示。

表 3-3 e 邮宝资费标准

业务产品	首重资费	续重资费	挂号费	增值服务
e 邮宝	17.08 元/克	0.079 元/克	0 元	0 元

解答：

e 邮宝物流运费：$17.08 + (700 - 1) \times 0.079 \approx 72.3$(元)。

(3) EMS 运费计算。

EMS 资费标准如表 3-4 所示。

表 3 - 4　EMS 资费标准

业务产品	首重资费	续重资费	挂号费	增值服务
国际/港澳台 EMS 物品	280 元/500 克	75 元/500 克	0 元	验关服务费：4 元

解答：

EMS 物流运费：280＋75＋4＝359(元)。

综合以上计算结果发现同样的产品邮寄到英国,选择不同的物流方式运费不同,选择物流方案,物流运费是非常重要的一个方面,但最终跨境物流的选择还要根据物流的时效、货物本身的特性、顾客的要求等综合考量。

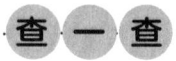

结合以上例题,登录中国邮政速递物流官网,查一查其他邮政物流方式资费标准并计算相应物流费用。

二、计算国际商业快递物流运费

四大国际快递(DHL、UPS、FEDEX、TNT)的运费计算方式,一般是以千克为单位执行相应收费标准,即总费用＝首重费用＋续重费用。计费重量最小单位 0.5 千克,不足 0.5 千克的按 0.5 千克计费,以第一个 0.5 千克为首重,以每提升一个 0.5 千克为续重。例如,1.67 千克就按 2 千克计费。通常快递首重的费用相对于续重费用更高一些。21 千克以上一般直接依照千克计费,多出 1 千克不超过第二个 1 千克计费重量要加多 1 千克。例如 34.1 千克要按 35 千克计费,34.9 千克也是按 35 千克计费。国际快递费用主要包括运费、燃油费以及其他费用。

国际快递中重量可以分成实际重量、体积重量和计费重量。实际重量是指货物包括包装在内的总重量。体积重量是指因运载工具承载力即能运载物件体积限制,所采用的将货件体积换算成重量的重量。国际快递标准物件体积重量的计算方式是：长(cm)×宽(cm)×高(cm)/5 000＝重量(KG),不规则的包装则依照货物单边最多、最宽、最高处计算。国际快递中体积重量超过实际重量的国际包裹称为泡货,反之,称之为重货。

假设德国顾客在某平台订购一款中国传统手工艺术品,包装重量为 500 克,包装尺寸为 25 cm×15 cm×10 cm,拟选用 UPS 商业快递邮寄,请计算运费。(假设 UPS 的报价表,中国到德国的报价为 416 元/0.5 千克,货物重量每增加 0.5 千克,运费加 89 元,若重量大于 21 千克,运费为 96 元/千克)

解析：

① 先计算货物的体积重量：

(25×15×10)/5 000＝750 克。

货物的毛重为 500 克,体积重量大于毛重,所以按照体积重量计算运费。

② 运费=416+89=505(元)。

小 思 考

若该德国顾客订购产品包装重量为400 g,包装尺寸为20 cm×10 cm×8 cm,UPS运费是多少? 若该产品包装尺寸为60 cm×50 cm×40 cm,包装重量为22 kg,UPS运费是多少?

三、计算海外仓头程物流运费

空运、海运是跨境物流主要运输方式,两种运输方式计费标准不同,海外仓空运头程物流运费与海运头程物流运费计算方法分别如下。

1. 海外仓空运头程物流运费计算

货物的国际航空运输运费核算,在计算运费时要比较货物的体积重量(体积/5 000)和实际毛重之间的大小,确定货物是泡货还是重货,如果体积重量大于实际毛重,则该货物为泡货,计算运费时按照体积重量计算;如果体积重量小于实际毛重,则该货物为重货,计算运费时按照毛重计算。

假设尚大跨境电子商务有限公司拟空运100个柳编篮到其德国仓,每个柳编篮0.5千克,尺寸为20 cm×15 cm×10 cm,请问每个柳编篮空运运费是多少? 海外仓空运头程运费资费标准,如表3-5所示。

表3-5 海外仓空运头程运费资费标准

转运方式	重量区间	德国仓 (人民币)	英国仓 (人民币)	最低起运量	时效
空运	5~21 kg	45	45	5 kg	5~7个 工作日
	22~45 kg	32	33		
	46~99 kg	30	32		
	100千克以上	29	30		

解答:

(1) 先计算篮子的体积重量。

$$体积重量=(长×宽×高)÷5\ 000$$
$$=20×15×10×100÷5\ 000$$
$$=60(千克)$$

(2) 再计算篮子的毛重。

$$毛重=0.5\times100=50(千克)$$

因为体积重量大于毛重,所以按照体积重计算运费。

根据运费表,重量在 60 千克,对应的德国仓的运费是 30 元/千克,所以

$$运费=60\times30=1\,800(元)$$
$$每个篮子运费=1\,800/100=18(元)$$

2. 海外仓海运头程物流运费计算

计算货物的国际海运运费,要计算货物的重量吨和尺码吨,将它们折算成运费吨,并且比较大小,选用大的计算运费。1 立方米=1 运费吨。

假设尚大跨境电子商务有限公司拟海运一批柳编篮到英国仓,每个篮子重 0.5 千克,体积为 20 cm×15 cm×10 cm,共有 1 000 个。请问每个篮子的运费是多少? 海外仓海运头程运费资费标准,如表 3-6 所示。

表 3-6　海外仓海运头程运费资费标准

转运方式	立方区间	德国仓(人民币) CBM/T	英国仓(人民币) CBM/T	最低起运量
海运散货(LCL)	0~5 CBM/T	1 700/1 800	1 600/1 700	1 CBM/T
	5.01~10 CBM/T	1 550/1 650	1 450/1 550	
	10 CBM/T 以上	1 400/1 500	1 300/1 400	
	时效	35 个工作日以上		

解答:

(1) 货物的尺码吨:

$$1\,000\times20\ cm\times15\ cm\times10\ cm=3\ CBM$$

(2) 计算货物的重量:

$$1\,000\times0.5\ kg=500\ kg=0.5\ 运费吨$$

所以,按照尺码吨计算运费,根据运费表,对应的运价是 1 600 元/CBM

$$运费=3\times1\,600=4\,800(元)$$
$$平摊到每个篮子的运费是\ 4\,800\div1\,000=4.8(元)。$$

任务 四　设置跨境物流模板

在产品发布之前,需要为产品设置合理的物流模板,不同跨境电商平台的运费模板会

稍有不同。如果卖家未新建运费模板，在发布产品时只能选择新手运费模板，但这种运费模板具有局限性，因此，在发布产品之前要首先新建运费模板。

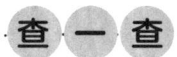

登录全球速卖通官网，查一查产品到达不同国家的跨境物流方式选择。

一、物流运费模板新增

Step 1：

登录速卖通卖家中心后点击"物流"→"运费模板"→"新增运费模板"，在对话框中填写"模板名称"，选择发货地址"中国"。新增运费模板页面如图 3-2 所示。

运费模板列表 > 新增运费模板

新增运费模板

* 模板名称

请输入模板名称

* 选择发货地址

中国 ×

图 3-2　新增运费模板页面

Step 2：

选择物流线路。全球速卖通物流模板设置将物流类型分为五类，分别是经济类、简易类、标准类、快速类和其他类。经济类主要有中国邮政平常小包＋、菜鸟专线经济、燕文特货经济等；简易类主要有菜鸟无忧物流—简易、菜鸟特货专线—简易两种；标准类主要有 e 邮宝、中国邮政挂号小包、新加坡邮政挂号小包、顺丰国际挂号小包等；快速类主要有 EMS、E 特快、DHL、UPS 等。

Step 3：

选择好物流方式后，可进一步对运费进行设置，运费的设置有三种选择，分别是标准运费、卖家承担和自定义运费。

（1）标准运费。

标准运费是指所有该线路可到达的地区都采用相同的运费计费规则，例如减免百分比中填入 20，即所有该线路可到达地区的顾客都可享有运费八折的优惠。标准运费设置页面如图 3-3 所示。

图 3‑3　标准运费设置页面

（2）卖家承担。

如果卖家对所有该线路可到达的地区均采取包邮的方式，则可以选择"卖家承担"，如图 3‑4 所示。唯有此种情形，可在产品标题中出现"Free Shipping"。

图 3‑4　卖家承担运费设置页面

（3）自定义运费。

在"自定义运费"设置中，可以针对不同的目的地设置不同的运费组合。首先进行目的地的选择，可以按大洲选择目的地或按物流商分区选择目的地，有手动选择地区或批量选择地区两种情形，如图 3‑5 所示。

自定义运费模式下，选定该运费组合下的国家或地区后，可以对运费计算方式进行设置，如图 3‑6 所示。

运费计算方式有标准运费、卖家承担、自定义运费和不发货四种，卖家可根据不同的需求进行选择，这里可以增加多个不同的运费组合。

在运费计算方式中选择"自定义运费"，则出现如图 3‑7 所示对话框，在该对话框中可以选择"按照重量计费"，然后填入首重及首重运费，同时填写续重范围和每增加单位续重所增加的运费。续重分多个区间的还可以增加续重范围。

在自定义计费方式中，除"按照重量计费"外，还可以选择"按照数量计费"，如图 3‑8

图 3-5 目的地选择页面

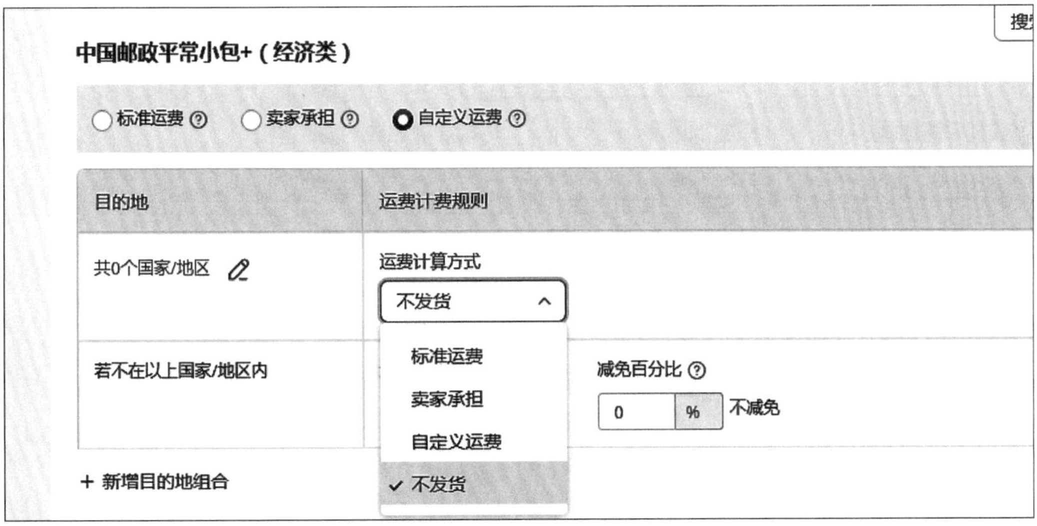

图 3-6 运费计算方式设置页面

所示,填写首批采购数量、首批运费,并确定首批采购数量之外,每增加商品数及所需要续加的运费。

对于没有出现在选定的目的地组合中的国家,还可以进行"标准运费"和"不发货"的设置,如图 3-9 所示。

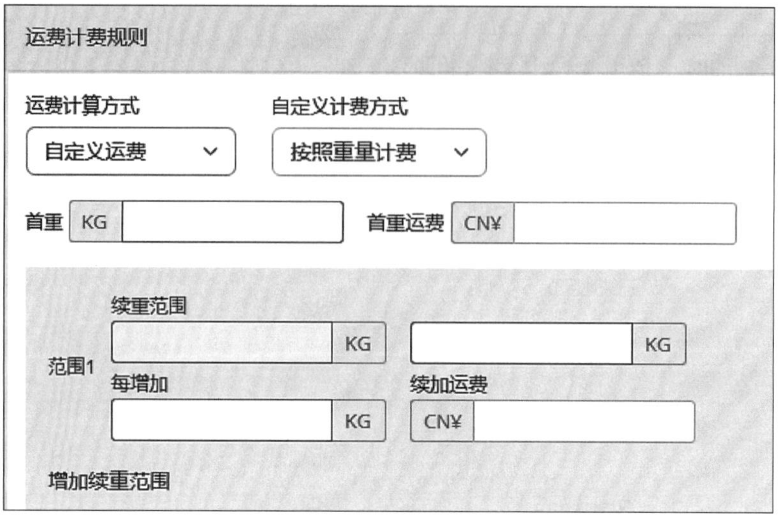

图 3-7 按照重量计费页面

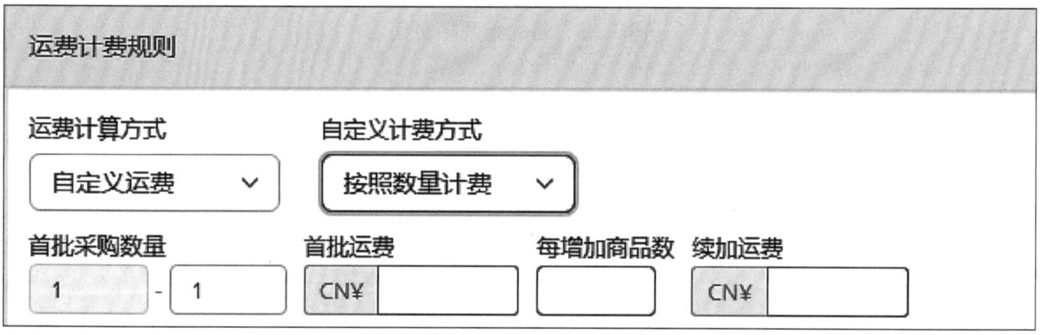

图 3-8 按照数量计费页面

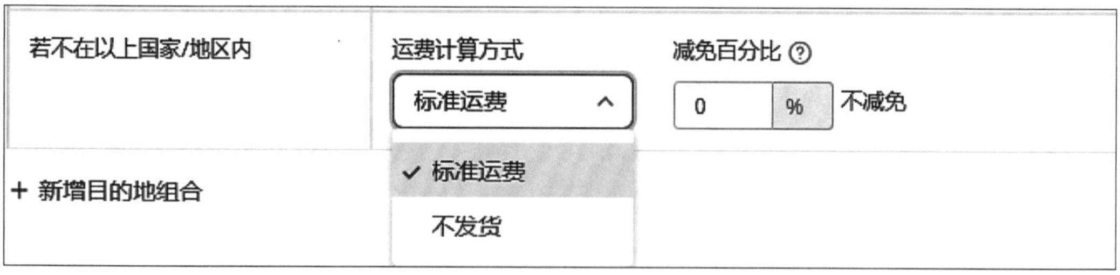

图 3-9 不在设定国家/地区内其他国家设置页面

二、物流运费模板设置

根据上述介绍,设置一个中国邮政挂号小包物流运费模板,要求:巴拿马、厄瓜多尔不发货,其他国家买方承担 80% 运费。

Step 1：进行模板命名和发货地址选择，命名为"中国邮政挂号小包"，发货地址为"中国"，如图 3 - 10 所示。

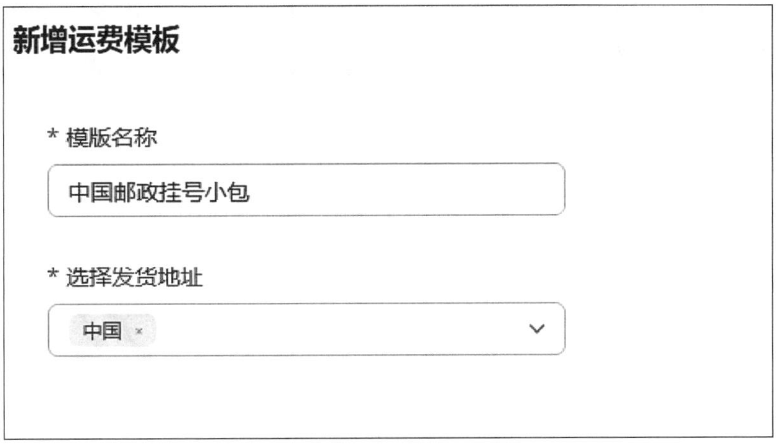

图 3 - 10 示例演示 1

Step 2：在标准类物流模式中选择物流线路"中国邮政挂号小包"，如图 3 - 11 所示。

图 3 - 11 示例演示 2

Step 3：对运费进行设置，如图 3 - 12 所示，选择"自定义运费"：

选中目的地"巴拿马""厄瓜多尔"，如图 3 - 13 所示。

设置运费计费规则，点击运费计算方式下拉框，选择"不发货"，如图 3 - 14 所示。

Step 4：对其他国家运费进行设置，其他国家买方承担 80％运费，即运费减免 20％，选择运费计算方式"标准运费"，减免百分比 20％，如图 3 - 15 所示。

合理的跨境物流运费模板设置是跨境电商成功运营的关键要素之一，在设置跨境物流运费模板时，有以下重要的注意事项需要特别关注，以确保运费设置合理且有利于业务

图 3‑12 示例演示 3

图 3‑13 示例演示 4

运营。

（1）精确计算成本：准确计算每种物流方式的实际成本，包括基础运费、附加费（如挂号费、燃油附加费）、保险费等，确保设置的运费能够覆盖成本并留有合理利润空间。

（2）考虑产品特性：根据商品的重量、体积、易碎性等因素选择合适的物流方式和包装要求，这直接影响运费成本和买家体验。

（3）目的地规则：深入了解不同国家和地区的进口关税、禁运限制及地址格式要求，避免因违反规定而导致的额外费用或退运损失。

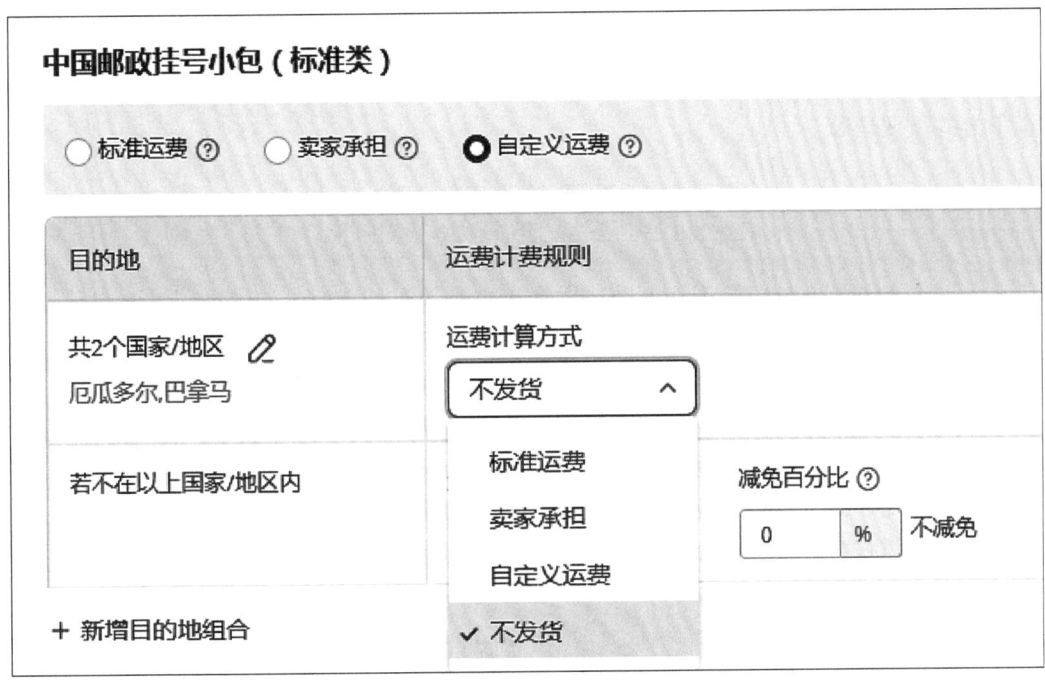

图 3 - 14　示例演示 5

目的地	运费计费规则	
共2个国家/地区 🖊 厄瓜多尔,巴拿马	运费计算方式 不发货 ∨	
若不在以上国家/地区内	运费计算方式 标准运费 ∨	减免百分比 ⑦ 20　%　即8.0折

图 3 - 15　示例演示 6

（4）物流时效与服务：选择物流服务商时，除了考虑成本外，还需要考虑物流速度、丢包率、跟踪服务等，确保买家满意度。

（5）偏远地区处理：明确界定并设置偏远地区的额外运费或限制发货，避免因未考虑到偏远地区高额运费而造成的亏损。

（6）测试与验证：在正式应用前，对运费模板进行彻底测试，包括模拟不同国家、不同商品组合的订单，确保计算无误。

（7）灵活性与可调整性：市场和物流成本是动态变化的，设置模板时应预留调整空间，便于快速响应市场变化。

（8）利用平台政策：关注并利用电商平台提供的特殊运费优惠或补贴政策，如参与平台物流计划（如 Shopify 的 Shipping、亚马逊的 FBA）可能享受更优惠的运费服务。

综合以上要点，精心设置和管理跨境物流运费模板，是保障跨境电商顺利运营、提升竞争力的重要环节。

技 能 与 素 养 提 升

商务部等 9 部门关于拓展跨境电商出口推进海外仓建设的意见（节选）

跨境电商是以科技创新为驱动，积极运用新技术、适应新趋势、培育新动能的外贸新业态新模式，与海外仓等新型外贸基础设施协同联动，能够减少中间环节、直达消费者，有利于促进外贸结构优化、规模稳定，有利于打造国际经济合作新优势，已经成为我国外贸发展的有生力量，也是国际贸易发展的重要趋势。

推动跨境电商海外仓高质量发展。统筹用好现有资金渠道，支持跨境电商海外仓企业发展。发挥服务贸易创新发展引导基金作用，引导更多社会资本以市场化方式支持跨境电商海外仓等相关企业发展。鼓励有条件的地方用好现有股权投资基金资源，探索以市场化方式设立产业发展基金，加强对跨境电商海外仓企业支持。编制出台跨境电商出口海外仓业务退税操作指引，进一步指导企业用好现行政策。

增强跨境电商物流保障能力。促进中欧班列沿线海外仓建设，积极发展"中欧班列＋跨境电商"模式。支持物流企业结合跨境电商行业发展特点，加强海运、空运、铁路、多式联运等运输保障能力建设。鼓励物流企业与东道国寄递企业开展合作，提升"最后一公里"履约能力。

助力跨境电商相关企业"走出去"。更新发布国别合作指南，加强对跨境电商相关企业"走出去"指导和境外报到登记，引导合规有序经营，实现互利共赢。鼓励跨境电商海外仓企业入驻商贸物流型境外经贸合作区，用好合作区电信、网络、物流等配套设施与服务。支持跨境电商综合试验区加强与各类境外经贸合作区、港口等合作，探索创新国内外产业协同联动的经验做法。……

思考：随着技术的更新迭代，跨境物流方式也在不断地创新变化之中，作为跨境从业人员该具备哪些专业素养来面对挑战？

资料来源：商务部网站

项 目 训 练

1. 单选题

（1）可将商品批量运至海外，从而有效降低物流成本的物流方式是（   ）。

A. 中国邮政小包   B. 海外仓储   C. 国际快递   D. 国际小包

（2）国际 e 邮宝限重为（   ）。

A. 500 g   B. 1 000 g   C. 1 500 g   D. 2 000 g

（3）下列跨境电商出口物流方式当中，时效最快的是（   ）。

A. 国际快递　　　　B. 海外仓储　　　　C. 国际专线　　　　D. 国际小包

（4）下列跨境电商出口物流方式中,备货资金占用较多的是(　　　　)。

A. 国际小包　　　　B. 海外仓储　　　　C. 国际快递　　　　D. 国际专线

（5）下列物流方式属于国际商业快递的是(　　　　)。

A. 香港邮政小包　　　　　　　　　　B. 中国邮政小包

C. e邮宝　　　　　　　　　　　　　D. UPS

2. 多选题

（1）通过中国邮政平常小包寄送的物品,一般是(　　　　　　)。

A. 体积小,货值高的物品　　　　　　B. 货值低的物品

C. 重量较轻(2千克以内)的物品　　　D. 电子类商品

（2）选择海外仓配送的原因有(　　　　　　)。

A. 提高时效和服务　　　　　　　　　B. 缩短订单周期

C. 减少资金压力　　　　　　　　　　D. 降低库存

（3）下列属于国际快递的物流有(　　　　　)。

A. UPS　　　　　　　　　　　　　　B. TNT

C. DHL　　　　　　　　　　　　　　D. CHINA POST AIR

（4）物流模板的设置包括(　　　　　　)。

A. 选择物流方式　　　　　　　　　　B. 设置优惠折扣

C. 选择寄达国家/地区　　　　　　　D. 设置运费价格

（5）跨境出口主要物流方式有(　　　　　)。

A. 海外仓储　　　　B. 国际小包　　　　C. 国际快递　　　　D. 国际专线

3. 任务实训

（1）一票到俄罗斯的货物重100克,当前折扣为9折,标准运费为103元/千克,挂号费为8元,采用中国邮政挂号小包寄送,试计算运费。

（2）合肥某电子商务有限公司在全球速卖通平台上向英国客人销售了一款服装,包装重量为2.1千克,长＊宽＊高为30 cm＊20 cm＊10 cm,拟使用DHL快递,请计算跨境物流运费。（假设英国运费资费标准为：首重0.5千克267元,续重费用为88元/0.5千克）

（3）加拿大客户在某跨境电子商务有限公司全球速卖通平台上拍下了一套精美的中国风窗帘挂饰,包装重量0.95千克,长＊宽＊高为30 cm＊10 cm＊15 cm,用于装饰新居,客户要求5天内收货。考虑到时间紧急,卖家决定选择商业快递DHL。请根据资费信息计算跨境物流运费。（首重0.5 kg,101.5元;续重0.5 kg,29.4元）

（4）每四人一小组,利用周末走访或通过网络调研当地跨境电商企业,了解企业跨境物流所面临的实际困境,并根据所学知识点为企业寻求更合理的物流方案,将调研结果在课堂作分享。

国际市场调研与跨境电商选品

 **项目导图**

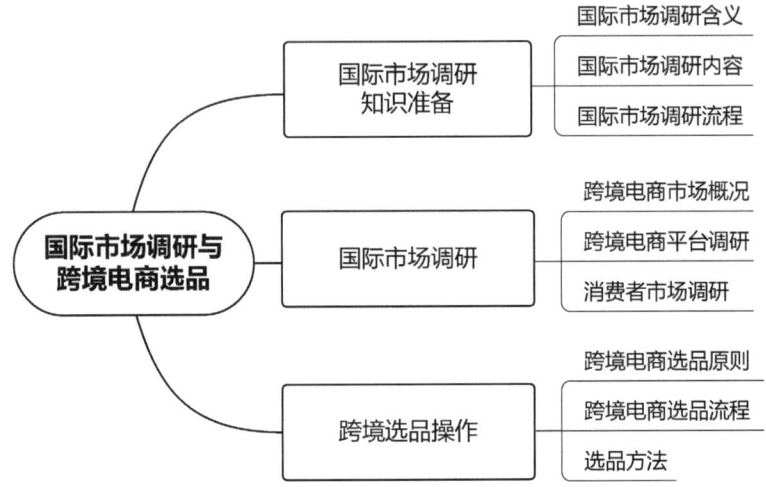

国际市场调研与跨境电商选品
- 国际市场调研知识准备
  - 国际市场调研含义
  - 国际市场调研内容
  - 国际市场调研流程
- 国际市场调研
  - 跨境电商市场概况
  - 跨境电商平台调研
  - 消费者市场调研
- 跨境选品操作
  - 跨境电商选品原则
  - 跨境电商选品流程
  - 选品方法

学习目标

1. **知识目标**

（1）了解全球跨境电商主要市场发展状况。

（2）熟悉海外市场风俗文化及消费习惯。

（3）掌握跨境电商产品选品方法及策略。

（4）熟悉常见选品工具。

2. **能力目标**

（1）能够利用互联网等信息手段对海外市场进行调研，形成可供企业参考的调研报告。

（2）能够根据调研结果进行合理的产品开发。

（3）能够结合市场需求，使用选品工具独立完成跨境电商选品操作。

3. **素养目标**

（1）通过"一带一路"共建国家调研，培养学生自觉践行使命的责任意识，为我国对外开放事业添砖加瓦。

（2）通过选品，让学生了解众多中国产品、设计、工艺走出国门，受到外国消费者的喜爱的事实,培养学生专心致志、精益求精、勇于创新的品质,争当对外讲好中国品牌创新故事的使者。

高质量共建"一带一路"是我国顺应世界多极化、经济全球化、文化多样化、社会信息化潮流的倡议,旨在促进经济要素有序自由流动、资源高效配置和市场深度融合,推动沿线各国实现经济政策协调,开展更大范围、更高水平、更深层次的区域合作,共同打造开放、包容、普惠、均衡的区域经济合作架构。国家的有力助推为我国跨境电子商务的发展提供了广阔的空间。

《孙子·谋攻篇》谓:"知彼知己,百战不殆"。由于各国政治经济、风俗文化等都不相同,跨境电商从业者在进入新的市场前做好充分的调研、选品工作。

近年来,我国与"一带一路"共建国家跨境电商交易规模日益扩大。安徽名尚国际贸易有限公司梁经理敏锐发现了其中的商机,他找到市场拓展部小王和选品部小唐,让二人对"一带一路"共建国家选取目标进行调研,并进行合理选品。

任务 一 国际市场调研知识准备

一、国际市场调研含义

国际市场调研是指运用科学的调研方法与手段,系统地搜集、记录、整理、分析有关国际市场的各种基本状况及其影响因素,以帮助企业制定有效的市场营销决策,实现企业经营目标,在现代营销观念指导下,以满足消费者需求为中心,研究产品从生产领域拓展到包括消费领域的全过程。

一个企业要想进入某一新市场,往往需要专业国际市场调研人员充分调研与该市场有关的一切信息——包括目标国的政治局势、法律制度、社会文化、地理环境、市场特征、经济水平等。

二、国际市场调研内容

国际市场调研的范围比较广泛,跨境电子商务企业通常通过互联网进行国际市场调研。对于这些市场的调研主要可以从以下几个方面来进行。

(一) 国际市场环境调研

国际市场环境调研主要包括四个方面情况:经济环境、政治法律环境、社会文化环境和技术环境。

1. 经济环境

经济环境的调研,主要包括目标市场的人均消费水平、购买力、消费结构、消费意愿高低、社会经济状况、物价水平、自然条件、经济基础设施等因素。居民的经济收入是构成市场容量的重要因素,也是进行市场细分的主要标准之一。消费是影响市场的重要因素,如果没有消费需求,就没有市场。自然条件是指一国或地区的自然资源、地理结构和气候。自然条件对市场特点的形成有着重要的影响。经济基础设施是指能源供应、交通运输、通信设备、金融机构和广告公司等。一般来说,一个国家或者地区的经济基础设施数量越充分、质量越好,开展国际贸易就越顺利。经济环境决定了很多产品的市场容量、社会普及率和产品的生命周期等。

2. 政治法律环境

在现代国际贸易中,各国政府对本国的进出口贸易实施着不同程度的贸易保护,即通过政治、法律手段制定经济政策和法规,维护国内市场的经济秩序。政治与法律环境,主要是指目标市场当前的政局稳定性、执行的方针政策和法律法规、对电子商务的支持程度、贸易壁垒等情况,由于世界各国的政治与法律法规差异明显,因此企业在正式进入目标市场之前,应详细调研此方面的市场信息。了解国内外的政治、法律环境,可以在业务操作中规避来自该方面的风险。

3. 社会文化环境

不同的国家和地区有着不同的文化背景和价值观,因此,开拓国际市场前需要充分了解目标市场的文化特点,根据当地的文化习惯调整品牌定位和营销策略。社会文化环境对跨境电子商务带来的影响也是不可忽视的。随着全球经济一体化的发展,消费者需求越来越呈现个性化、多样化的特点,因此文化差异在跨境电子商务中的地位越来越突出。例如,出口产品的设计,包括商标、包装上的颜色、图案和文字,广告以及促销方式等都要尽量适应进口国或者地区的社会文化环境,这样有助于产品的销售,反之商品销售有可能受到阻碍。只有"入乡随俗"地进行跨境电商市场调研,才能为企业制定正确的经营提供有力依据。

4. 技术环境

在国际市场调研中,技术环境是一个重要的考量因素,尤其是跨境电商,技术环境尤为重要,它不仅影响着企业的产品开发、生产、营销和服务方式,还直接关联企业的竞争力和市场适应性。技术环境是指影响组织运营、产品开发、服务提供和市场竞争的各种外部技术要素的总和。主要包括以下几点。

(1)技术发展趋势:调研国际市场上最新的技术和发展趋势,包括人工智能、物联网、区块链、5G通信等,了解这些技术如何改变行业生态,以及它们在目标市场的应用前景和接受度。

(2)技术基础设施:目标市场的技术基础设施建设,包括互联网普及率、移动通信网络覆盖、数据中心分布、物流自动化水平等,这些是企业产品或服务能否顺利部署和运行的基础。

（3）数字化水平：分析目标市场的数字化程度，包括消费者的使用习惯、电子商务的普及、数字支付系统的成熟度等，这对于制定线上营销策略尤为重要。

（4）技术法规与标准：了解并遵守目标市场的技术法规、安全标准、数据保护法律（如通用数据保护条例）以及特定行业的技术标准，避免法律风险，确保产品合规。

（5）知识产权保护：考察目标市场的知识产权保护环境，包括专利、商标、版权等的注册与保护机制，这对技术密集型企业尤为关键。

通过细致分析这些方面，企业能够更好地把握国际市场中的技术动向，制定符合当地市场需求和技术条件的市场进入策略，适时调整自身的研发方向和技术创新路径，以增强国际竞争力。

（二）行业及市场需求调研

除对国际市场宏观环境的调研外，跨境电商企业在进入目标市场国时还需要了解目标市场的行业情况和竞争对手的情况，以便确定产品在市场中的定位和差异化竞争策略。例如，我国某服装品牌产品欲进入韩国市场。在韩国市场，服装市场有很多当地品牌和国际品牌在竞争。因此，需要了解目的国的时尚市场和竞争对手的情况。

市场需求，是指一定时期内消费者在一定购买力条件下的商品需求量。供需关系影响产品价格，对国际市场需求的调研是跨境电子商务市场调研的重要内容，企业应当充分了解目标市场同类产品价格、供需关系、市场占有率、消费者喜好、习惯需求等情况。只有深刻了解市场需求，才能迎合目标市场消费者，培养顾客基础，增强顾客黏性。

不同文化背景下的消费者对产品的需求、品质标准、购买决策等存在差异。企业需要了解目标市场的价值观和消费习惯，调整营销策略和产品定位，以满足消费者的需求。这包括考虑文化偏好、宗教信仰、节日习俗等因素，并通过定制化的产品和服务，以及针对当地市场的宣传和促销活动来吸引消费者并建立品牌认同。在跨境电商营销中，社会习俗和礼仪差异也是需要考虑的重要因素。不同文化背景下的社会习俗和礼仪要求存在差异，包括商务礼仪、礼品文化、节日庆祝等方面。了解和尊重目标市场的社会习俗和礼仪要求，企业可以根据当地文化进行产品定制、宣传推广和服务设计，以符合消费者的期望和需求。此外，建立良好的跨文化沟通和合作关系，遵守当地礼仪规范，能够增强企业的形象和信誉，在市场中建立稳固的地位。

三、国际市场调研流程

（1）确定研究目标：企业需要明确自己的研究目标，即需要解决的问题是什么，需要研究的市场是哪个，以及需要收集哪些数据等。

（2）设计研究计划：在确定研究目标后，企业需要设计研究计划，包括研究方法、研究对象、样本大小、研究时间、研究费用等。

（3）收集数据：根据研究计划，企业需要开始收集相关数据。数据的来源可以包括问卷调查、市场报告、官方数据、焦点小组讨论、深度访谈等。

（4）分析数据：收集到数据后，企业需要对数据进行分析，以便从中发现关键信息和趋势。数据分析可以包括统计分析、内容分析、因素分析等。

（5）制定研究报告：分析数据后，企业需要撰写研究报告，报告应包括研究目标、研究方法、数据来源、数据分析结果、结论和建议等。

（6）报告交付和实施：最后，企业需要将研究报告交付给相关人员，并根据研究结果制定实施计划。

任务 二　国际市场调研

一、我国与"一带一路"跨境电商市场概况

（一）市场规模持续扩大

跨境电商为我国外贸发展注入新动能。2022 年，我国跨境电商进出口规模，首次突破 2 万亿元人民币，达 2.1 万亿元人民币，占全国货物贸易进出口总值的 4.9%。至 2024 年，这一规模增长至 2.63 万亿元人民币。"一带一路"共建国家和地区增长迅速。

（二）政策支持与基础设施发展

1. 政策层面，我国已形成全方位支持体系

（1）综合试验区布局。自 2015 年首个跨境电子商务综合试验区设立以来，跨境电商综合试验区已扩至 196 个（含海南全岛），覆盖 31 个省份及新疆生产建设兵团。

（2）税收与物流优化。2023 年《关于跨境电子商务出口退运商品税收政策的公告》明确退货商品免税政策，降低企业成本；海外仓建设超 2 500 个，覆盖全球 200 多个国家和地区。

（3）人民币国际化。截至 2024 年末，中国人民银行已与 32 个国家和地区签署双边本币互换协议。人民币跨境支付系统的中央银行或货币当局服务区域扩大、服务水平提升。

2. 基础设施方面，我国与共建国家合作推进海陆空物流通道建设

（1）海运通道建设。通过共建智慧港口、绿色港口，优化全球水运网络。

（2）陆路通道建设。跨国铁路网络以中欧班列为代表，构建起横跨亚欧大陆的铁路运输大动脉，实现常态化、高密度运行。配套建设物流园区、保税中心等节点，形成"干线运输＋区域分拨"的高效模式；跨境公路体系依托"六廊六路"框架，完善高速公路、跨境桥梁等基础设施建设，如中巴经济走廊、中老铁路等标志性工程，缩短区域间时空距离。

（3）航空物流发展。通过加密国际航线、建设航空物流枢纽（如郑州—卢森堡"空中丝绸之路"），提升高附加值货物运输效率，强化全球供应链韧性。多式联运创新，推动"空铁联运""空海联运"等模式，例如部分港口实现与机场的无缝衔接，形成"一单制"全程物流服务。

（三）国际合作深化，"丝路电商"成新动能

截至 2024 年 7 月，中国已与 33 个国家建立了双边电商合作机制，推动"丝路电商"成

为多边合作新渠道。2025 年第一季度,中国对沿线国家跨境电商进出口额突破 2.1 万亿元人民币同比增长 34%。

二、跨境电商平台调研

在进入国际市场之前,跨境电商平台的选择至关重要。不同的平台有不同的优势和特点,卖家要根据自身的产品特点、市场受众等因素进行综合评估后再选择。以部分新兴市场为例调研。

亚马逊和 NOON 是目前中东市场最主流的综合电商平台,月活用户均达到 2 000 万个以上。非洲电商市场玩家较少,形态单一,Jumia 为领先平台。

Lazada 是东南亚本土最大的在线购物网站之一,自 2012 年成立以来,Lazada 通过商业和技术创新促进印度尼西亚、马来西亚、菲律宾、新加坡、泰国和越南等六国市场发展。印尼是东南亚电商市场重镇。在多家国际平台着力开拓印尼市场的同时,一些本土电商也发展较快。Shopee 的访问量保持领先。TikTok 在东南亚有 3.25 亿个用户,其中 1.25 亿个来自印尼。

Wildberries 是俄罗斯领先的电商平台,市场份额约占 33%。2024 年 1 月,俄罗斯电商平台 Wildberries 宣布向中国卖家开放入驻。Ozon 目前在俄罗斯排名第二,市场份额占比约 24%,是俄罗斯的多品类综合 B2C 电商平台,支持全类目售卖。

三、消费者市场调研

跨境电商面对的是国外消费者,把握海外消费者的消费心理、消费习惯对于中国卖家开发产品、卖好产品有着至关重要的意义。买家消费习惯因国家、地区和文化背景的不同而有所差异。但总体来说,一些习惯和趋势较为明显。

全球速卖通大数据统计显示,"一带一路"共建国家中 25~34 岁的年轻人已成为新零售平台的主力军。而在数以亿计的海量中国品牌商品中,美妆、家具、黑科技分别成为不同国家较受欢迎的产品品类。俄罗斯、乌克兰、波兰、白俄罗斯、以色列客户青睐美妆;家具在新加坡、以色列、俄罗斯更受欢迎;俄罗斯、土耳其、以色列的顾客更喜爱黑科技产品。东南亚人口众多,人口结构多以年轻人为主,约 35% 的人口低于 20 岁。基于人口基数庞大,各国对于改善民生提振经济等需求旺盛。同时东南亚是一个典型的多语种的区域,语种有 10 种左右,中国跨境电商卖家想要开拓东南亚市场,多语种的跨境电子商务运作就变得非常重要。东南亚的互联网买家大部分都是基于移动端,其移动端的交易比例在 62% 以上,因此进军东南亚市场,适应当地的移动消费群体的习惯和需求是很重要的。目前东南亚市场对如下产品需求比较大:五金产品、汽配摩配产品、服装配饰产品、电子产品、手表配饰、个护美妆产品。

通过电商平台,中国销往俄罗斯、乌克兰、波兰、泰国、埃及、沙特阿拉伯等国家的商品中,手机、电脑和网络产品、电子配件、家居用品是最受场欢迎的品类。各品类销量占比如下:手机 33%、电脑及网络用品 12%、电子配件 12%、家居用品 11%。随着海外消费者对中国商品和中国电商平台的了解,网购中国商品的品类越来越丰富。

近年来,智能产品、汽车配件、运动户外、美容健康是海外销售占比增长最为亮眼的品类。与其他地区相比,俄罗斯、乌克兰、白俄罗斯、波兰、澳大利亚消费者购买较多的是中国茶叶;俄罗斯、波兰、乌克兰、土耳其、澳大利亚消费者购买较多的是中国厨房和餐厅用品;俄罗斯、乌克兰、波兰、白俄罗斯、土耳其消费者购买较多的是中国手机及电子配件;俄罗斯、波兰、乌克兰、土耳其、澳大利亚、西班牙、哈萨克斯坦消费者购买较多的是智能商品,包括智能手环、智能眼镜、智能健康等商品。俄罗斯、乌克兰、波兰、澳大利亚、哈萨克斯坦、摩尔多瓦、土耳其消费者购买较多的是裙装及其他服饰。中东地区拥有约 4.9 亿的人口,其中青年群体占比较高,对互联网购物等新兴购物方式接受度较高。中东地区的消费者更倾向于使用手机在线门户网站进行购物,而不是下载手机应用程序。他们选择网上购物的主要原因包括价格较低、产品选择多样以及购物便利性。此外,中东消费者更偏好于在多个品牌的线上网站购物,以获得更好的促销机会和更多的产品选择。

拓展阅读

"一带一路"是合作、发展的理念和倡议,旨在用古代"丝绸之路"的历史符号,高举和平发展的旗帜,积极主动地发展与共建"一带一路"国家的经济合作伙伴关系,共同打造政治互信、经济融合、文化包容的利益共同体、命运共同体和责任共同体。

自 2013 年提出至今,共建"一带一路"倡议从理念到蓝图,从方案到实践,从愿景到现实,从谋篇布局到精耕细作,已经成为惠及全球发展的重要国际公共产品和构建人类命运共同体的重要实践平台。10 多年来,共建"一带一路"倡议涉及联通交流、贸易投资、技术创新、务实合作等方方面面,成绩卓著。

在联通交流方面,2024 年前 7 个月,中欧班列累计开行超过 1.1 万列。截至 2024 年 8 月,已通达欧洲 25 个国家 224 个城市,助力我国对外贸易稳步增长,给共建"一带一路"国家提供了重要的发展机遇。

在贸易投资方面,过去 10 年我国与共建"一带一路"国家之间货物贸易的规模累计为 19.1 万亿美元,年均增长 6.4%;10 年间我国对东道国投资累计超过 2 400 亿美元,双向投资累计超过 3 800 亿美元。

在技术创新方面,我国投资共建"一带一路"国家的新型基础设施,如信息、通信、光缆等项目,发展数字化、网络化、智能化的增长模式,推动我国优势技术和优势行业与东道国进行合作。

在务实合作方面,我国有中老铁路、雅万高铁、蒙内铁路、金港高速、巴基斯坦拉合尔轻轨等一系列联通骨干通道、关键节点的重大项目,同时推动了一批与共建"一带一路"国家人民生活相关的项目,如打井、住房、乡村道路、医疗等"小而美"民生项目,打造了菌草、杂交水稻、青蒿素等援外品牌。

任务 三　跨境选品操作

　　跨境电商行业的运营推广都是先从选品开始。选品，是从供应市场中选择适合目标市场需求的产品。选品一直是跨境电商最核心的话题。常言道"七分靠选品，三分在运营"，选品是开展跨境电商业务的一个非常重要的环节，如果产品选不好，会浪费大量的人力和资源，不仅运营效果不好，还很容易打击卖家的积极性。

一、选品原则

　　跨境电商的选品原则是指选择跨境商品的一些准则和标准，这些原则可以帮助跨境电商企业厘清选品大致思路，从而明确选品的方向。跨境电商选品主要遵循以下原则。

　　(1) 货源优势和兴趣爱好原则。首先，卖家要进行资源整合，充分了解自身货源优势，从熟悉的产品和领域入手。最好选品为第一手货源、找到源头制造商，否则会挤压利润空间。选品品类从"单一"方向入手，兴趣是最好的老师，从自己感兴趣的产品入手，这样才能够花费更多的时间去了解产品的品质、功能、特性和用途，才有动力投入更多的精力去研究产品的优势、价值和目标消费群体等。

　　(2) 市场需求原则。市场需求量大的产品才能带来可观的销量，因此选品要从市场需求出发，要考虑目标客户群的消费点，从产品的市场容量出发来指导选品决策。获取市场需求的方式有很多，例如每个跨境出口平台都有各自的市场定位，亚马逊主流市场在美国，全球速卖通的主流市场在俄罗斯和巴西等新兴市场，所以选品前要做好海外市场的调研工作。可以通过浏览一些行业的网站，例如通过 Google 输入关键词去搜索一些海外市场的网站，点击进入这些海外网站的热销排行，特别关注最新样式的产品。如今市场需求信息汇集地主要在社交媒体，如 facebook、twitter、ins、pinterest 等。通过关注社交媒体的热词和动态，了解国外消费者的习惯兴趣，从而更有针对性地抓住市场需求，做好选品工作。

　　(3) 品质优良原则。和任何市场选品一样，跨境电商选品要以品质为先。优质的产品可以打动消费者，赢得市场，增强跨境电商的品牌形象，提高消费者的满意度，从而使企业的利润大幅度提升。因此，企业选择品质优良的商品，保障商品质量，提高消费者满意度，这是跨境电商选品的重要原则。

　　(4) 售价合理原则。价格虽然不能完全评判一个商品的质量，但它是决定消费者购买的重要因素之一。这就要求跨境电商企业充分了解市场行情，把握商品价格，价格不能过高或过低，要保持在一个合理的范围内，和竞品相比较品质优良、价格合理才能给消费者留下满意的印象，最终赢得市场支持。

　　(5) 适宜运输原则。跨境电商由于受远距离运输的限制，为了降低物流运费成本，因此在选品时一般适宜选择一些体积小、重量轻、不易在运输过程中损坏的商品。尤其是新手卖家，为了避免退换货而带来的物流运费损失，选品时要尤其关注所选产品的运输条件。

（6）合法性原则。在跨境电商选品前应对跨境电商国际相关法律法规、进口国相关法律法规、出口国相关法律法规以及平台禁限售规则做充分了解，以便在后期的选品中充分考虑相关法律法规及平台要求，以确保选品的合法性和合规性。

（7）前沿性原则。选择具备前沿趋势的产品，更容易吸引新消费者，增加市场份额。可以查看各大电商网站的热卖产品排行榜，或关注新兴的社交媒体平台。

二、选品流程

（一）确定目标市场

首先需要对目标市场做充分的调研，了解并分析所选市场的特点和趋势，包括消费者的需求、购买行为和喜好，以及市场竞争情况等，以确定适合市场需求的产品类型。

（二）研究消费者需求

通过市场调研和数据分析，了解消费者对产品的需求，寻找畅销的商品、高利润的产品以及当地消费者喜欢的独特产品。

（三）查找供应商

在选择产品之前，需要找到可靠的供应商，包括国内的厂家或跨境电商供应商，例如Alibaba、AliExpress、Amazon等平台。需要评估供应商的生产能力、质量控制、交货时间等因素。

（四）核算产品成本

在选择产品时，需要考虑成本和利润。除了商品本身的价格之外，还需要考虑物流成本、税费、关税和其他费用，确保利润率足够，以支持跨境电商事业的发展。

（五）评估产品合规性

选择产品时，需要了解相关法规和标准，确保产品符合相关法规和标准。例如CE认证、FCC认证、ROHS认证等，以确保产品可以符合当地的法规，同时避免流通市场上面的问题。

（六）测试市场

在确定选品后，还需要进行市场测试，以了解所选产品的市场需求和潜在竞争力。可以通过跨境电商平台进行小批量测试，观察产品的销售情况和消费者反馈，以决定是否继续推广。

三、选品方法

跨境电商选品

选品的目的是从众多的产品中选出符合某一市场需求的产品，来满足这一市场，从而为卖家带来销量。因此，选品要从了解市场需求开始。关键词搜索量的大小直接反映了市场需求。因此，市场需求可以通过在跨境电商平台或搜索工具（如Merchant Words、卖家精灵等）输入核心关键词，了解目标站点市场搜索结果，从而有针对性地进行选品。选品的方式方法多种多样，利用数据化选品工具能够较快帮助卖家筛选和确定店铺的品类和产品风格，数据背后隐藏的流量及市场是卖家要掌握的。下面以亚马逊市场的卖家精灵以及全球速卖通平台选品专家来介绍数据化选品的两种操作方法。

（一）"卖家精灵"选品

卖家精灵是一款亚马逊卖家工具类 SaaS 软件,该软件基于大数据和人工智能技术,为亚马逊跨境卖家提供一站式选品、市场分析、关键词优化、竞品调研、产品监控等功能,帮助亚马逊卖家发现蓝海市场,打造潜力产品。卖家精灵提供了大数据选品服务,包括选市场、选产品、关键词选品、店铺上新监控等功能,覆盖多维度选品视角,帮助亚马逊卖家挖掘隐藏机会市场,快速筛选出适合的产品赛道。查竞品是通过关键词、品牌、卖家或ASIN(亚马逊标准识别号码)查询竞争对手的销量以及其他核心数据;选产品是微观选品、选个例,基于销量增长率、评论增长数等条件选出潜力爆款;选市场是通过对比各细分类目的数据,筛选出适合自己进入的市场;关键词选品思路是一个关键词对应一个细分市场,通过关键词数据来发现潜在市场;关键词趋势选品是基于亚马逊 ARA 数据的关键词搜索频率排名,掌握买家的实时需求变化;店铺上新监控是通过及时发现标杆店铺的每日上新情况,分析选出最有潜力的产品跟进。

下面以"选产品"功能为例来介绍卖家精灵选品功能。

(1) 登录卖家精灵官网,找到"大数据选品"。大数据选品是通过一定的逻辑,对收集来的海量数据进行处理,把各项数据结构化地呈现,帮助卖家找到符合自己预期定位的产品。在大数据选品中,提供查竞品、选产品、选市场、关键词选品等功能。卖家精灵大数据选品思路,归纳为关键词大数据选品、产品大数据选品、市场大数据选品、ABA 数据选品四大类,如图 4-1 所示。

图 4-1　大数据选品页面

(2) 点击"选产品"后,选择"站点""月份""类目",站点以美国站为例介绍,月份选择最近 30 天。卖家精灵选产品功能,是基于销量增长率、评论增长数等选品条件来进行微观选品的功能,适合没有特定选品方向的卖家。新手卖家建议优先使用系统内置的推荐选品模式,可以基于自己的实际情况调整或细化条件参数。

(3)关于类目的选择,如果还没有确定类目,可以选择全部类目,这里以电子产品为例进行介绍,如图 4-2 所示。

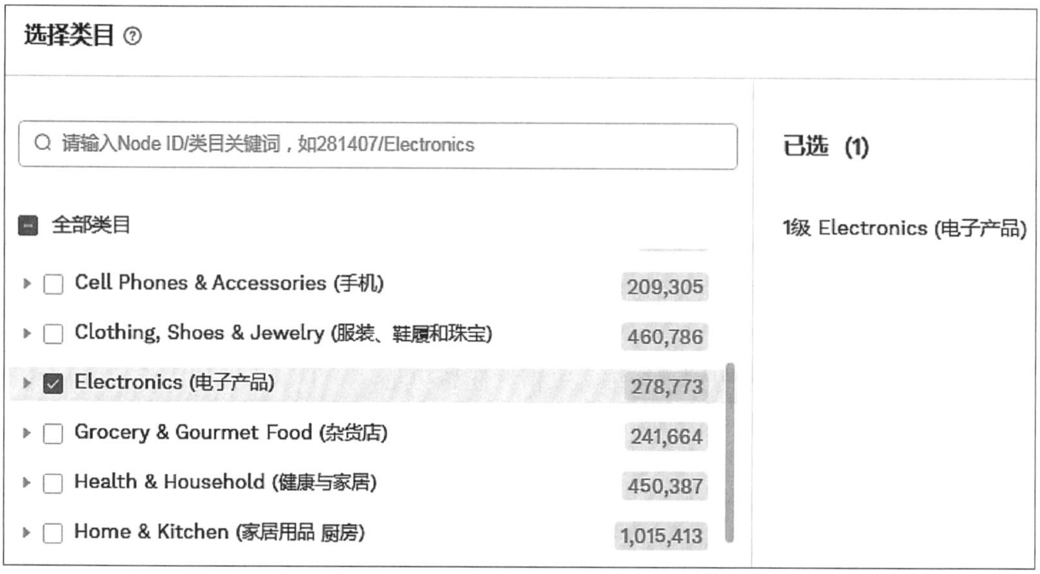

选择类目 ⊙

Q 请输入Node ID/类目关键词,如281407/Electronics		已选 (1)

■ 全部类目

▸ ☐ Cell Phones & Accessories (手机)	209,305
▸ ☐ Clothing, Shoes & Jewelry (服装、鞋履和珠宝)	460,786
▸ ☑ Electronics (电子产品)	278,773
▸ ☐ Grocery & Gourmet Food (杂货店)	241,664
▸ ☐ Health & Household (健康与家居)	450,387
▸ ☐ Home & Kitchen (家居用品 厨房)	1,015,413

已选 (1)

1级 Electronics (电子产品)

图 4-2 选择类目页面

(4)输入各个维度选品条件。选品条件可以从销售表现、产品信息和竞品筛选三个维度按自己的思路将内置的条件进一步细化。对月销量、月销售增长率以及价格进行设定。同时,卖家精灵平台提供了一些选产品的推荐模式,主要包括销量飙升榜、潜力市场、未被满足的市场、不压库存的市场、投机市场、高需求低要求市场、全品类铺货、精品铺货、低价商品/轻小商品计划以及新手计划。每一种模式都代表了按照某一标准所筛选的细分市场。例如,销量飙升榜是指所选择类目下,最近一个月销量增长较快的细分市场;潜力市场是指所选类目下,销量不错,并且增长率不错,最近 6 个月才上架的商品;未被满足的市场是指所选择类目下,销量不错,但评分较差,有改进空间的市场;高需求低要求市场是指所选类目下,销量不错,对商品评分数要求不高的一类市场;新手计划是指适用于美国站新手卖家的商品,该筛选方式可以帮助卖家自动过滤大部分厮杀激烈的红海产品。各选品模式下的筛选条件可供卖家参考,具体数值可以根据卖家自身情况按需填写。也可以直接选择卖家精灵内置的推荐选品模式快速上手,以下以推荐模式中"新手模式"为例来加以介绍。

选择新手模式后,过滤条件自动进行设置,如月销量设置为大于 300,价格设置为15~60 美元,月销量增长率设置为 3%,另外,卖家精灵在新手模式中已经列出所有不适合新手做的产品的排除关键词,如图 4-3 所示。

设置好过滤条件以后,点击"开始筛选"按钮,等待 1~3 秒就可以得到新手模式选品条件下电子产品的销售数据。其中包括基本信息、类目信息、配送方式以及销量趋势等,

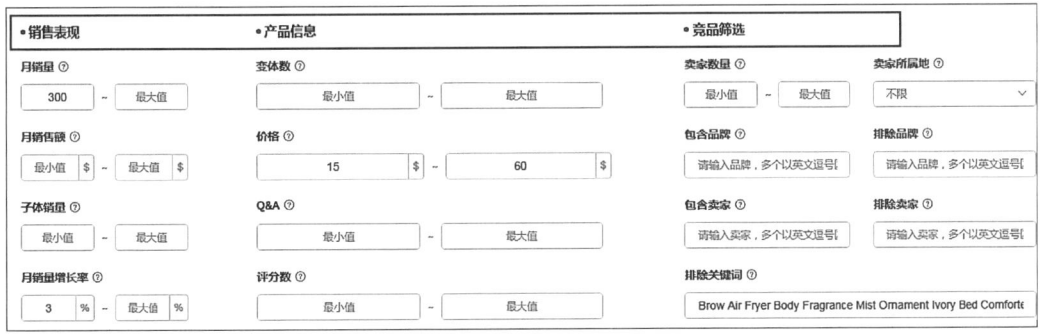

图 4 - 3　设置选品过滤条件页面

根据自身优势选择适合产品，以 Over-Ear Headphones(罩耳式耳机)为例来介绍产品的选品及市场分析过程，如图 4 - 4 所示。

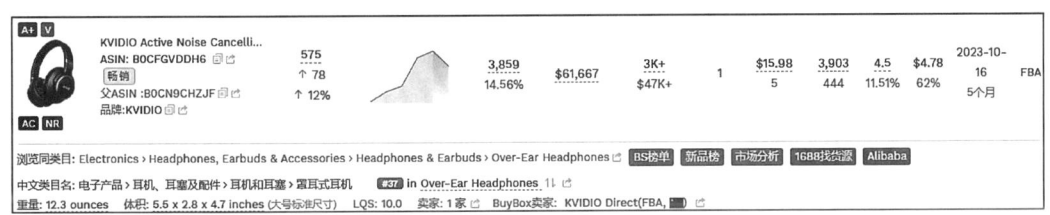

图 4 - 4　Over-Ear Headphones(罩耳式耳机)相关数据页面

(5) 分析产品。

点击"市场分析"，可查看市场分析图，如图 4 - 5 所示，该图中可以看到月总销量、月均销量等信息。

#	细分市场	样本数量 ⑦	月总销量 ⑦	月均销量 头部商品 ⑦	月均销售额 头部商品 ⑦	平均评分数 头部商品 ⑦ 平均星级	平均BSR 头部商品 ⑦ 平均价格	卖家类型 ⑦	集中度指标 ⑦	新品数量 ⑦ 新品占比	商品总数 ⑦	退货率 ⑦ 同类月均值
1	Over-Ear Headphones (罩耳式耳机)	商品: 100 品牌: 56 卖家: 63	348,699	3,486 11,621 (3.3)	217,910 768,610	10,100 4.4	1,424 150	4.3 $60.27	FBA: 77% AMZ: 10% FBM: 9%	商品: 33.3% 品牌: 69.6% 卖家: 55.0%	12 12%	4,593	6.02% 0.00%

完整市场路径: Electronics › Headphones, Earbuds & Accessories › Headphones & Earbuds › Over-Ear Headphones ⎘　市场分析
市场路径(中文): 电子产品、耳机、耳塞及配件、耳机和耳塞、罩耳式耳机
A+数量占比: 88%　新品平均评分数: 994　新品平均价格: $ 49.48　新品平均星级: 4.3　新品月均销量: 3,614　新品月均销售额: $163,107
平均重量: 0.56 pounds (256 g)　平均体积: 139.02 in³ (2,278 cm³)　平均毛利率: 74.99%　卖家所属地: 中国53.0%　搜索购买比: 5.8%

图 4 - 5　Over-Ear Headphones(罩耳式耳机)市场分析数据页面

点击右侧历史趋势图标可以查看相关 ASIN 在 1 年内的销量趋势。如图 4 - 6 所示，B0CFGVDDH6 这个产品自 2023 年 10 月上架起的销量平稳上升，2024 年 1 月销量是 4 855 个，2 月份销量达到 5 562 个，销量较可观。

点击"市场分析"，可对该产品的行业需求及趋势、行业销售趋势、商品集中度等指标进行进一步分析，来帮助选品，如图 4 - 6 至图 4 - 8 所示。

① 行业需求及趋势。该类目下排名前五产品的核心流量词绝对搜索量以及最近三年的月搜索量走势。

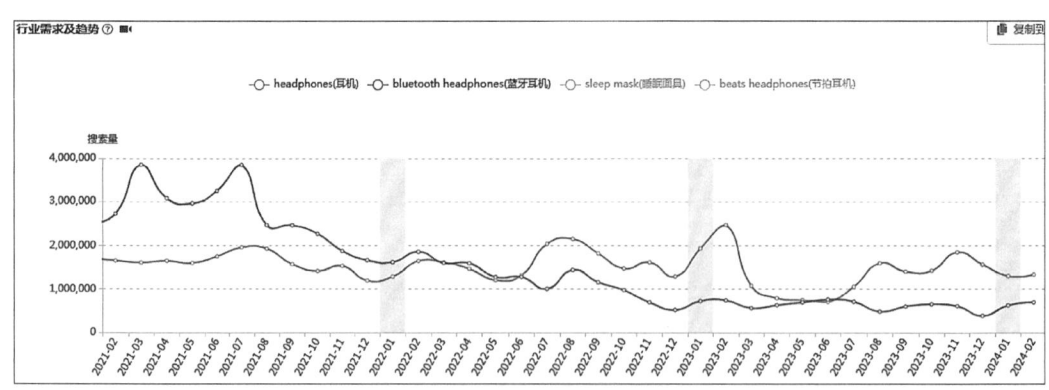

月份	2023-09	2023-10	2023-11	2023-12	2024-01	2024-02	2024-03
月销量 ⑦	N/A	210	1,241	1,843	4,855	5,562	3,968
月销售额 ⑦	N/A	$ 4,198	$ 25,738	$ 36,842	$ 74,184	$ 83,819	$ 64,321
平均单价 ⑦	N/A	$ 19.99	$ 20.74	$ 19.99	$ 15.28	$ 15.07	$ 16.21

图 4-6　产品月销量页面

　　排名前五产品的流量词中均有该关键词就认为是最相关的行业词,该指标可以判断该市场的淡旺季、市场趋势。Headphones(耳机)、bluetooth Headphones(蓝牙耳机)、sleep mask(睡眠面膜)、beats Headphones(节拍耳机)这四个关键词就是电子产品>耳机、耳塞及配件>耳机和耳塞>罩耳式耳机这个细分类目下排名前五产品的核心关键词,观察图表主要注意两点,关键词的绝对搜索量以及关键词月搜索量走势,绝对搜索量用以判断市场需求量的大小,关键词月搜索量的走势用以判断市场的淡旺季。图 4-7 为罩耳式耳机的行业需求及趋势,sleep mask(睡眠面膜)这个与关键词看似毫不相关的词语,究竟是否存在着某种关联呢? 顾客在搜索关键词 Headphones 的时候,也可能对产品 sleep mask 进行了点击、购买,使得产品 sleep mask 对关键词 Headphones 的权重也得到了提升,从而导致用户搜索关键词 Headphones 会出现 sleep mask 产品。近三年该品类的核心关键词月搜索量在 40 万至 400 万次,搜索量较大也即需求量较大。多数卖家更喜欢搜索量较大、关键词走势平稳或平稳上升的市场。

图 4-7　行业需求及趋势

　　② 行业销售趋势。行业销售趋势显示该类目下样本商品近 2 年的月总销量和月总销售额趋势,如图 4-8 所示。样本商品范围内的总销量,可以作为整个类目的销量缩影,所以可以通过全年的销量走势判断市场的淡旺季以及市场价格走势。罩耳式耳机行业自2022 年 8 月至 2024 年 2 月月销售量较为平稳,平均月销量 3.5 万个,2023 年 12 月份销量高达 634 011 个,这和平台重大节假日促销有关。

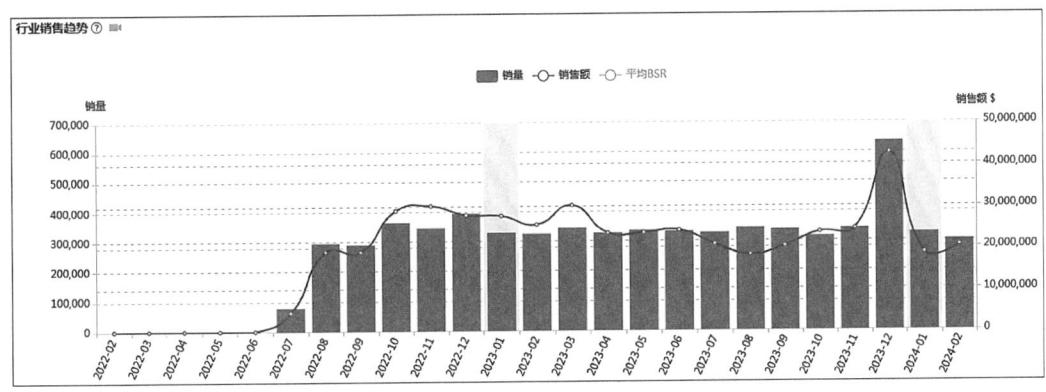

图 4-8 行业销售趋势

③ 商品集中度。商品集中度是头部商品(销量前 10 位)的总销量 T,占样本范围内商品总销量 A 的比例,即商品集中度＝T/A,头部商品在整个市场中占比越大,说明头部商品垄断越明显,市场竞争越大,如图 4-9 所示。

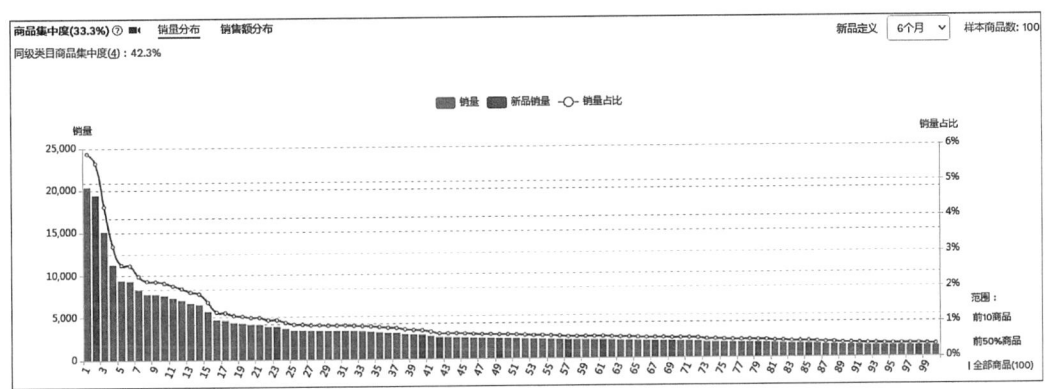

图 4-9 商品集中度

假设头部商品总销量为 5 000 个,样本商品(销量前 100 位)总销量为 10 000 个,则商品集中度为 5 000/10 000＝50％;此图表主要注意四点,商品集中度的大小、销量占比曲线走势、新品数量额占比以及尾部产品的销量。查看该类目下头部商品的销量占比(曲线),可以了解头部商品的市场占有率情况,如集中度在 50％以上表明集中度过高,应谨慎选择,该产品商品集中度为 33.3％;观察销量最高的商品明细及商品的特征,查看样本商品和头部商品的具体明细情况,可以侧面了解买家的购买偏好(鼠标悬停柱体上可查看),如图 4-10 所示。

根据图表观察该类目下新品上架的情况。

观察尾部产品销量。把鼠标移至最后一个柱体,看到排名在第 100 名的罩耳式耳机月销量为 1 195 个,如图 4-11 所示。卖家可通过以上与商品集中度有关的指标对市场作出预判来辅助选品。

④ 品牌集中度。品牌集中度是头部品牌(销量前 10)的总销量 Y,占样本范围内商品

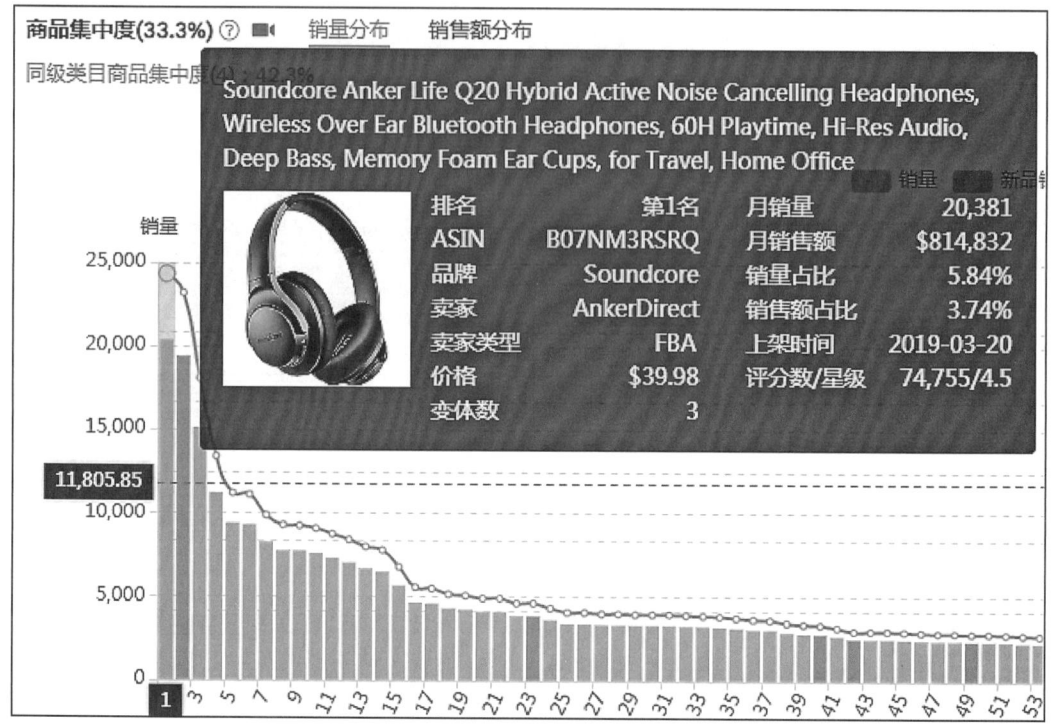

图 4 - 10 头部商品明细

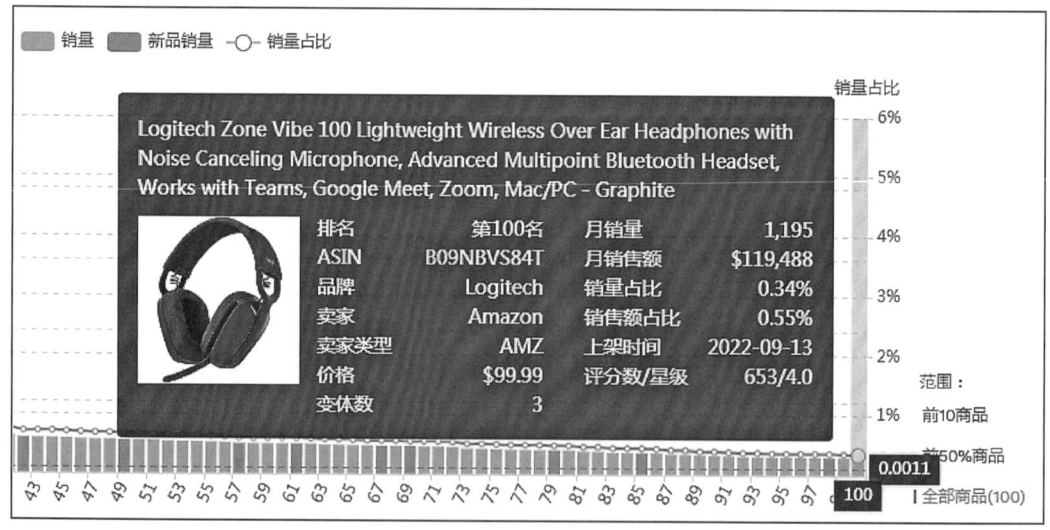

图 4 - 11 尾部商品明细

总销量 A 的比例,即品牌集中度=Y/A,头部品牌的销量占比越高,品牌的垄断程度越高,或用户对品牌的关注程度越高。假设头部品牌总销量为 7 000,样本商品(销量前 100位)总销量为 10 000,则品牌集中度为:7 000/10 000=70%;代表前 10 大品牌的销量占样本商品销量的 70%,如图 4 - 12 所示。

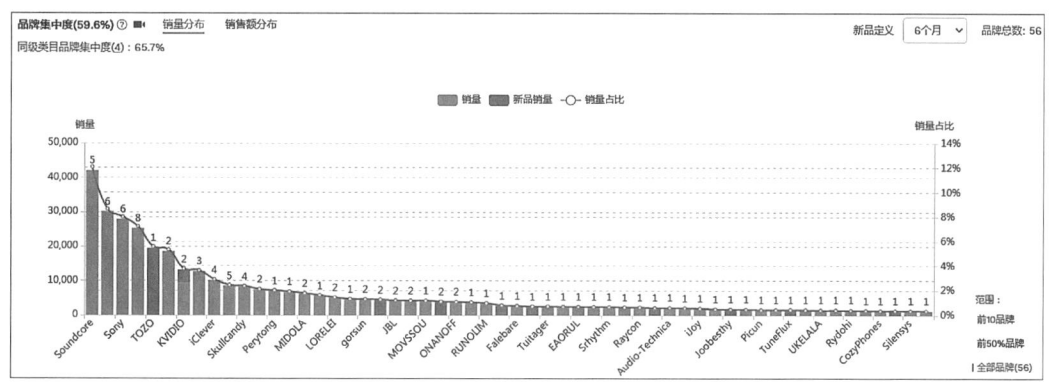

图 4 - 12　品牌集中度

该图表用以判断该市场的品牌垄断程度以及买家对新品牌的接受度。观察图表主要注意其中四个方面，即品牌集中度的大小、销量占比曲线走势、新品牌数量占比以及尾部品牌销量。如果品牌集中度低且销量占比曲线走势平缓，表明该市场品牌数量分散，没有被少量品牌垄断，并且尾部销量不错，对于大多数卖家而言该种类型产品更适合作为选品类型。新品牌数量占比能够判断买家对新品牌的接受度，观察罩耳式耳机市场销量前十的品牌占 56 个品牌销量的 59.6%，销量曲线走势相对平缓，新品牌有一定的市场份额，该市场相对开放，对新品接受度尚可，且尾部品牌月销量为 1 195，如图 4 - 13 所示。总而言之，品牌集中度越低对卖家越有利，表明新品牌接受度越高，机会越大。

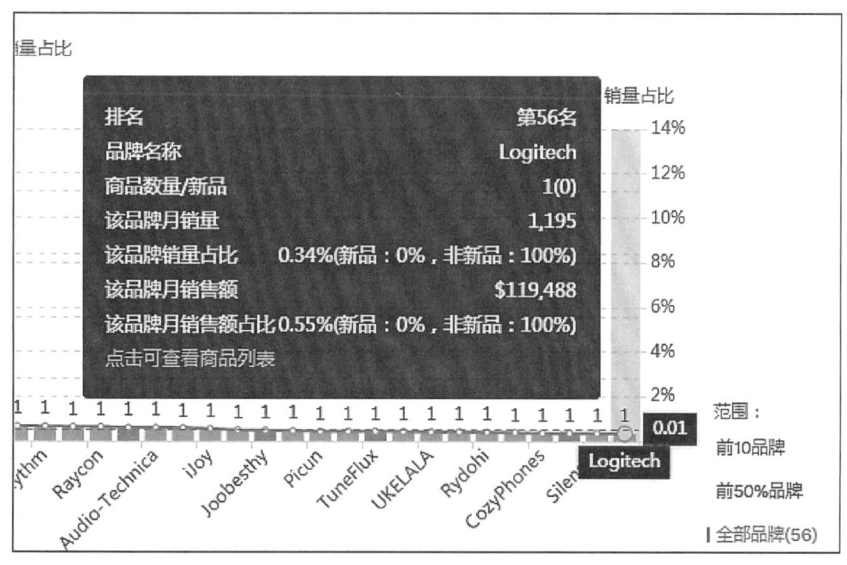

图 4 - 13　尾部品牌销售明细

⑤ 卖家集中度。卖家集中度是头部卖家（销量前 10 卖家）的总销量 U 占样本范围内商品总销量 A 的比例，即卖家集中度＝U/A，比例越高，说明销量前 10 位的卖家对该类

目的垄断程度越高,该指标用于判断市场的卖家垄断程度、新卖家在市场的发展机会以及研究竞争对手。假设头部卖家总销量为 8 000 个,样本商品(销量前 100 位)总销量为 10 000 个,则卖家集中度为:8 000/10 000=80%;代表前 10 大卖家的销量占样本商品销量的 80%,如图 4-14 所示。

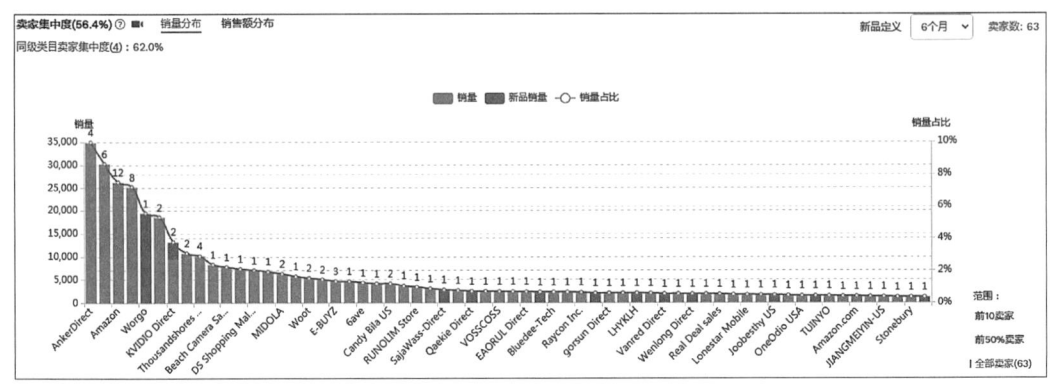

图 4-14 卖家集中度

在分析卖家集中度时,要综合衡量卖家的垄断程度以及新卖家的发展机会,一般情况下,垄断程度越低,对卖家越有利;新卖家数量越多,机会越大。

⑥ 卖家类型分布。卖家类型分布有两个图表,图 4-15 表示样本范围内,按卖家类型分布的 ASIN 数量占比和月销量占比,用于判断哪种发货方式的商品在该市场占据了优势以及来自亚马逊自营竞争的大小。

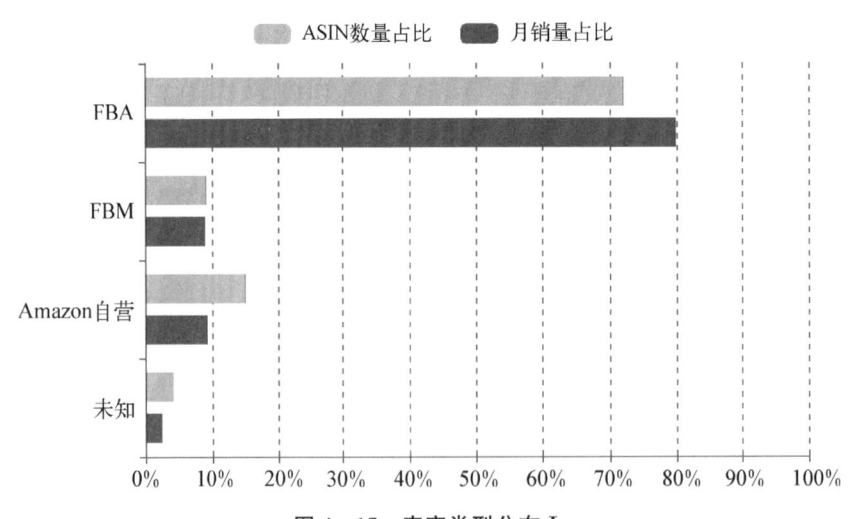

图 4-15 卖家类型分布 I

该图表中纵轴坐标表示卖家发货类型;横向坐标表示该发货类型的商品数量和销量占比,通过下图,可以明显看出 FBA 的数量和销量占比最大,FBM 卖家的产品数量和销量占比最小,亚马逊自营居中;我们再来看一下具体数值,在这个市场 100 个样本商品中

FBA 卖家产品占了 72%,也就是有 72 个 FBA 卖家的产品,这 75 个产品月销量之和占比为 79.84%。亚马逊自营商品有 15 个,占比为 9.09%,可以得出这个市场来自 FBA 卖家和亚马逊自营卖家的压力是比较大的,对于第三方卖家来说,虽然还有机会但是并不友好,竞争难度大。

图 4-16 表示样本范围内,按卖家类型分布的评分数和评分值,可以帮助判断竞争难度;纵轴坐标(左)表示该发货类型商品的平均评分数;纵轴坐标(右)表示该发货类型商品的平均评分值;横轴坐标表示卖家发货类型。

该指标可以判断哪种类型的发货方式最有竞争力。

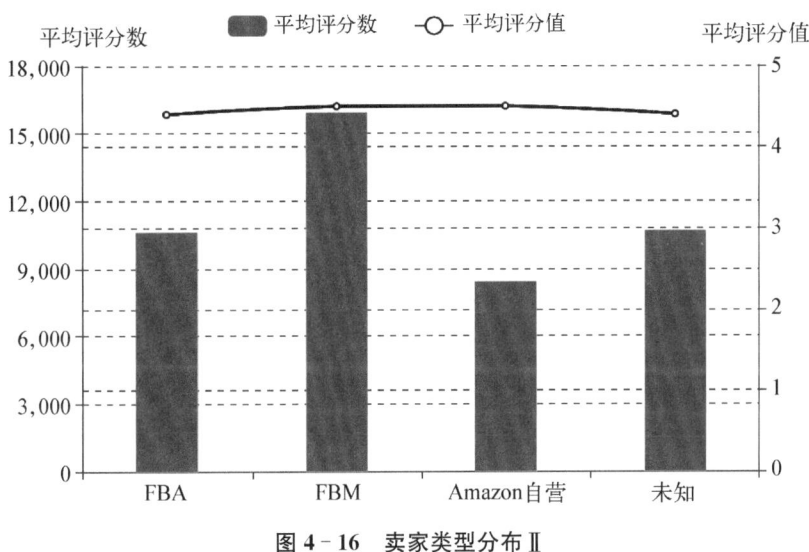

图 4-16 卖家类型分布 II

图 4-16 表明,四个卖家类型的评价星级都在 4 星以上,其中,未知卖家的平均评论数最多,有 10 666 个,亚马逊自营卖家有 8 420 个,FBA 卖家的有 10 616 个,FBM 评价评论数为 15 910 个,也就是说进入这个市场销量前 100 名的相对为数不多的自发货产品,其评论数都比较多。高评论数说明购买过的用户参与评价意愿强,可能是产品有独特卖点,但销量占比较低,也许是受众面窄,或者自发货模式下物流慢、价格等问题影响了产品竞争力。实际需要结合产品评分、评论内容、竞品情况综合判断。

⑦ 卖家所属地。卖家所属地分布,是指样本商品范围内,归属于各国家(或地区)卖家的商品数量,该指标能够用于判断市场风险,能一定程度反映市场的竞争力。以美国站为例,如果一个产品的市场环境不错,但是竞品几乎是美国本土卖家,没有中国卖家,需要注意以下风险:该类产品可能受美国法规或者类目门槛限制,只能由美国注册公司售卖;该类产品在物流运输方面存在限制;当然,还有一定概率是该品类还没有被中国卖家发现,是一个蓝海市场,需要结合产品的利润、需求等其他市场分析指标综合判断。在某些亚马逊类目,需要关注类目的利润空间、价格趋势(是否存在低价竞争)、评分数门槛、卖家数量(跟卖数量)等指标加以判断。

⑧ 上架时间分布。上架时间分布,如图 4-17 所示。

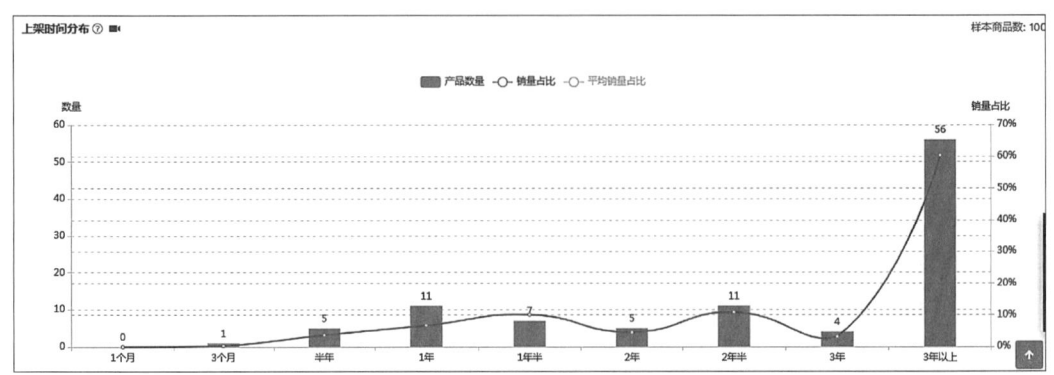

图 4 - 17 上架时间分布

样本商品上架距今的时间,对应的商品分布情况(建议结合上架趋势多角度分析),柱体表示上架的商品数量,曲线表示上架商品的销量在样本商品总销量的占比情况。此图表可用于参考上架时间内(相对时间)商品数量和销量占比情况考察买家对新品的接受程度,观察新品打造难度。上架时间分布主要用于了解不同时间上架的新品的活跃度以及旧品的表现,对于判断新品的机会,LISTING 的打造以及产品开发等都能起到帮助。对下图产品上架时间分布进行分析,横坐标是产品的上架时间,纵坐标是上架时间所对应的产品数量和销量占比。重点关注 3 个月之内和半年之内上架商品数,从这个指标可以反映出这个类目下的商品对于新卖家是不是足够友好。该产品 3 个月之内仅上架 1 个商品,销量占比 0.33%。

上架趋势分布,如图 4 - 18 所示。

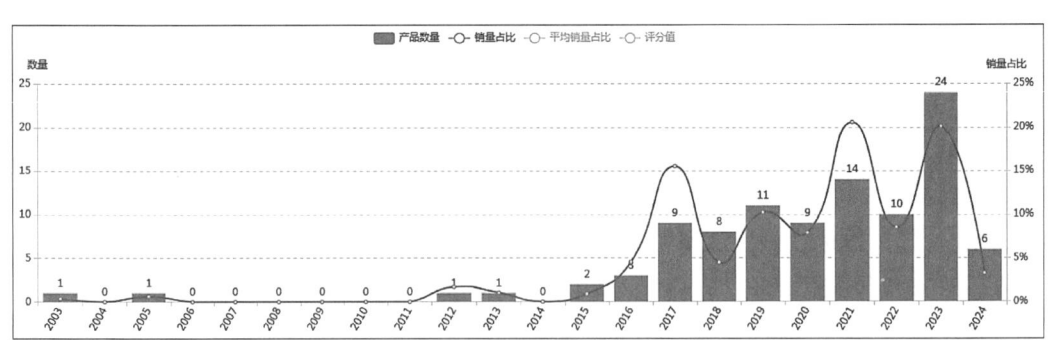

图 4 - 18 上架趋势分布

上架时间分布图和上架时间趋势图在定义式和作用上存在一定区别,上架趋势分布图的横坐标是产品上架的绝对时间,主要用来判断市场的生命周期以及产品的生命周期,而商家时间分布图的横坐标则是产品上架至今的相对时间,主要是用于了解不同时间上架的新品的活跃度以及旧品的表现。

⑨ 评分数分布。主要用于判断市场的竞争度以及前期推广和打造评论的成本,如图 4 - 19 所示。

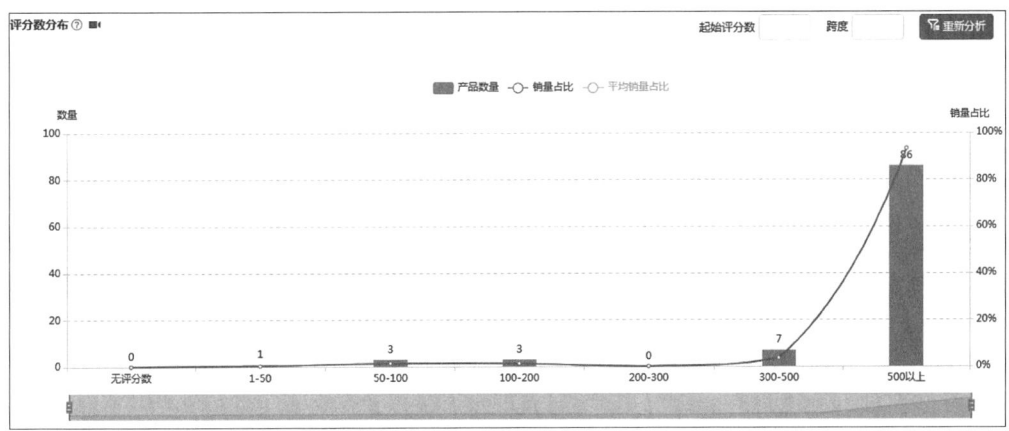

图 4-19　评分数分布

图 4-20 表明,在 100 个样本数中,绝大部分商品的评论数大于 300,小于 300 的仅 7 个,评分区间在 500 以上的产品数有 86 个,月销量占比为 93.32%,这说明该市场消费者在购买产品时倾向于评论数量多的产品,也就是有公信力的产品,这样的市场对于新产品来说是不太友好的。一方面在这样的市场下做得好的产品可能会越做越好,做得不好的产品可能会越做越不好,风险较高;另一方面,卖家在前期需要花费较长的时间和较高的成本累积评论才能和同类产品竞争。所以分布在评论数量少的部分区间的产品数量越多,新品前期的页面打造成本和风险越低,在市场评论数量总体偏少的情况下,评论数量少的产品市场份额曲线越高,对新品越有利。

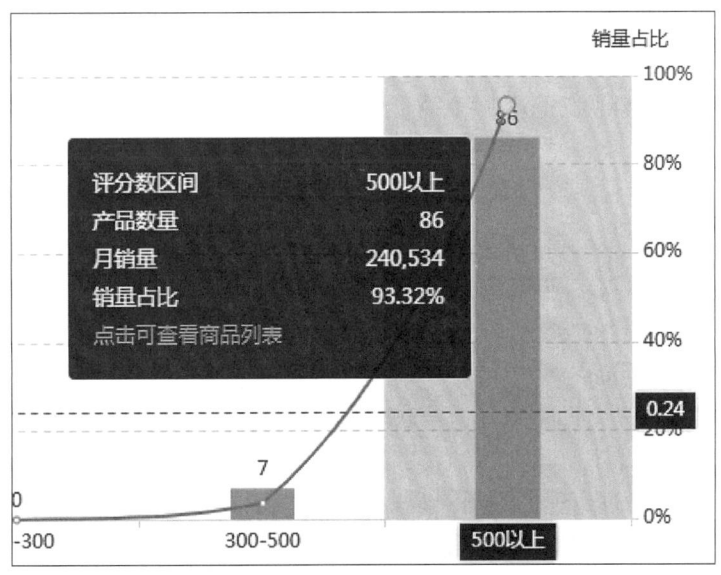

图 4-20　评分区间在 500 以上产品情况

以上分析了卖家精灵中大数据选品的思路,但每个卖家标准不同,且以上指标只涵盖市场分析中的部分要素,并不是完全符合标准的才可进入市场,选品中还需要综合考量其他要素。例如自身货源优势、资金状况、兴趣爱好等都是在选品中不可忽视的因素。

大数据背景下,跨境电商选品应注意以下事项。

(1)规避有侵权风险的产品。亚马逊对知识产权的保护非常严格,侵权行为一经发现不仅会导致产品陈列被删除,甚至会导致店铺被封,以至于面临高额的赔偿。因此,选品时必须规避品牌侵权、专利侵权、版权侵权和盗图等问题。为保证产品后续的运营顺利开展,卖家应在选品阶段通过专利查询网站查询产品专利,如美国商标查询网、美国专利查询网、欧盟商标专利查询网等网站;与此同时,向供应商咨询产品是自主研发还是模仿他人的产品改良等信息,熟悉自身产品和竞品情况,避免出现侵权问题,如有必要,可以争取供应商的书面保证。

(2)排除平台禁限售的产品。亚马逊平台明文规定不允许销售敏感货物、危险品或平台禁止限售产品,如烟草和烟草类,包括烟草、香烟、雪茄、烟斗等;照明类包括不符合适用效能标准的白炽灯泡;有害和危险品类,包括含有水银的商品如灯泡、温度计等;医疗器械和配件类,包括二手或翻新医疗设备以及未获得美国食品药品监督管理局(简称 FDA)核准的产品等;电子类,包括手机解锁设备、电子序列号无效的手机等;开锁设备,包括数字解码器、开锁套件等。选择此类产品不仅容易影响产品正常上架销售,还会带来其他麻烦,如产品走特殊渠道的物流不确定、通关不确定性,将导致产品销售不畅和其他纠纷,造成店铺难以正常运营。

(3)慎重选择大型产品、高货值、功能复杂的产品。物流成本是很多亚马逊卖家最头疼的事情,当单个产品超过 23 千克、长宽高均超过 60 厘米时,亚马逊 FBA 将收取额外的存储管理费,这将增加卖家的运营成本。同时,大型产品的货值比较高,对中小卖家来说,不仅前期备货成本压力大,而且后期产品销售过程的运营成本也会增加,容易导致资金链断裂,运营被迫搁置。此外,国外消费者购物思维较直接,希望产品到手就可以直接使用,很多人购买时不会过多关注产品具体如何使用和维护,确认产品和价格是他们能够接受的就直接下单购买。这就导致他们拿到产品后发现产品功能复杂或者安装复杂时,选择直接退货或者留差评,这两种情况容易对卖家店铺产生不良影响。

结合以上分析,登录卖家精灵官网选出一款适合新手卖家的家居产品。

(二)"选品专家"选品

"选品专家"是用来帮助卖家了解全球速卖通热销商品、买家搜索量较高的商品以及这些商品的特征的选品工具。"选品专家"提供了不同行业和国家在一段时间内的热销词和热搜词,卖家可以通过直观的圆圈图观察,也可下载相关数据。热销从行业、TOP 国家来看最近主要市场的热销品类、这些品类的热销属性以及这些品类热销的特征,关联销售,以快速让卖家了解市场,方便选品,如图 4-21 所示。

以下以热销为例介绍"选品专家"选品思路。

登录卖家中心,点击生意参谋—选品专家,了解行业中热销品,以家居用品>宠物用品为例,选择"全部国家",也可选择不同国家,时间为最近 30 天。

图 4 - 21 选品专家热销选品

1. 行业 TOP 热销产品词

行业 TOP 热销产品是指行业下 TOP 国家最近 30 天 TOP 热销的品类。成交指数是指所选行业所选时间范围内，累计成交订单数经过数据处理后得到的对应指数。成交指数不等于成交量，指数越大成交量越大，如图 4 - 22 所示。圆圈的大小表现销售热度，圆

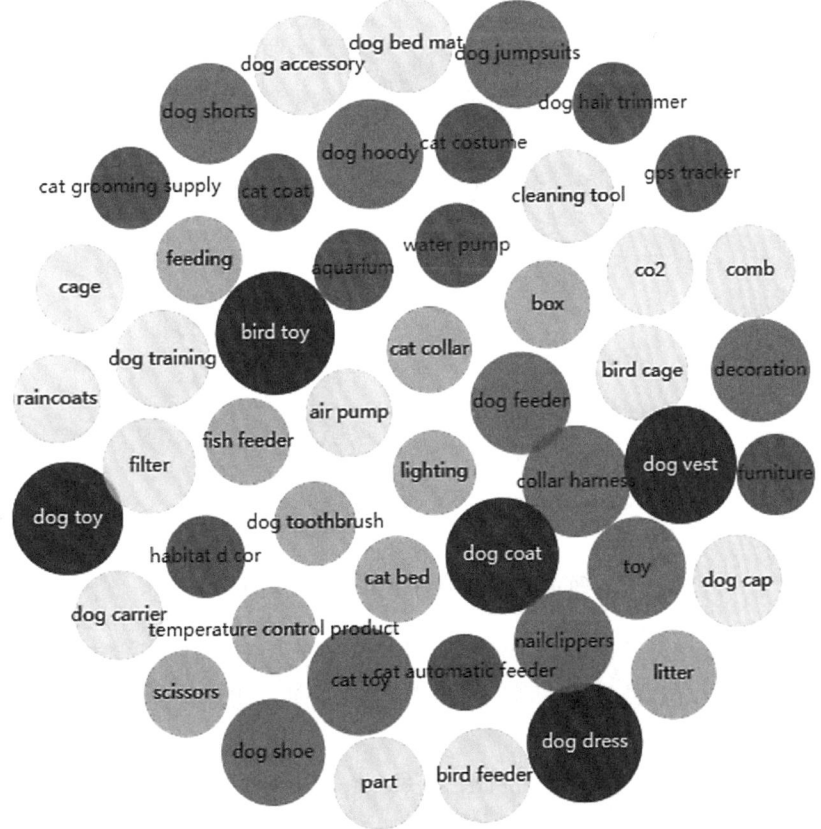

图 4 - 22 宠物用品行业 TOP 热销产品词

圈越大代表该品类的产品销量越高;颜色越深代表该品类产品市场竞争越大。例如,bird toy、dog dress、dog coat 等销量较高,市场竞争激烈。每个圆圈都可点击,例如点击 dog toy,会出现三个模块,分别是行业 TOP 关联产品、行业 TOP 热销属性、行业 TOP 热销属性组合。

2. 行业 TOP 热销属性

在关联产品中,还可以提炼出某个品类产品的热销属性,从而更有针对性地进行选品。例如,dog toy 有很多属性,包括类型、材质、尺寸、品牌、颜色等,分别都以圆圈表示,圆圈越大,代表具有该属性的产品销量越高,同一颜色在此图只作属性分类用。如图 4-23 所示。

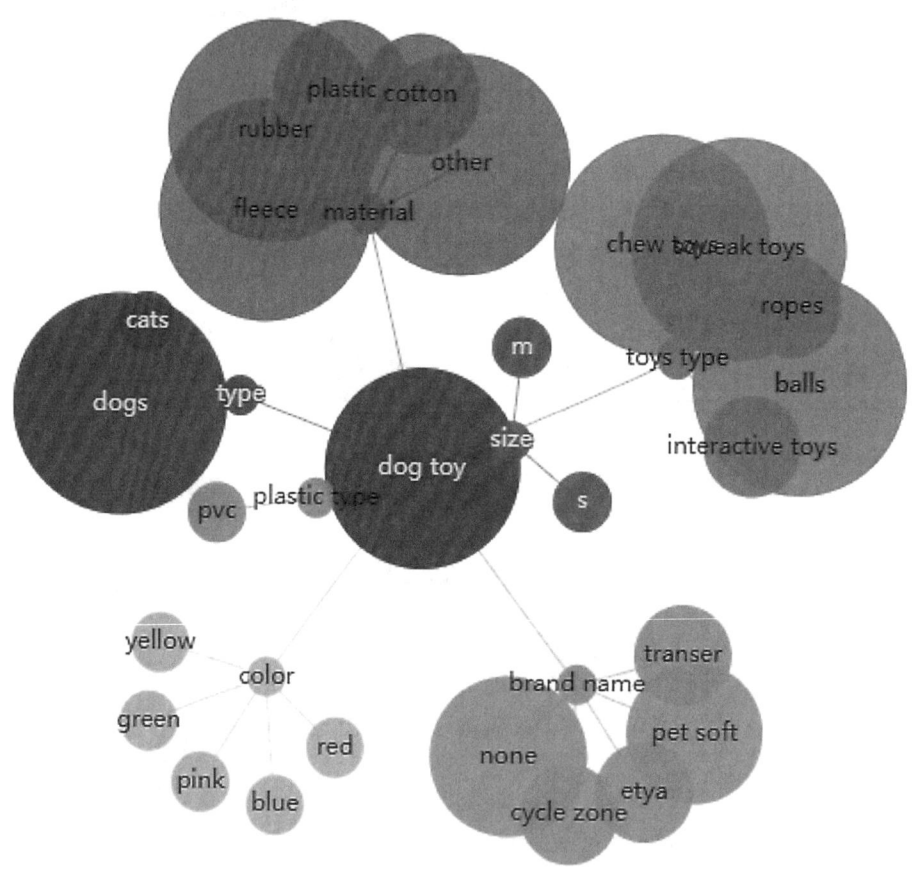

图 4-23　宠物行业 TOP 热销属性

从图中可以看出 Dog toy 热销的属性。例如,按玩具类型划分,发声玩具最热销;从材质上看,橡胶材质玩具最热销。通过热销属性,卖家就能很清楚地了解什么样的属性更受欢迎,从而方便选品。

从品类的热销属性以及热销的特征、关联销售等,卖家可以找到选品的思路。热搜是从行业、TOP 国家来看最近主要市场中热搜的品类、这些品类的热搜的属性、关联销售,该功能帮助卖家了解消费者市场需求。卖家在选品中可以综合热销和热搜两个方面综合考量,并结合其他选品因素,作出合理的选择。

(三)其他选品方法

1. Google Trends

中译名谷歌趋势,是谷歌基于搜索数据推出的一款分析工具。与其他产品研究工具的运作方式有些不同,它通过分析谷歌搜索引擎每天数十亿的搜索数据,告诉用户某一关键词或者话题各个时期下在谷歌搜索引擎中展示的频率及其相关统计数据。通过这些搜索数据可以了解市场、受众信息以及未来的营销方向等相关信息。卖家可以输入产品主题或关键词,以查看一段时间内其在 Google 搜索中的搜索量。该工具可以将两个不同的搜索词进行比较。同时,通过 SEO 工具可以轻松地找到用于产品描述和广告的关键词。Google Trends 可以免费使用,非常适合新手卖家。

2. Sell the Trend

Sell the Trend 是一款综合产品研究工具,Sell the Trend 从亚马逊、TikTok、全球速卖通和 CJ Dropshipping 等平台收集实时销售数据,然后汇集成"The Nexus"功能,该功能可提供基于多个平台的广泛销售趋势。Sell the Trend 还提供了每个产品的详细数据如某个时间段的订单、评分、评论、统计表现、价格、供应商、视频链接等。

3. PickFu

PickFu 是一款即时在线市场调研工具。大多数产品研究工具使用预先存在的数据来预测产品趋势,而 PickFu 能直接向消费者提问。在 PickFu 可以发布开放式问卷或 A/B 测试,并指定目标受众,还可以查看受众的画像、购物行为,甚至兴趣爱好。PickFu 是一款出色的产品研究工具,可以让卖家直接与海外的真实消费者进行沟通。通过受访者筛选和一对一投票等功能,卖家可以向消费者提问,了解他们是否会购买某个特定产品。卖家也可以在排名投票中发布多个正在考虑的产品,看受众最喜欢哪个。在 PickFu 的 1 500 万个全球消费者调查受众中,卖家可以根据个人细节,如年龄、兴趣爱好和购物地点,对回答者进行筛选。

技能与素养提升

我国跨境卖家成功选品的案例及其策略。

1. 智能穿戴设备

随着健康意识的提高和科技的进步,智能穿戴设备(如智能手表、健康监测手环等)在全球范围内越来越受欢迎。

卖家策略:

(1)市场调研:通过数据分析工具发现北美和欧洲市场的高需求。

(2)产品选择:选择具有独特功能(如心率监测、睡眠质量跟踪等)且性价比高的产品。

(3)品牌合作:与当地知名运动品牌合作,提高产品信誉。

(4)营销推广:利用社交媒体广告和影响者营销扩大知名度。

(5) 结果：销量稳步增长，用户评价良好，品牌影响力增强。

2. 家居装饰品

随着越来越多的人开始注重家居环境的个性化和舒适度，家居装饰品成为一个热门品类。

卖家策略：

(1) 趋势洞察：关注 Pinterest 和 Instagram 上的家居装饰潮流。

(2) 供应链优化：与多家供应商建立合作关系，确保货源充足且价格有竞争力。

(3) 定制化服务：提供个性化的定制选项，满足消费者的独特需求。

(4) 社区建设：建立线上社区，鼓励用户分享家居装饰心得和图片。

(5) 结果：复购率高，口碑传播效果好，市场份额逐步扩大。

3. 宠物用品

宠物经济在全球范围内快速增长，特别是在年轻人群中。

卖家策略：

(1) 目标市场定位：针对美国和澳大利亚市场，这两个地区的宠物拥有率较高。

(2) 产品差异化：推出环保材料制成的宠物玩具和可降解的宠物食品。

(3) 社会责任：与当地动物救助组织合作，提高品牌的社会责任感形象。

(4) 多渠道销售：除了电商平台外，还通过实体店和宠物展会进行销售。

(5) 结果：销售额持续增长，品牌形象正面积极，获得了良好的社会反响。

4. 户外运动装备

随着人们生活方式的变化，户外活动变得越来越流行。

卖家策略：

(1) 目标群体定位：专注于年轻的户外运动爱好者。

(2) 社交媒体营销：利用 Instagram 和 TikTok 等平台展示产品使用场景。

(3) 产品创新：引入轻便、多功能的设计元素，满足不同户外活动的需求。

(4) 用户体验：提供免费试用活动，收集反馈并不断改进产品。

(5) 结果：用户忠诚度高，口碑营销效果显著，品牌知名度提升。

这些案例展示了成功的跨境选品策略往往包括深入的市场研究、精准的目标市场定位、创新的产品设计以及高效的营销推广等要素。每一步都需要仔细规划和执行，才能在激烈的市场竞争中脱颖而出。

项目训练

1. 单选题

(1) 目前，与中国建立电子商务合作的国家不包括(　　)。

A. 柬埔寨　　　　　B. 澳大利亚　　　　C. 巴西　　　　　　D. 德国

(2) 跨境电商企业要进入某个国家的市场必须先做的工作是(　　)。

A. 开发畅销产品　　　　　　　　B. 熟悉物流渠道

C. 对该国进行市场调研　　　　　D. 了解该国的主流电商平台

（3）对于资金实力不是很雄厚，人手不充足的新手卖家来说，应当选择（　　）。

A. 红海产品 　　　　　　　　　　　　B. 蓝海产品

C. 搜索量高，竞争激烈的产品 　　　　D. 搜索低，竞争不激烈的产品

（4）对于跨境电商业务而言，可视为生命线的是（　　）。

A. 产品 　　　　　B. 服务 　　　　　C. 跨境电商平台 　　D. 利润率

（5）"选品专家"是用来帮助卖家了解（　　）平台目前最热销商品、买家搜索量较高的商品以及这些商品特征的选品工具。

A. 亚马逊 　　　　　B. 敦煌网 　　　　　C. 全球速卖通 　　　　D. TikTok

2. 多选题

（1）跨境电商企业对国际市场环境调研的主要内容包括（　　）。

A. 国外经济环境 　　B. 国外政治环境 　　C. 国外文化环境 　　D. 国外法律环境

（2）目前，"一带一路"共建国家中与中国建立电子商务合作的国家包括（　　）。

A. 印度尼西亚 　　　B. 新加坡 　　　　C. 俄罗斯 　　　　　D. 澳大利亚

（3）目前，东南亚市场热门跨境电商平台主要有（　　）。

A. Shopee 　　　　　B. Lazada 　　　　C. TikTok 　　　　　D. Noon

（4）跨境电商选品，需要考虑的因素有（　　）。

A. 货源优势 　　　　　　　　　　　　B. 产品的重量体积

C. 自身兴趣爱好 　　　　　　　　　　D. 平台的禁限售规则

（5）卖家精灵大数据选品思路可归纳为四大类，分别是（　　）。

A. 关键词大数据选品 　　　　　　　　B. 产品大数据选品

C. 市场大数据选品 　　　　　　　　　D. ABA 数据选品

3. 判断题

（1）国际市场调研是指运用科学的调研方法与手段，系统地搜集、记录、整理、分析有关国际市场的各种基本状况及其影响因素，以帮助企业制定有效的市场营销决策，实现企业经营目标。　　　　　　　　　　　　　　　　　　　　　　　（　　）

（2）在选品时，我们也可以参考一下谷歌趋势上关键词的搜索热度趋势。　（　　）

（3）选品就要选择平台上的热销品。　　　　　　　　　　　　　　　　（　　）

（4）选品时，只要关注市场需求即可，不用考虑其他因素。　　　　　　（　　）

（5）商品集中度，即头部商品（销量前 10 位）的总销量占样本范围内商品总销量的比例，头部商品在整个市场中占比越大，说明头部商品垄断越明显，市场竞争度越大。

（　　）

4. 任务实训

（1）每三人一组，选择某一市场，如东南亚/东盟/美国/日本等，调研我国与该国或地区跨境电子商务发展情况并对未来市场做合理的分析，调研结束将调研结果以 PPT 形式与同学们分享。

（2）利用卖家精灵选品功能，针对某一市场选出一款适合新手的产品，并加以分析说明。

（3）利用全球速卖通选品专家，选出一款适合欧美市场的产品，并加以分析说明。

项目五　跨境电商产品定价与刊登

项目导图

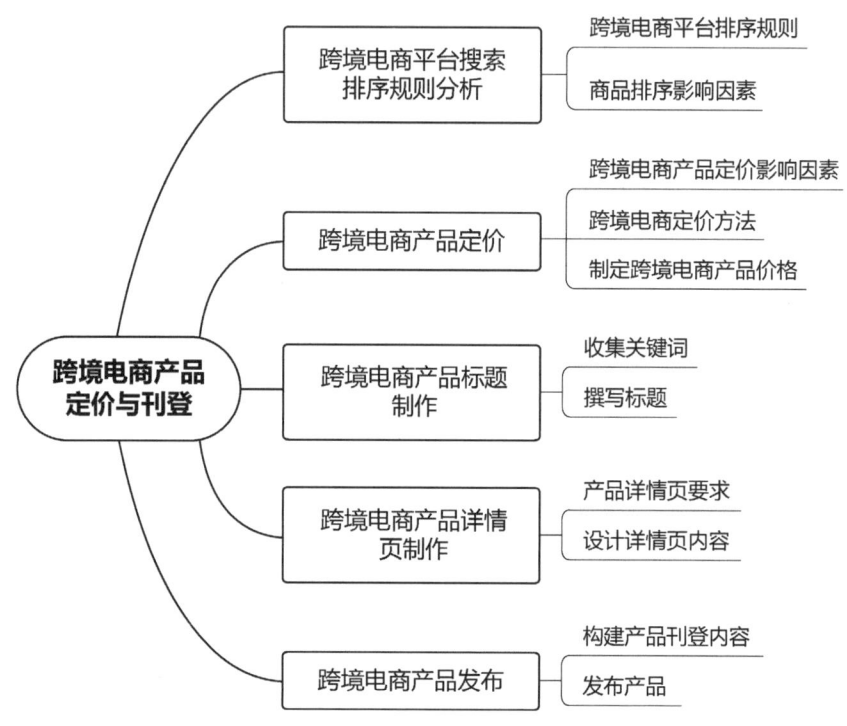

跨境电商产品定价与刊登

- 跨境电商平台搜索排序规则分析
  - 跨境电商平台排序规则
  - 商品排序影响因素
- 跨境电商产品定价
  - 跨境电商产品定价影响因素
  - 跨境电商定价方法
  - 制定跨境电商产品价格
- 跨境电商产品标题制作
  - 收集关键词
  - 撰写标题
- 跨境电商产品详情页制作
  - 产品详情页要求
  - 设计详情页内容
- 跨境电商产品发布
  - 构建产品刊登内容
  - 发布产品

学习目标

1. 知识目标
(1) 熟悉跨境电商产品价格构成。
(2) 熟悉跨境电商平台搜索排序规则。
(3) 熟悉跨境电商标题撰写、详情页制作要求。
(4) 了解跨境电商产品刊登的流程。
2. 能力目标
(1) 能够合理在各个跨境电商主流平台定价。
(2) 能够独立制作产品标题和产品详情页。

（3）能够在跨境电商主流平台上传高质量的产品。

3. 素养目标

（1）培养规则意识和认真细心的敬业精神，遵守跨境电商平台规则，细心、耐心进行成本核算，做事有责任心，对自己有信心。

（2）培养正确的价值观、诚信观，在制定价格和刊登产品时，实事求是，以诚待客。

（3）培养自主学习能力和沟通能力。

项目背景

跨境电商正在以极快的速度向全球扩张，Amazon、eBay 这些市场老牌电商平台持续发力，中国跨境电商平台 TikTok Shop、全球速卖通、SHEIN、Temu 走红海外，成为我国在全球贸易中影响力持续扩大的生动缩影。面对激烈的竞争环境，跨境电商卖家除了在产品供应链和推广上取得竞争优势外，还需要通过合理定价、上传高质量的产品信息来获取自然流量，赢得订单。

情境导入

跨境电商让"买全球，卖全球"越来越便捷，一大批企业成为这种新型贸易的经营者。安徽名尚国际贸易有限公司也借此开拓了新市场，并极大提升了订单量，让更多的中国产品走向世界。小王作为安徽名尚国际贸易有限公司运营专员，主要负责产品的上架、优化、销售；负责回复客户邮件，妥善处理物流问题件及产品售后类的纠纷；负责账户安全管理，日常检查和绩效维护。其核心职责之一就是上传产品，这也是跨境电商公司运营的一项重要基础工作。为了上传一批高质量的产品，小王有哪些工作需要做呢？

任务 一　跨境电商平台搜索排序规则分析

一、跨境电商平台排序规则

跨境电商运营的重要一步就是要学习跨境电商平台的算法，即排序规则，它直接决定了商品在平台上的曝光率和流量分配。每个上传的商品都会获得一定的自然流量，但商品的描述质量、受欢迎程度、销售量、好评率等因素都会影响平台对其的流量分配。跨境电商平台一般会根据这些因素调整商品的排名，排名越靠前，商品的曝光率和销售机会就越大，从而形成一个良性循环，使得转化率提高，商品销售得更好。因此，了解并优化这些算法规则，对于提高商品的排名和销量至关重要。

目前跨境电商各个主流平台的算法基本相同，都是为了确保买家能够最快最精确地搜索到想要购买的产品。如 Amazon 的 A9 算法，能从亚马逊庞大的产品类目中快速挑选出最相关的产品,根据排序相关性,A9 会对挑选出来的产品进行评分展示给客户,确保客户能最快最精确地搜索到想要购买的产品。eBay 相关性搜索排名,能帮助用户快速找到想要的商品并拥有好的购物体验,即平台将商品、服务能力最好的卖家优先推荐给买家。能够带给买家较好购物体验的卖家,其商品的排序就会相对靠前。全球速卖通搜索排名规则与 eBay 类似,影响全球速卖通搜索排名的主要因素是搜索词与产品相关性和产品本身的质量。下面以全球速卖通为例,分析平台商品排序影响因素。

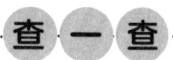

各个跨境电商主流平台,如全球速卖通、虾皮、亚马逊、eBay,其排序规则在表现形式上有什么区别?

二、商品排序影响因素

全球速卖通平台搜索的整体目标是帮助买家快速找到想要的商品并且能够有比较好的采购交易体验,而搜索排名的目标就是要将最好的商品、服务能力最好的卖家优先推荐给买家。谁能带给买家最好的采购体验,谁的商品排序就会靠前。在排序过程中,平台坚持公平的原则,对于所有的卖家采取相同的标准,给予表现好的卖家更多的曝光机会,减少表现差的卖家曝光机会。

全球速卖通平台商品综合排序依据相关性得分和商业性得分,如图 5-1 所示。

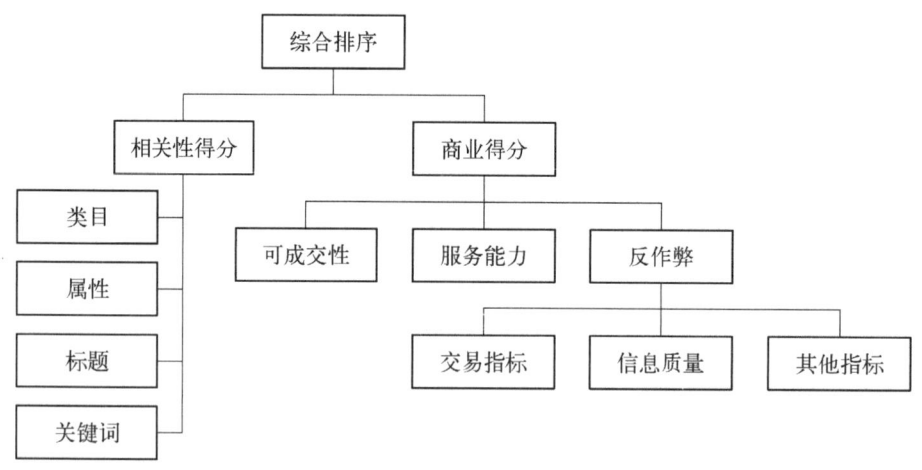

图 5-1　全球速卖通平台商品综合排序

根据全球速卖通排序得分,影响因素可以概括为以下五大类:商品的信息描述质量、商品与买家搜索需求的相关性、商品的交易转化能力、卖家的服务能力和搜索作弊的情况。

(一) 商品的信息描述质量

商品的信息包含基本的商品标题、类目、图片和视频,还涵盖了物流、服务、详细描述以及相关推荐等内容,这些信息对买家快速做出购买决策都非常重要。上传一个高质量的商品,需要满足以下条件。

1. 商品信息如实描述

这是最基本的要求。销售的是什么样的商品,在商品描述的时候一定要真实、准确地告诉买家,帮助买家快速作出购买决策。由虚假描述引起的纠纷会严重影响排名情况,甚至受到平台网规的处罚。

2. 商品描述信息尽量准确完整

(1)标题是搜索中非常关键的一个因素,卖家应在标题中清楚地描述商品的名称、型号以及关键特征,帮助买家一看就清楚地知道卖家的商品是什么,从而进入详情页进一步查看。

(2)发布类目的选择一定要准确,切忌将商品放到不相关的类目,不但买家搜到的概率比较小,而且情况严重会受到平台的处罚。

(3)商品的属性填写一定要尽量完整和准确,因为这些属性将帮助买家快速地判断卖家商品是不是他们想要的商品。

(4)详细描述的信息一定要真实、准确,利用图片多角度展示商品的功能、卖点、质量、优势。商品图片实物拍摄,图片清晰美观。注意不能盗用其他卖家的图片,否则将会受到平台严厉的处罚。

(二)商品与买家搜索需求的相关性

相关性涉及搜索引擎技术里一套非常复杂的算法,简单来说就是判断在买家输入关键词进行搜索与类目浏览时,卖家商品与买家实际需求的相关程度。越相关的商品,排名越靠前。平台在判断相关性的时候,主要考虑商品的标题,其次会考虑发布类目的选择、商品属性的填写以及商品详细描述的内容。当买家的搜索关键词可以在产品的标题、系统提供的标准属性、关键词这三项信息中找齐时,产品就会进入搜索结果中。

(三)商品的交易转化能力

跨境电商平台看重商品的交易转化能力,通过综合观察一个商品曝光的次数以及最终促成了多少销量来衡量商品的交易转化能力,转化高代表买家需求高,有市场竞争优势,从而会排序靠前,转化低的商品会排序靠后甚至失去曝光的机会,逐步被市场淘汰。

衡量商品的交易转化能力的重要指标为转化率。转化率包括流量转化率、订单转化率、广告转化率。其中,订单转化率,是指当消费者查看了卖家的商品页面后,选择购置产品的转化率。计算转化率所用公式为:

$$订单转化率 = 订单总数 / 产品页面的总访问量$$

订单转化率在全球速卖通中称为浏览-支付转化率。

订单转化率因不同行业、产品类型、店铺规模、目标受众等因素而有所差异,同时,不同国家和地区的消费习惯和购买意愿也会导致支付转化率的差异。全球速卖通官方提供了一个参考范围,即"全站加购转化率"在 2％至 4％为正常水平,而"全站下单转化率"在 0.5％至 2％为正常水平。这些数据可以作为参考,但并不适用于所有店铺和产品。因此,卖家应该根据自己的实际情况和市场竞争程度来设定合理的转化率。影响转化率的因素有很多,包括产品本身(如价格、营销、服务等)、流量结构(如自然流量和直通车流量)、平台页面优化(如页面设计和用户体验)以及跨境交易的费用设置等。可以通过优化产品页面、提供良好的用户体验、有效的销售策略、分析数据和优化策略等方式来增加访客的购买意愿,提高订单转化率。

小 思 考

？？？

小明的店铺订单转化率最近有所下降,请替小明分析店铺转化率下降可能有哪些原因,针对这些原因,小明应该采取哪些举措来提高店铺的订单转化率?

(四) 卖家的服务能力

除商品本身的质量外,卖家的服务能力直接影响买家购买体验。能提供优质服务的卖家排名将靠前,服务能力差、买家投诉严重的卖家排名会靠后甚至受到不参与排名的处罚,同时也可能受到平台网规的相关处罚。衡量卖家服务能力的指标主要有响应能力、订单执行情况、退款率等。

1. 卖家的服务响应能力

全球速卖通要求卖家在收到买家的咨询或投诉后,及时进行回复和处理。卖家需要在规定的时间内回复买家的消息,提供满意的解决方案。体现在阿里旺旺(TradeManager)以及 Contact Now 邮件的响应能力上面,合理地保持旺旺在线,及时答复买家的询问将有助于提升卖家在服务响应能力指标的评分。

2. 订单执行情况

卖家发布商品进行销售,承诺了发货时间,买家付款后,期望卖家能够及时发货。无货空挂、拍而不卖的行为将对买家的体验造成严重的影响,也会严重影响卖家所有商品的排名情况,情节严重的卖家可能导致商品无法参与排序。

此外,为了规避拍而不卖而进行虚假发货的行为,被视为欺诈行为,将受到更加严厉的处罚。

3. 订单的纠纷、退款情况

卖家在发布商品进行销售时,应该如实描述,向买家真实准确地介绍自己的商品,保证商品的质量,避免买家收到货以后产生纠纷、退款的情况。遇到买家有不满意的时候,应该提前积极主动地与买家沟通、协商,避免纠纷的产生,特别是要避免纠纷上升到需要平台介入进行处理的情况。平台对于纠纷少的卖家会进行鼓励,纠纷严重的卖家将会受到搜索排名靠后甚至不参与排名的处罚。

4. 卖家的 DSR 评分情况

DSR 是指卖家服务评级系统(Detailed seller ratings),包括买家在订单交易结束后以匿名方式对卖家在交易中提供的商品描述的准确性(Item as described)、沟通质量及回应速度(Communication)、物品运送时间合理性(Shipping speed)三方面服务作出的评价,它是一个单向评分。DSR 评分是跨境电商中一个非常重要的指标,它直接关系到店铺的权重、排名以及营销活动报名资格。平台会优先推荐 DSR 评分高的商品和卖家,给予更多曝光机会和推广资源,对于 DSR 评分低的卖家进行大幅的排名靠后处理甚至不参与排名的处罚。

提升评分可以从以下几个维度进行把关。

(1) 提升商品描述分:如实填写商品的详情页面,增加产品信息量,不夸大宣传,增加主图视频,提升买家对产品的了解,注意不同电脑色差问题,做备注;

(2) 提升产品质量:做到入库质检,保证质量,出库查验,防止货不对板;

(3) 对订单进行催评:订单留言催评,好评卡催评;

(4) 提升卖家服务分:24 小时之内回复买家消息,建立快速回复模板,回复时给出详细、精准的产品信息,提供增值服务(如包装、物流升级);

(5) 提升物流分:完善物流政策和细则,如发货、运输说明,退货说明等,选择优质的物流供应商(无忧物流标准、优选仓、海外仓),到货提醒,延长收货时间。

小思考　**???**

DSR 评分低,对卖家会有什么影响? 提升 DSR 评分的方法有哪些?

(五) 搜索作弊的情况

全球速卖通将一些破坏搜索排名公平的行为列为搜索作弊,对于搜索作弊的行为,平台会进行日常的监控和处理,及时清理作弊的商品,处理手段包含商品排名靠后、商品不参与排名或者隐藏该商品,对于作弊行为严重或者屡犯的卖家,会给予店铺一段时间内整体排名靠后或者不参与排名的处罚,特别严重者,甚至会关闭账号,进行清退。常见的搜索作弊行为如下。

1. 商品标题、关键词滥用

商品搜索排名系统判断商品是否与客户搜索词相关时,主要参考的内容包括标题、属性等,同时,商品发布时设置的关键词也是搜索排名相关性方面的参考指标之一。如卖家在商品的标题、关键词、简要描述、详细描述等处设置与商品本身不相关的品牌名称和描述用语,会削弱相关核心内容的影响力,影响商品排名。

小思考　**???**

全球速卖通平台中,标题描述违规的行为有哪些? 这些行为对卖家会有哪些影响?

2. 重复铺货

重复铺货是指卖家将同一件商品恶意发布为多个商品进行销售。目前,平台判断重复铺货主要是从商品主图、标题、属性三个角度判断的。商品主图完全相同,且标题、属性雷同,或商品主图不同(例如主图为同一件商品从不同角度拍摄的图片),但标题、属性、价格高度雷同,视为重复信息。

小 思 考 ??

跨境电商中同类产品不同颜色不同尺码,只是主图拍摄角度或背景不同,构成重复铺货吗?

3. 重复注册多个账号

卖家恶意注册多个账号发布相同商品进行销售。

4. "黑五类"商品

订单链接、运费补差价链接、赠品、定金、新品预告等商品作为特殊商品存在于网站上,但没有按规定放置到指定的特殊发布类目中。这五类商品在全球速卖通上的正确发布类目为"Special category",卖家在发布这五类商品时,须将其放到特定类目。

5. 商品发布类目乱发

将商品发布在不合适的类目中或设置错误的属性会影响网站商品类目列表以及属性筛选的准确性,进而影响客户的搜索采购体验。卖家在发布商品前,要熟悉全球速卖通平台各个行业、各层类目,知道自己的商品应该放到哪个大类目下。

6. 商品超低价

卖家发布偏离商品正常价值的商品,在默认状态下和按价格排序时,吸引客户注意,骗取曝光。

7. 商品价格与运费倒挂

卖家以超低价格发布商品,同时调高运费价格,吸引客户注意,骗取曝光。

8. 发布广告商品

以宣传店铺或者其他商品为目的,发布带有广告性质的商品,吸引客户访问,但不进行真实的销售。

9. 商品销量炒作

以提升商品的累积销量为目的,利用先卖低价值商品、后卖高价值商品以及虚假交易的方式提升商品的累积销量,误导客户。

10. 卖家信用炒作

信用评价并非基于真实的交易体验,而主要是为了提高会员的信誉作出评价或接收评价的行为。被平台认定为构成信用及销量炒作行为的卖家,平台将删除其违规信用积分及销量记录且搜索排序靠后处罚,对信用及销量炒作行为涉及的订单进行退款操作,并根据其违规行为的严重程度,分别给予 6 分/次、12 分/次、24 分/次、48 分/次,或冻结账号甚至关闭清退店铺的处罚。

对于搜索作弊行为,全球速卖通平台会进行日常的监控和处理,及时清理作弊的商品,处理手段包含商品的排名靠后、商品不参与排名或者隐藏该商品,对于作弊行为严重或者屡犯的卖家,会施加店铺一段时间内整体排名靠后或者不参与排名的处罚,特别严重者,甚至会关闭账号,进行清退。

任务 二　跨境电商产品定价

跨境电商价格通常是影响交易成败的一个重要因素,也是市场组合中最灵活的因素,它可以对市场作出敏感的反应。企业定价的目标是促进销售,获取利润,这就要求企业既考虑成本补偿,又要考虑消费者的接受程度。

一、跨境电商产品定价影响因素

跨境电商产品的定价要考虑的因素有很多,如产品成本、平台成本、产品类型(爆款、引流款、利润款)、产品生命周期、同行竞品价格水平、店铺本身的市场竞争策略等。

(一) 产品成本

跨境电商店铺中,不管是铺货销售还是精品销售,产品成本都是要重点考虑的。对于流通型跨境电商企业,产品的成本主要是产品采购成本;对于生产型跨境电商企业,产品的成本主要是生产成本。产品采购成本是指与采购原材料部件相关的费用,包括采购订单费用、制定采购计划人员的管理费用、采购人员管理费用等。存货的采购成本包括购买价款、相关税费、运输费、保险费以及其他可归属于存货采购成本的费用。生产型跨境电商企业有自己的工厂,那么产品成本就包含直接成本和间接成本。直接成本包括直接材料成本(产品的主要材料成本、辅助材料成本、电力成本等)、直接人工成本(直接参与产品设计、生产的人员工资及福利成本);间接成本主要包括企业生产单位为组织和管理生产所产生的各种费用,如管理人员的工资和福利费用、办公费、管理工作中所消耗的水电费、设备和房屋的折旧费用。

(二) 平台成本

在跨境电商运营过程中,卖家所入驻的跨境电商平台会收取一些费用,比如产品交易佣金、平台年费、提现费等。跨境电商平台会根据卖家订单成交总金额(包括产品金额和运费)按一定比例收取交易手续费,即产品销售佣金,所以卖家在制定价格时要考虑佣金成本。卖家经营的类目不同要交的佣金比例也不同,在全球速卖通平台,服装配饰、箱包、手表、美容美发类目的佣金比例是 8%,而婚纱礼服、家具等类目的佣金比例是 5%。例如,在全球速卖通平台,某个手表买家支付的总金额为 100 美元,平台收取的佣金＝100×8%＝8 美元,那么卖家实际收到的金额是 92 美元。

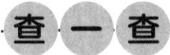

查 一 查

跨境电商平台如全球速卖通、亚马逊、eBay、虾皮,其平台成本分别有哪些?

(三) 产品类型

不同产品类型,如引流款、利润款、爆款、形象款等,利润率是不一样的。

引流款产品的主要目的是吸引用户进入店铺,提升店铺的整体流量。引流款的利润率通常控制在5%以内,甚至可能是亏本销售,但它能带动其他产品的销售,从而提高整体的盈利水平。

利润款是店铺主要的盈利来源,应占整体销售的50%～60%。利润款的利润率通常较高,可以维持在30%以上。卖家在选择利润款时,需要注重产品的质量、功能和品牌形象等方面,以提高产品的附加值和溢价能力。

爆款产品拥有极高的流量、转化率和销量。其利润率一般在20%左右,它们通常能占据店铺大部分销量,从而维持店铺的稳定运营。为了打造爆款,卖家需要研究市场趋势,找出潜在的热销产品,并密切关注竞争对手的表现。通过对比竞品的销量、评价和价格等信息,卖家可以调整自己的产品策略,提升爆款的成功率。

形象款:形象款是指那些定价高于普通产品,如限量联名款定价高于同类商品3～5倍,利润率50%～70%,吸流能力相对较弱,但能够显著提升品牌形象、增加消费者的价值感和拉高利润的产品,一般是高品质、高调性、高单价的极小众产品。形象款产品的数量和适合目标客户群体中的细分人群相关。形象款一般占产品销售中极小的一部分。

小 思 考 ???

　　跨境卖家如何分辨产品的"爆款""引流款"和"利润款"？每种类型产品的具体利润率一般定为多少比较合适？

(四) 生命周期

在跨境电商中,根据产品的生命周期来制定价格策略是非常重要的。产品的生命周期通常分为四个阶段,即新品上架期、成长期、成熟期和衰退期,在不同的产品发展阶段,相应的生产规模、竞争强度、客户议价能力等都在不断变化,因此定价策略应该随之做出调整。

在新品上架期,产品的目标是吸引流量和转化,利润率在可控范围内即可。为了快速获取市场反馈和建立品牌知名度,价格可以设定得相对较低,以便吸引消费者尝试购买。同时,以初步制定的售价为基础,可以在上线2周内以向下浮动调整的方式测试市场反应,但不得低于利润率底线。

当进入成长期,产品在销量、好评、星级分数各项指标有了一些基础,销量处于上升阶段,但忠实粉丝数量仍然有限。此时,价格策略应更加关注销售目标和合理的利润率。可以根据市场反馈和竞争情况,适当调整价格,以平衡销量和利润。如果产品自身具有竞争优势,可以考虑适当提高价格;否则,保持价格竞争力,以确保市场份额的持续增长。

在成熟期,产品的销量已经非常稳定,市场排名、流量、星级评分、销量等指标表现良好,在市场上积累了不少的人气,这时产品更多的是代表品牌形象与店铺定位,卖家可以将价格设定得比市场价高一些,以保证足够的利润率,同时确保产品质量和服务能够匹配高价定位。

当产品进入衰退期,市场需求逐渐减弱,销量和利润下降。此时的价格策略应更加注重库存清理,可以通过引入促销活动等方式进行保量销售,不需要再花费大量精力推广产品。

二、跨境电商定价方法

目前跨境电商企业采取的定价方法有成本导向定价法、竞争导向定价法、消费者导向定价法、心理暗示数字定价法等。

(一) 成本导向定价法

成本导向定价法,是指在产品单位成本的基础上,加上预期利润作为产品的销售价格。采用成本导向定价方式的关键点有两个,一要准确核算成本,二要确定适当的利润加成率。

(二) 竞争导向定价法

竞争导向定价是指依据市场上同类商品的价格,随着同行竞争情况的变化随时来确定和调整其价格水平。如想要了解某商品同行的平均售价,具体做法是:在自己想要进入的跨境电商买家平台搜索产品关键词,按照拟销售产品相关质量属性和销售条件,依照销量进行大小排序,可以获得销量前 10 的卖家价格;如果想获得销量前 10 卖家的平均价格,可以按照销量前 10 的卖家价格做加权平均,再根据平均售价倒推制定上架价格。

(三) 消费者导向定价法

消费者导向定价是指参与店铺打折、联盟营销、直通车、平台大促的活动之类的营销活动,可以给店铺带来更多的销量,同时也意味着成本会增加。进行高比例打折,可以吸引更多流量,增加平台的搜索权重。

(四) 心理暗示数字定价法

心理暗示数字定价是指类似于非整数定价法的 0.9 元效应。人们一般在购买产品时,会下意识认为 0.9 元比 1 元便宜很多,可以借助这个心理刺激买家的消费欲望。还有弧形数字定价法,顾客往往偏好 0、3、5、6、8、9 这样的弧形数字,而不太喜欢 1、4、7 这样的数字,所以定价可以尽量以弧形数字来结尾。

三、制定跨境电商产品价格

(一) 与价格有关的相关术语

(1) 上架价格(List Price,LP)是指产品在上传的时候所填的价格。

(2) 销售价格(折后价)(Discount Price,DP)是指产品在店铺折扣下显示的价格。

(3) 成交价格(Order Price,OP)是指用户在最终下单后所支付的单位价格。

(二) 跨境电商产品价格核算

以基于成本的定价方法为例,考虑各种成本因素,包括采购成本、运输成本、关税、税费、平台费用、营销费用等。通过计算这些成本,可以确定一个合理的价格,以确保其在市场上的竞争力。具体来说,包括以下几个步骤。

第一步:计算产品采购及运输、海关费用等成本。这包括商品的成本、包装材料、运输费用和海关费用等。这些成本将影响最终产品的成本价格。

第二步:计算平台费用。这包括平台佣金、广告费用、营销费用等。这些费用将影响最终产品的售价。

第三步:计算利润。根据成本总额按一定比例(也称加成率或利润率)计算,是按期望预设的目标。

第四步：确定销售价格。通过将所有成本和利润加起来，可以初步确定销售价格。为了操作方便，可采用以下公式初步确定销售价格。

$$销售价格 = （采购成本 + 国内运费 + 国际运费）÷ [1 - （平台佣金费率 + 推广费率 + 利润率）] ÷ 银行外汇买入价$$

举例：

小李负责的全球速卖通店铺账号，主要经营运动服饰，定位目标市场为欧美地区。最近，小李从 1688 平台采购 100 条瑜伽裤，每件的包装重量为 450 克，采购成本是每件 100 元，国内快递费为 8 元（每件国内运费为 0.8 元），银行美元买入价按 1 美元 = 7.2 元人民币计算，预期利润率为 60%，推广费率占 10%。

经查询，全球速卖通平台运动服饰佣金费率为 8%。

第一步：计算跨境物流费用。

查询中国邮政小包价格表，到美国运费为 90 元/kg。挂号费 28 元，折扣 8.5 折，则国际运费：基本运费 × 折扣 × 计费重量 + 挂号费 = 90 × 0.85 × 450/1 000 + 28 ≈ 62（元人民币）。

第二步：利用定价公式计算销售价格。

$$销售价格 = （100 + 0.8 + 62）÷ [（1 - （0.08 + 0.1 + 0.6）] ÷ 7.2 ≈ 103 美元/件。$$

(三) 跨境电商产品定价注意要点

1. 注意计量单位

要注意计量单位，如 piece 和 lot。看似简单的问题一不注意就会导致亏损。

2. 避免随意定价

产品定价随意变更会让客户觉得价格核算不够专业，高价购买的客户心理不平衡。定价需要详细和严格，卖家在制定价格之前做好研究，不要轻易改变价格。

3. 进行充分的市场调研

在平台上查看行业价格水平；如果产品没有特别有竞争力的同行，一般建议利润水平不要高于 25%。多关注竞争对手的营销活动。

4. 注意 C 类买家和 B 类买家的区别

C 类买家的特点是购买量少，有时甚至只购买单一产品，但对销售服务的要求很高。小批发商更关注价格。

5. 国际物流快递核算准确

跨境电子商务卖家应该尽最大努力帮助客户节省国际物流成本。在产品价格上，建议将国际物流成本直接包含在产品单价中，并标明产品邮件。

跨境电商产品价格可以随意调整吗？一般什么时候对产品价格进行调整？

任务 三　跨境电商产品标题制作

跨境电商商品标题的主要作用有两个,一是便于潜在的买家搜索到卖家的产品,二是卖点的提炼能吸引买家的点击。好的标题不仅能引导搜索引擎将最符合客户需要的产品展现在其面前,还会促使顾客进一步了解详情。制作标题需要收集数据,了解市场,分析数据,得出词表,撰写标题。

一、收集关键词

(一) 关键词的分类

关键词主要分为四类,分别是核心词、属性词、流量词、长尾词。

1. **核心词**

核心词是描述产品最根本属性的词汇,一般为类目词,能够说明该产品是什么。如 shoes、woman shoes、woman boots。

核心词分为一级核心、二级核心等,比如,"连衣裙"是一个很大的类目,属于一级核心词,也叫大词或顶级关键词。大词就是买家最常搜索的关键词,"连衣裙""靴子"等大词,虽然流量大,但竞争也大。大词涵盖了最大的查找量,所以,在标题设置中一定要有。而在此类目下的"秋季连衣裙"属于二级核心词,也叫精准词。精准词就是加上了属性的关键词,例如秋季连衣裙、冬季长筒靴等。

> **小 思 考**　❓❓❓
>
> 小明即将上架一批书包,替小明想想书包的核心词有哪些?

2. **属性词**

属性词—用来描述产品的材质、形状、适用年龄、季节、产地、大小、尺寸、颜色等不随外界主观变化的客观特性,能精准地描述这个是什么样的产品,一般为形容词。深入了解买家角色可以帮助卖家更好地描述产品。提炼产品属性的方法可以从以下几个问题入手:产品是什么、产品卖给哪些人、产品使用时间、产品使用场景、产品有哪些型号。

3. **流量词**

流量词与产品关联性弱,但具有一定的时效热点,能为产品带来边际流量,流量词词汇范围较广,不受词性限制。例如,新品/NEW、热销/HOT、正品/Genine、厂家/Factory、批发/Wholesale 等。

4. **长尾词**

长尾词是由核心关键词延伸出来的关键词(属性词/修饰词＋核心词),可以看作三级核心词,与目标核心关键词高度相关,可以是词或者短语,但不能是句子。它是针对一些特定群体搜索的关键词,比如春秋碎花长款连衣裙,这种在二级核心词前后添加的限定性词语,可以归纳为长尾词。长尾词能够帮助卖家获取更加精准的客流,很容易提升转化。

> **小 思 考**
>
> 小明最近要上架一批书包,替小明找出书包的长尾词有哪些?

(二) 关键词的选取

制作标题前,卖家需要收集和自己产品相关性高的词,筛选出有流量、相关度高的关键词。

1. 关键词选取原则

(1) 相关性:选取与产品或行业相关的关键词,确保关键词能够准确描述产品或服务的特点和优势。

(2) 热搜词:选择具有一定搜索量的关键词,可以通过工具如 Google AdWords 或者其他关键词研究工具来获取关键词的搜索量数据。

(3) 竞争度:选择竞争度适中的关键词,避免选择竞争度过高的关键词,否则很难在搜索结果中获得较高的排名。

(4) 地域性关键词:如果产品或服务具有地域性特点,可以选择一些地域性关键词,以吸引特定地区的潜在客户。

2. 关键词搜集途径

途径一:选词专家

进入全球速卖通后台—生意参谋—选词专家页面,如图 5-2 所示。

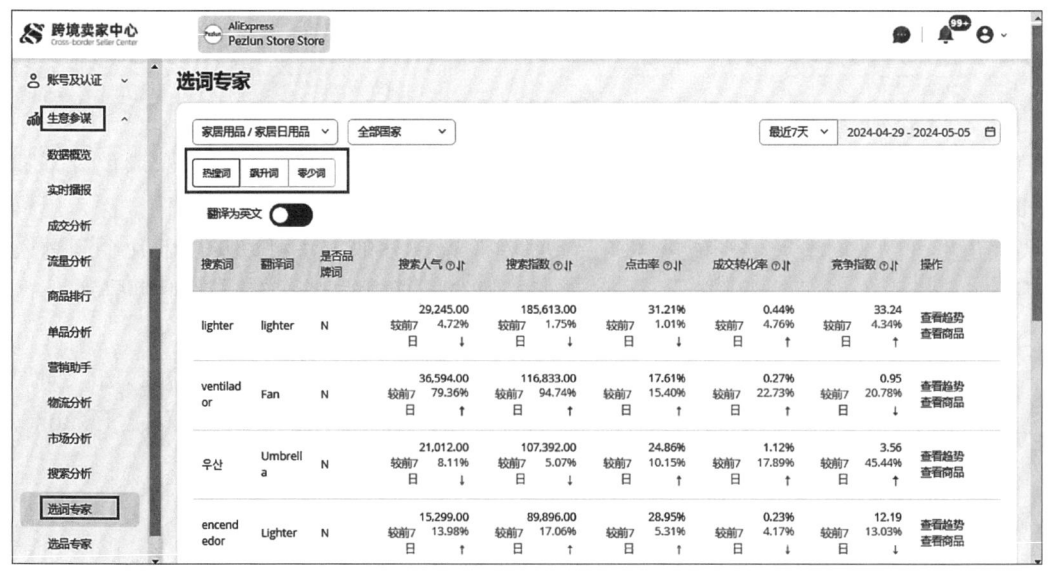

图 5-2　选词专家

途径二：搜索联想词

搜索联想词是指在全球速卖通搜索框中输入一个关键词，页面会自动关联相关的热词，如图 5-3 所示。

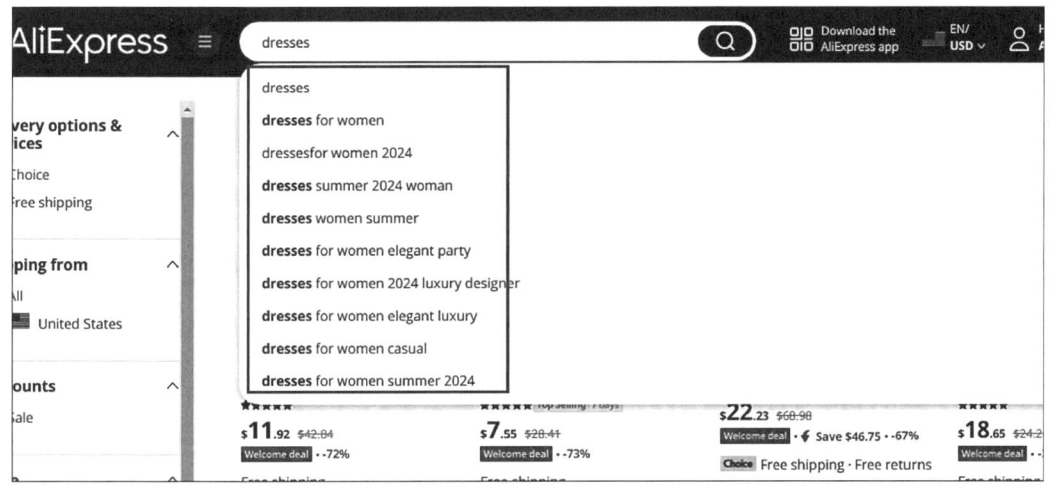

图 5-3 搜索联想词

途径三：直通车系统推荐词

直通车关键词，是指在直通车页面，根据搜索热度、竞争指数、出价情况等汇总的关键词，可以采集。另外，卖家还可以通过其他渠道，如产品链接页面下方的关键词、官网首页的"Hot Searches"等收集关键词。

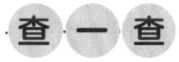

每个同学确定一款产品，通过前面介绍的几种途径去收集关键词，并且整理成词库。

二、撰写标题

（一）标题内容

标题内容包括核心词（提升相关性）、属性词（影响排名和精准流量）、流量词（引流）、场景词等。跨境电商标题通用公式为：

写好速卖通标题

品牌词＋核心词1＋卖点词＋属性词＋核心词2（近似词）＋
流量词＋适合人群＋场景

一款商品的标题页，如图 5-4 所示。

该产品标题为：TOEDNNQI Boys Girls Sneakers Kids Lightweight Breathable Strap Athletic Running Shoes for Toddler/Little Kid/Big Kid。

该标题由以下几个部分组成：

图 5-4 标题

TOEDNNQI：品牌词

Boys Girls Sneakers：核心词 1

Lightweight：卖点词 1

Breathable：卖点词 2

Strap Athletic Running Shoes：核心词 2，近似词

for Toddler/Little Kid/Big Kid：适合人群

(二) 全球速卖通标题排序

全球速卖通商品标题可以有 128 个字符，每个产品展示给买家的是 45 个字符，所以重要信息要放在前面 45 个字符里，把促销词放到标题后面。

标题从头到尾的搜索权重是不同的，标题最重要的就是排序，即标题前四个词中必须包括核心词，词汇越靠前，权重越大。

(三) 注意事项

标题不可以任由卖家随意发挥，因为卖家在平台上开店，就必须遵守平台的规范要求，要在营销效果和规范要求之间进行平衡。

（1）标题要防止关键词堆砌，例如，"shoes、spot shoes、women spot shoes"，此类标题关键词堆砌不能帮助提高排名，反而会被降权。

（2）标题中牢记防止虚假描绘，比方卖家出售的商品是 MP3，但为了获取更多的曝光，在标题中填写类似"MP4、MP5"字样的描绘，算法能够监测此类作弊商品，虚假的描绘也会影响商品的转化。

（3）避免语法错误。确保标题的语法正确，没有拼写错误，避免使用买家看不懂的缩写或专业术语。

（4）不能出现如"big sale"等促销含义的词语；

（5）每个关键词的首字母要大写；

（6）不能有标点符号及特殊字符。

（7）不能含有公司等信息。

（四）优秀标题展示实例

一个优秀的标题展示实例，如图 5-5 所示。

图 5-5　优秀标题

该标题组成部分如下。

品牌词：Apple

核心词：Apple AirPods，Wireless Ear Buds，Bluetooth Headphones（产品同义词）

属性词：with Lightning Charging Case Included（包括闪电充电盒），Over 24 Hours of Battery Life（超过 24 小时的电池寿命），Effortless Setup for iPhone（轻松设置 iPhone）

任务 四　跨境电商产品详情页制作

一、产品详情页要求

产品的详细描述是让买家全方位地了解商品并产生下单意向的重要因素。一个好的详情页可以提高访问深度，提高转化率，提高客单价，关系到店铺的权重、排名和流量。评判详情页优劣的指标包含转化率、平均访问度、平均页面停留时间、跳失率、客单价。

详情页设计需要解决下面几个问题：what（产品是什么？）、who（谁来使用？）、why（为什么要用？）、when（在什么情况下？）、where（什么地点下使用？）。详情描述主要包含三个方面的因素：商品重要的指标参数和功能（如服装的尺码表、电子产品的型号及配置参数）；5 张及以上详细描述图片；关键词。

产品详情页的具体要求如下。

（1）图片的尺寸大小要统一。

（2）图片的大小一定要合理，这样组合起来的图片给人一种整齐清爽的感觉。

（3）图片上尽量不要有字。

（4）标题、图片名、属性填写、详情描述四者一致，会大大提高搜索的权重和全球速卖通搜索点击率。

（5）首页图片清晰明确，亮点突出。

二、产品详情页内容设计

产品详情页由文字、图片、视频构成。产品详情页基本架构包括顶部营销区、海报图、尺寸说明、品牌形象及资质认证信息、包装信息、买家反馈信息、购物保障、尾部营销区等。产品描述一般来说会包括几部分的内容：店铺促销信息、关联推荐产品、产品视频、商品文案和产品特点的描述、商品图片、商品尺码信息、售后说明、买家购物流程、收货时间、保养洗涤说明、包装信息和物流信息以及产品评价等。

买家的精力和时间有限，在当前的商品下，买家最关注什么内容，如何更方便买家获取有效信息，是卖家需要思考的重点。在无线端这点更为重要，因为无线端屏幕尺寸小，且受网络环境的影响，打开速度不一定稳定，是否能让买家快速、有效地了解该商品的重要信息，是无线端商品描述优质与否的标准。

（一）促销信息

促销信息一般跟关联模块放在一起，制作一张店铺热卖产品模特图的海报，或者将店铺的促销信息展示在这个板块，让买家可以在浏览产品的时候，第一时间掌握店铺促销信息，刺激买家下单，海报的一个样例，如图 5-6 所示。

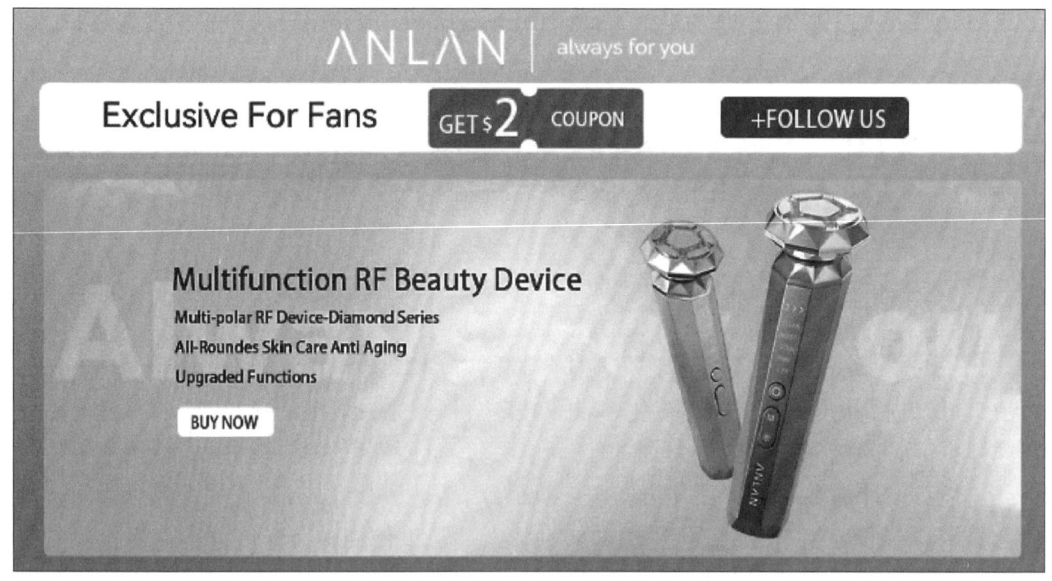

图 5-6 海报

（二）关联营销

关联营销，是指在同一个页面中同时推荐其他同类、同品牌、可搭配的关联产品，可以提升转化、提高客单价、提高店铺内产品曝光率。关联营销产品要有价格优势，图片采用切片模式，美观整齐，图片个数为 8～9 个（一行 3 个或 4 个），幅度为 2～3 行（不超过一屏）。关联营销的产品搭配一般有以下几种。

搭配关联：搭配推荐的产品和主推产品可以在同一个使用场景下使用，比如美容仪和面膜，喷油壶和烧烤板，充电宝和充电线，上衣和裤子。如图 5-7、图 5-8 所示。

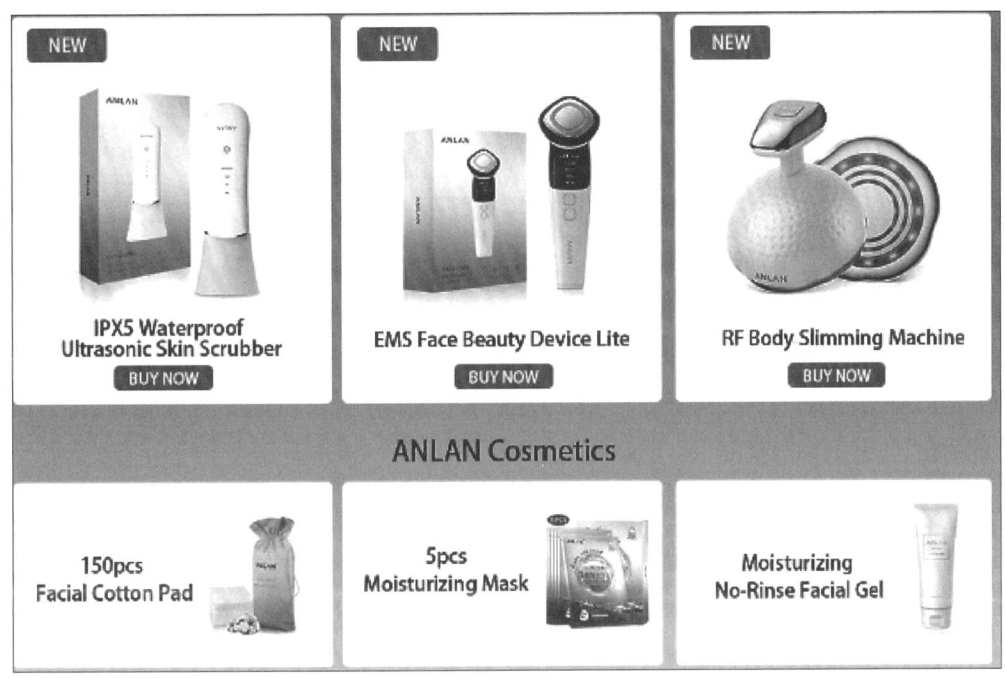

图 5-7　关联产品-1

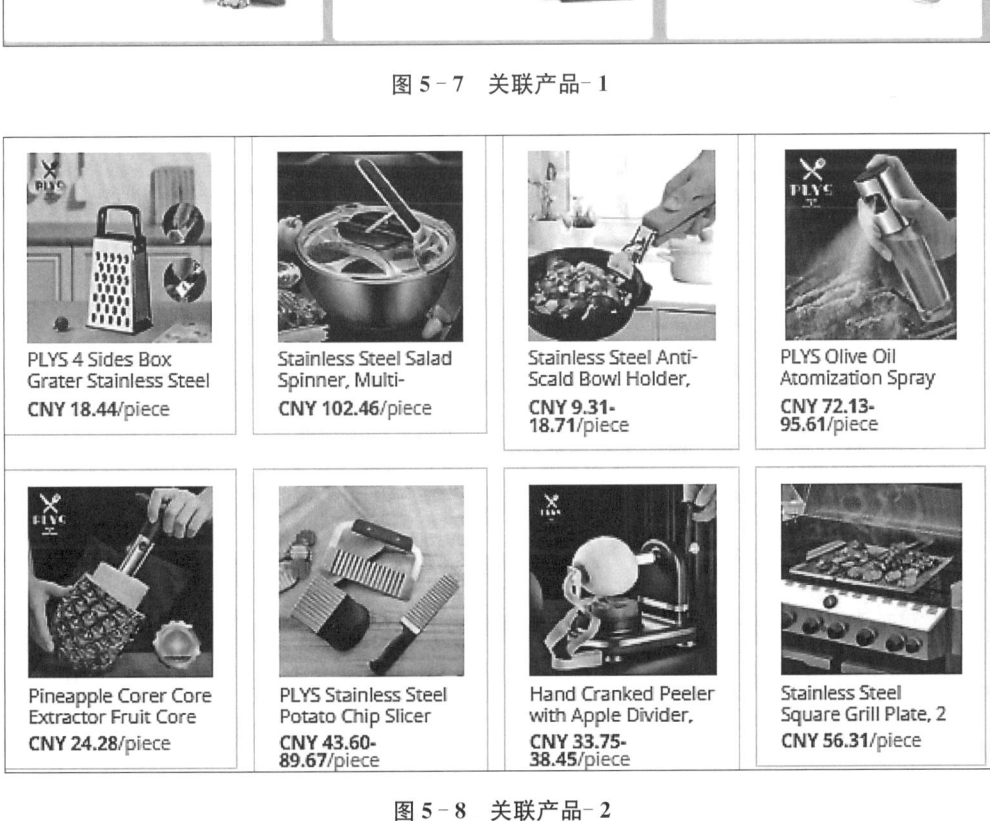

图 5-8　关联产品-2

替代关联：搭配推荐的产品可以替代主推产品，通常在同一个使用场景下只能选其一，比如长裙和短裙，红色衬衫和白色衬衫。

满足同类需求关联：搭配推荐的产品和主推产品满足同一个消费者的相似需求，比如奶瓶和尿不湿，登山鞋和户外帐篷。

（三）视频

全球速卖通详情页的视频，要求时长不超过 4 分钟，画面长宽比为 16：9，文件大小不超过 1 GB，而且需要审核通过后才能展示。

视频的内容有以下几种形式：公司及产品生产流程介绍、产品推广视频（与 INS 等社交平台网红合作拍摄的）、产品使用介绍等。

（四）商品文案

商品文案需要展示商品重要的指标参数和功能，例如服装的尺码表、电子产品的型号及配置参数等。如图 5 - 9 所示。此外，还可增加一些购买须知、提醒以及参考建议类的内容，拉近和买家之间的距离，促使买家下单。要注意的是详细描述的字符限制是 60 000 字符。

※Attention:Before purchasing, please pay attention to whether the plug specifications comply with the usage standards of your country or region.

Features:

【Fast Drying and Brushless Motor】
【Negative Ionic Hair Dryer】
【Intelligent temperature control 】
【8 drying modes can be freely combined】
【3 Color LED Ring Light & Low Noise】

SWIFT NEGATIVE IONIC HAIR DRYER

Ultra-fast drying
Negative ion hair care

图 5 - 9 商品文案

（五）产品特点描述

产品细节图是详情页重要的部分之一，它可以让买家更加了解产品的细节和特点。因此，卖家需要在产品细节图中展示产品的各个方面，包括外观、功能、材质等。一个好的产品细节图应该清晰明了，能够吸引买家的注意力，同时也要符合全球速卖通的规则，方便买家了解产品。如图 5 - 10、图 5 - 11、图 5 - 12 所示。

（六）商品图片

商品图片主要体现商品卖点，如图 5 - 13 所示。

（七）商品尺码信息

一些标类产品（标类产品是规格化的产品，可以有明确的型号，比如笔记本、手机、电器、美容化妆品等）的尺寸以及服装服饰行业下的产品尺码信息尤为重要，在展示这些信息的时候，尽可能使用图片，避免在 APP 端无法正常展示，而且尺码信息要尽可能标准，

图 5-10 产品特点-1

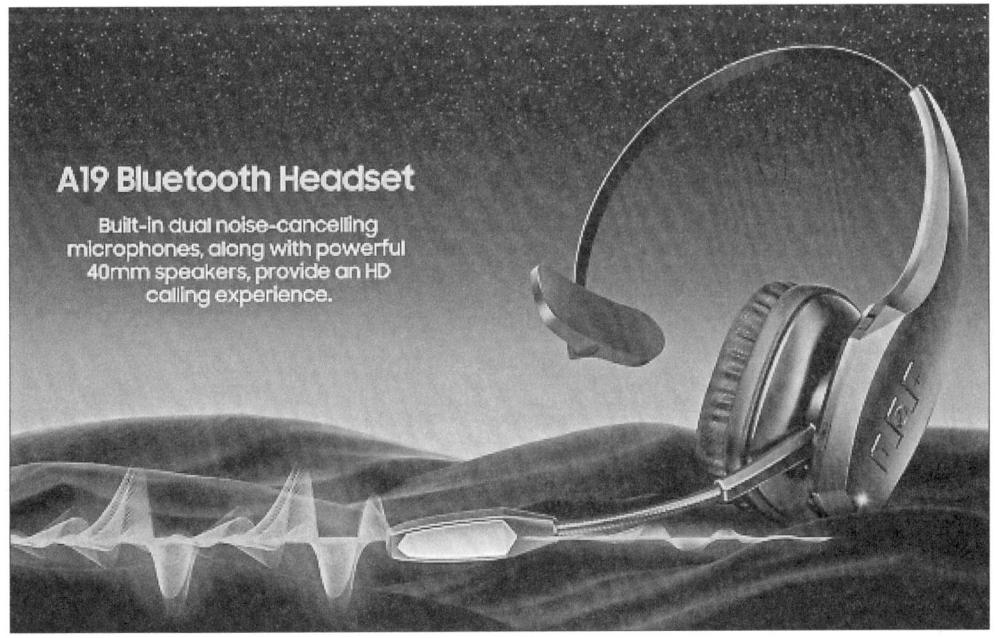

图 5-11 产品特点-2

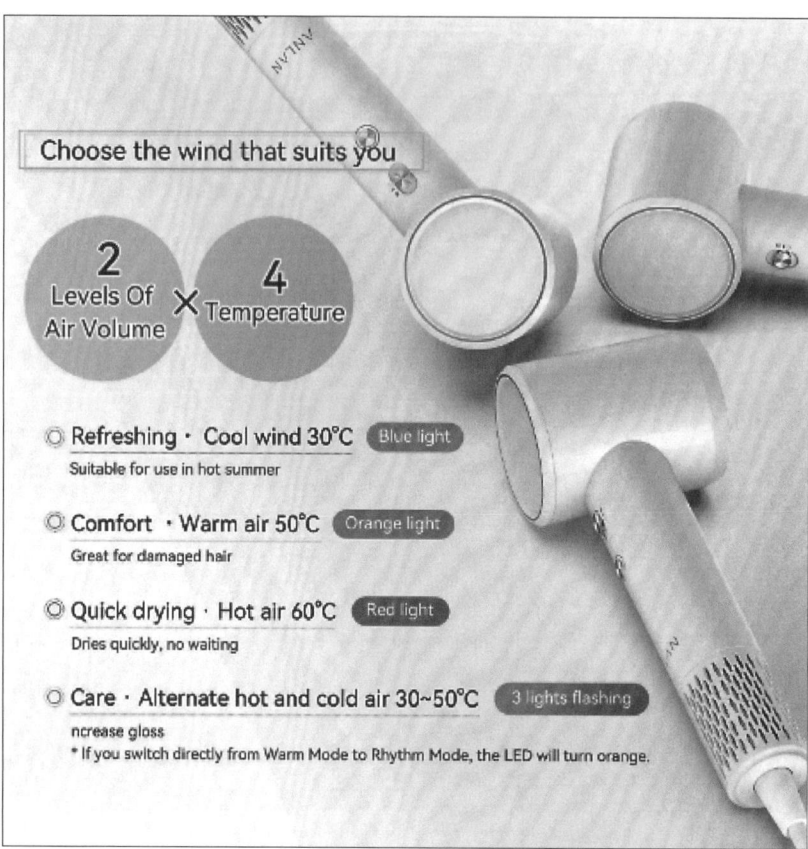

图 5 - 12 产品特点- 3

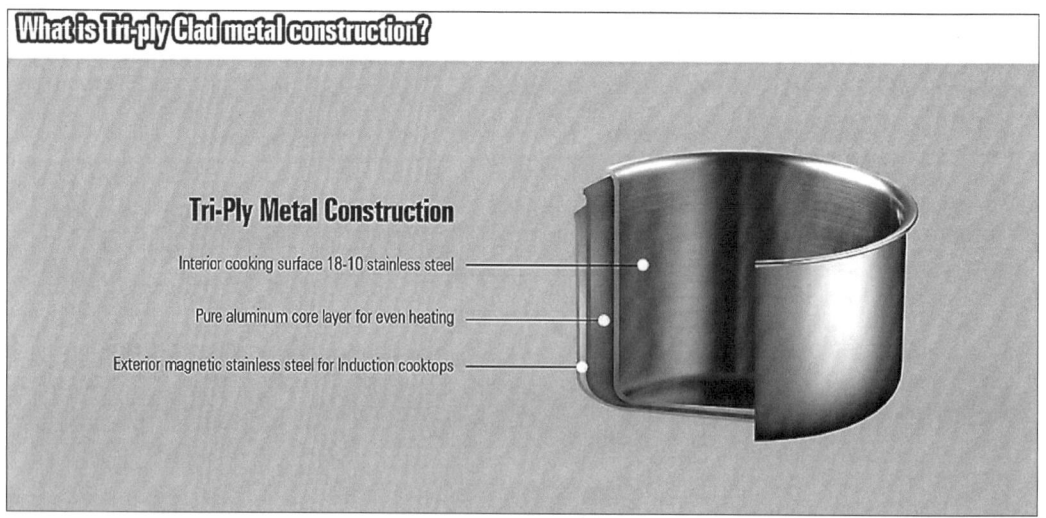

图 5 - 13 商品图片

同时尽可能展示同一个尺码不同国家的标准下的大小，方便不同语言的买家准确了解产品的大小。如图 5 – 14 所示。

size	Bust		Shoulder		Sleeve		Waist		Hip		Slack Bottom		Length	
	cm	inch	cm	inch	cm	inch	cm	inch	cm	inch	cm	inch	cm	inch
S	72	28.35	34	13.39	69	27.17	54	21.26	80	31.50	74	29.13	79	31.10
M	76	29.92	35.2	13.86	70.3	27.68	58	22.83	84	33.07	78	30.71	81	31.89
L	80	31.50	36.4	14.33	71.6	28.19	62	24.41	88	34.65	82	32.28	83	32.68
XL	84	33.07	37.6	14.80	72.9	28.70	66	25.98	92	36.22	86	33.86	85	33.46

size	weight	cups
XS	40kg-45kg	65AB
S	45kg-50kg	65BCD、70ABC
M	50kg-55kg	70D、75ABC
L	55kg-60kg	75D、80ABC
XL	60kg-65kg	80D、85ABC

图 5 – 14 尺码信息

（八）商品包装信息和物流信息

商品包装信息和物流信息，如图 5 – 15、图 5 – 16 所示。

Pack List

Main Machine *1
Wind Nozzle* 1
Air Dryer Wall Hanger * 1
Instruction Manual * 1

Pack List

Main Machine *1   Wind Nozzle* 1   Air Dryer Wall Hanger * 1   Instruction Manual * 1

图 5 – 15 包装信息

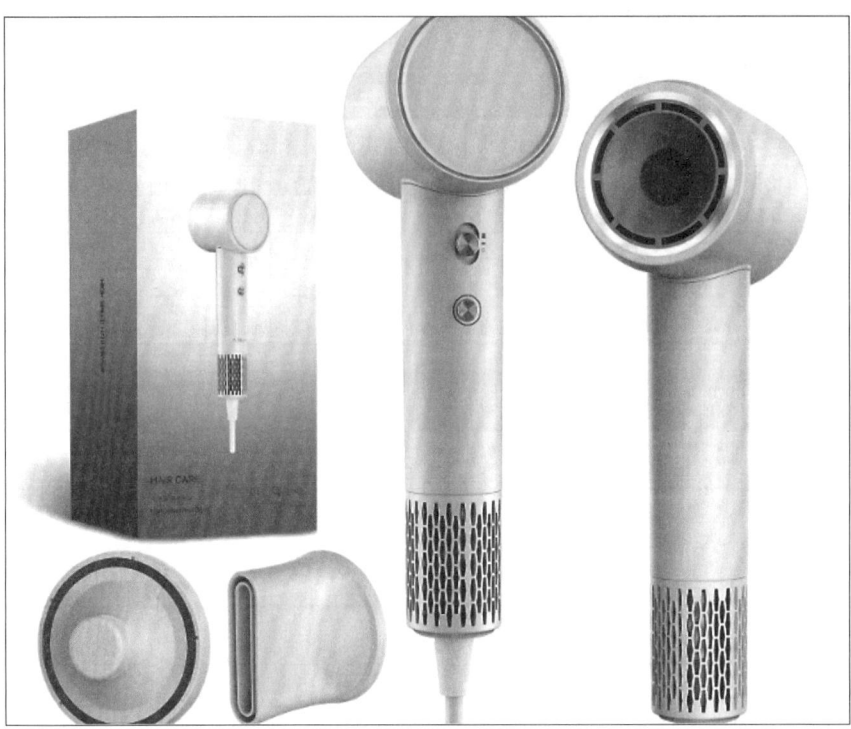

Everyone has the right to pursue beauty
The standard of beauty is up to you
It is precisely because people have their own unique "BEAUTY"
ANLAN has introduced the field of beauty to the world
Protect the original beauty of the skin
For this reason, we are at the forefront of the times
Comply with technology and everyone's needs
let one's own "BEAUTY" shines in every corner of life

 1 Year Warranty   24H Fast Shipping   15 Days Free Returns

图 5-16 产品包装信息和物流信息

（九）产品评价

产品评价可以让买家更加了解产品的质量和性能。因此，卖家需要在产品评价中展示产品的优点和缺点，同时要注意避免使用虚假的评价和刷单行为。

（十）其他

除了以上几个部分，卖家还需要注意一些其他细节，比如产品的价格、库存、配送方式等。这些细节可以让买家更加了解产品的情况，同时也可以提高产品的转化率。

拓展阅读

亚马逊平台对于侵权问题的处理非常严格，一旦被判定为侵权行为，卖家可能面临商品下架甚至是封号的风险，因此，需要格外警惕侵权问题。

一、商标侵权

跨境电商商标侵权是指在跨境电商平台未经授权使用他人的注册商标进行商业活动，这包括但不限于销售、广告、宣传等行为。商标是用于区分商品或服务来源的标识，包括文字、符号、设计或其组合。

要避免商标侵权，卖家需要确保不使用他人的注册商标进行商业活动，除非获得了商标所有者的明确授权。此外，卖家在发布产品时应注意避免将他人的商标写在自己的产品描述或搜索词关键词中，以防止任何形式的商标侵权行为。

二、专利侵权

跨境电商专利侵权是指卖家在亚马逊平台上没有获得合法授权销售、制造或使用了他人拥有专利权的产品。专利侵权涉及三种主要类型：外观设计专利、实用新型专利和发明专利。

外观设计专利主要保护产品的形状、图案或其组合以及颜色、形状和图案组合的新设计，具有美感且适合工业应用。如果产品的外观、图案、颜色或组合与目标专利相似度超过60％，则可能被视为侵权。

实用新型专利是指对产品的形状、结构或组合提出适合实用的新技术方案。

发明专利则是指对产品、方法或其改进提出的新技术方案。

在跨境电商平台上，专利侵权行为主要包括未经授权假冒、销售专利权人的产品，未经权利人许可许诺销售、进口、制造他人享有专利权的产品，以及未经权利人许可利用专利方案制造、销售、许诺销售专利产品等。这些行为都可能导致专利侵权，侵犯专利所有人的合法权益。

三、版权侵权

跨境电商平台上的版权侵权行为是指未经权利所有者的许可，擅自将版权所有者的原创作品，如视频、电影、歌曲、书籍、音乐作品、视频游戏和绘画等，上传到商品详情页。这些行为包括但不限于使用他人的图片、文字、音频或视频等内容，用于商品描述或推广，而未经原作者的授权。版权法旨在保护原创作品的创作者，确保他们的作品不被他人未经许可地复制、分发或展示。因此，任何未经授权使用受版权保护的作品的行为，无论是出于商业目的还是个人使用，都可能构成版权侵权。

任务 五　跨境电商产品刊登

　　跨境电商产品刊登是指将产品信息发布到跨境电商平台，并自动生成商品列表（listing）。刊登内容主要为关键词和文字描述、图片、视频等，发布完成后，用户可以在这些平台上搜索到商品并下单购买。刊登能够提升产品的搜索排名，增加曝光度，从而达到增加销售和提高知名度的目的。

一、构建产品刊登内容（以全球速卖通平台为例）

　　产品刊登内容包含类目行业填写、产品属性填写、标题关键词填写、产品主图填写、销售属性填写、尺码、价格等信息填写、信息模块填写、描述图片的填写、包装信息和物流设置填写、服务模板和其他信息填写。

二、刊登产品

　　刊登产品的具体流程为登录后台—点击产品发布—填写基本商品信息—填写价格与库存—填写详细描述—包装与物流—其他设置—提交发布。

（一）登录后台

　　登录全球速卖通后台，进入后台的管理界面（可选中文语言）。

（二）点击产品发布

　　点击商品—商品发布，在产品管理页面点击发布产品，如图 5-17 所示。

图 5-17　全球速卖通发布产品端口

（三）填写商品基本信息

　　选择语言、输入标题后，选择合适的产品发布类目，然后填写商品基本信息，基本信息版块包括商品标题、类目、商品图片、产品视频、产品属性等。

1. 发布语言

全球速卖通平台可以选择 17 种语言。标题与详细描述将会以卖家选择的发布语言作为起点,翻译成其他的语言,如图 5-18 所示。

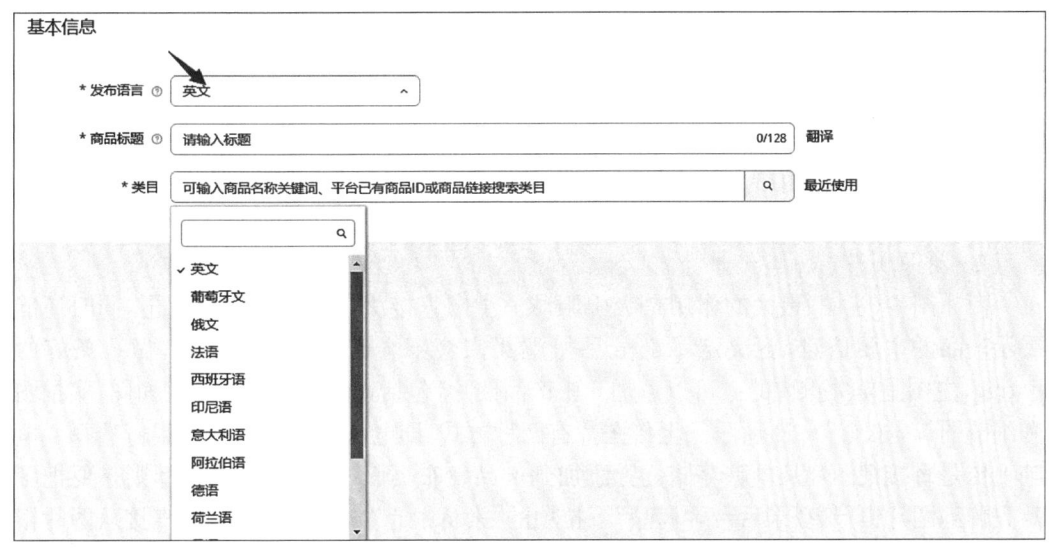

图 5-18　全球速卖通发布产品基本信息

2. 商品标题

商品标题的拟定建议采用品牌名(如有)+商品名称+卖点,如品牌名+商品名称+属性(材质/特点/颜色/风格等)+商品型号/类型。标题填写页面,如图 5-19 所示。

图 5-19　全球速卖通标题填写

3. 类目

类目选择页面,如图 5-20 所示。

类目页面选择自己上架的产品发布类目。类目选择方式有四种:在类目列表手动选择;输入类目名称/拼音首字母进行搜索;输入英文产品关键词;从最近使用的 10 个类目中选择。在全球速卖通平台上,卖家上传产品时,要注意产品类别的正确选择。如果产品的实际类别与发布的产品类别不一致,平台将认为该类别错误。卖家一旦被判定为类别错放,平台将施加调整搜索排名、删除产品、下架产品等处罚。如果违反搜索规则的商品积累到一定数量,店铺全部或部分产品的搜索排名就会下降。情节严重的,店内所有产品

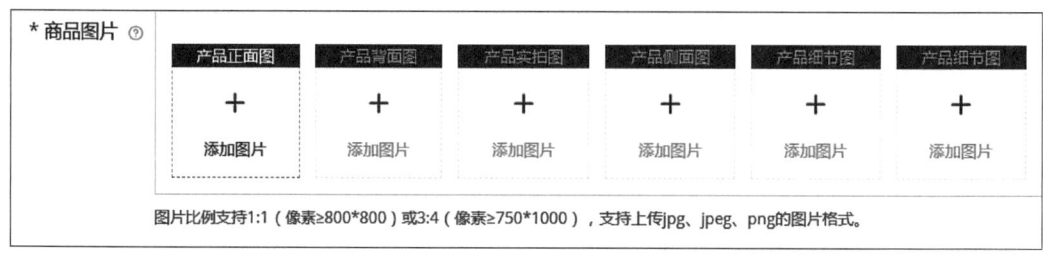

图 5 - 20 全球速卖通类目选择

都会被屏蔽。如果情节特别严重,平台将冻结或关闭账户。因此,类目错放对全球速卖通店铺的影响比较大,所以要避免类目错放。

4. 商品图片

商品图片(主图)最大的作用是吸引眼球。主图直接决定买家是否会点击,同时还能展示产品的主要信息,更决定了部分手机端买家会不会直接购买。所以,做一条好的 listing,主图是至关重要的。可以添加 6 张产品图片,包括正面图、背面图、侧面图、实拍图和细节图等,如图 5 - 21 所示。上传图片有两种方式,即电脑上传和从图片银行选择。电脑上传是直接把图片从电脑存储位置添加到产品发布页面;从图片银行选择则是要把图片先传到图片银行(登录后台,"商品"下拉项的"素材中心"),在产品发布时直接从图片银行引用即可。图片银行最大内存为 5 GB,最多存放 1 925 张图片。

```
* 商品图片 ⑦
┌─────────┬─────────┬─────────┬─────────┬─────────┬─────────┐
│ 产品正面图 │ 产品背面图 │ 产品实拍图 │ 产品侧面图 │ 产品细节图 │ 产品细节图 │
│    +    │    +    │    +    │    +    │    +    │    +    │
│  添加图片 │  添加图片 │  添加图片 │  添加图片 │  添加图片 │  添加图片 │
└─────────┴─────────┴─────────┴─────────┴─────────┴─────────┘
图片比例支持1:1（像素≥800*800）或3:4（像素≥750*1000），支持上传jpg、jpeg、png的图片格式。
```

图 5 - 21 全球速卖通商品主图上传

主图规范要求如下。

(1) 图片格式只能为 jpg、jpeg、png,且大小不超过 5 MB;

(2) 图片宽高比例必须为 1∶1,像素不能低于 800×800(建议 1 000×1 000);

(3) 上传图片的背景要求必须为纯白色或透明;

(4) 不允许出现 logo 水印、边框以及促销广告等信息;

营销图将展示在搜索、推荐、频道、平台活动会场等商品导购场景,上传符合规范导购图的商品有优先展示机会,如果图片不符合规范,将不会被前台导购场调用展示。全球速卖通上传营销图,如图 5 - 22 所示,全球速卖通营销图,如图 5 - 23 所示。全球速卖通营销图的主要目的是吸引买家的注意力并激发其购买欲望,是获取前台流量比较重要的环节。因此,营销图应清晰地展示产品的特点和优势。全球速卖通是一个国际平台,不同国家和地区对营销图的审美观念不同,例如,日本和韩国买家可能更偏好清爽简洁的设计,而欧美买家可能更偏好创意和个性化。因此,选择白底或其他背景也应考虑目标市场的

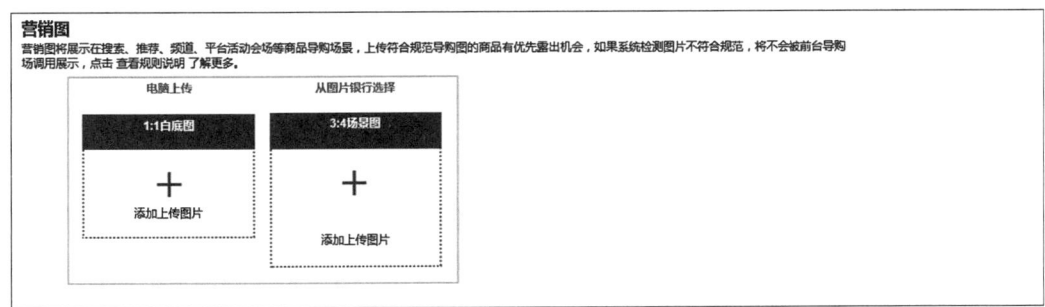

图 5-22 全球速卖通营销图上传

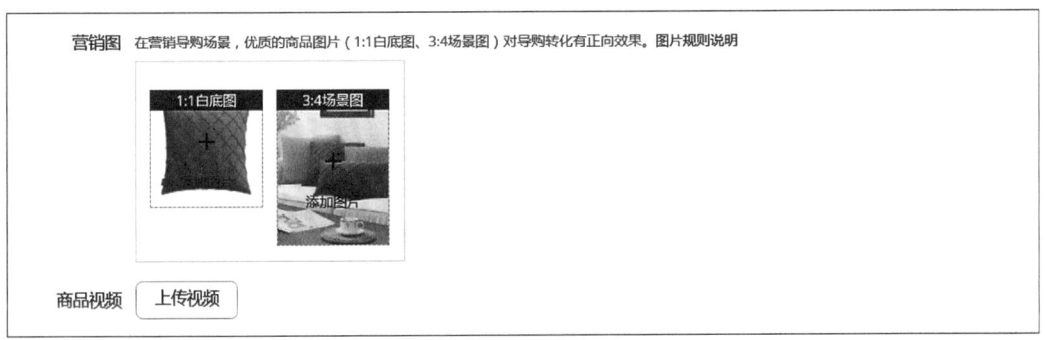

图 5-23 全球速卖通营销图

偏好。

为了更好地运用营销图的灵活性,卖家可以根据产品特性和目标市场在不同场合使用白底或特殊背景,并通过市场调研和分析选择最适合的背景风格。同时,注意避免一些常见的误区,如主体不明确、画面杂乱、图片暗沉、比例不一致或文字过多遮挡主体。总的来说,全球速卖通营销图的设计应基于产品特点、目标市场的审美偏好以及平台的规定和标准,以实现最佳的展示效果和销售表现。

5. 商品视频

商品视频是指全球速卖通主图视频。平台建议视频比例为 1∶1、3∶4 或者 9∶16,视频时长在 30 秒内,视频大小在 2 GB 内,格式为 avi、3gp、mov 等。如图 5-24 所示。建议视频长宽比与商品主图保持一致。若上传产品视频则会展示在前台商品主图区,建议上传产品视频,可提高用户转化。

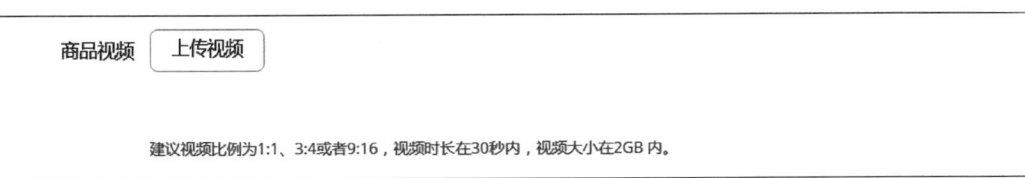

图 5-24 全球速卖通商品视频上传

注意：基本信息中的产品视频无论是 PC 端还是 APP 端，产品 detail 页面都展示在主图区域。商品详细描述中可以添加视频，且 PC 端和 APP 端可以分别单独设置。

6. 商品属性

规范的商品属性对于提高产品的曝光率和销售至关重要，是买家选择商品的重要依据，卖家需要详细、准确地填写系统推荐属性和自定义属性，提高曝光机会。产品属性分为必填属性、关键属性、非必填属性（系统有展示，但无特别标注，可填或不填）、自定义属性（补充系统属性以外的信息，最多可添加 10 条），如图 5 - 25 所示。发布商品时要求属性填写率至少为 78%，建议填写到 100%，提升产品曝光率。

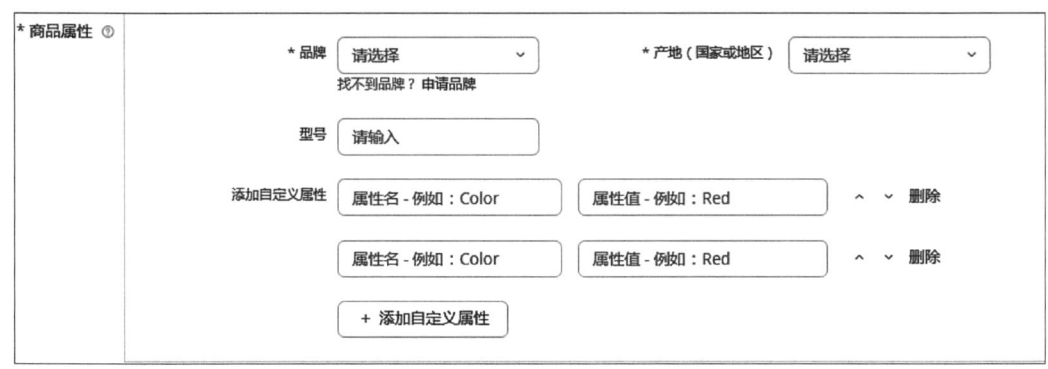

图 5 - 25　全球速卖通商品属性填写

（四）填写价格与库存

产品发布的基本信息设置完成之后，进入产品发布的第二个模块——价格与库存的设置。该设置内容包括对最小计量单位、销售方式、颜色、发货地、价格、库存等设置。

1. 最小计量单位

在全球速卖通平台上，最小计量单位的填写是非常重要的，因为它直接关系到产品的正确展示和避免潜在的买家误解。最小计量单位是根据产品的特性来选择的，可以通过"最小计量单元"下拉选项进行选择，也可以手动输入进行搜索。选择合适的计量单位有助于提高产品的准确性和透明度，从而提升用户体验和减少纠纷。

2. 销售方式

销售方式有两种：按件出售和打包出售（价格按照打包计算）。选择合适的销售方式对于产品的展示和销售至关重要，因为它直接影响产品的定价、库存管理以及最终的购买体验。在选择销售方式时，卖家应根据产品的特性和销售策略来决定。例如，如果产品是单件出售的，如单件服装或电子产品，那么选择按件销售更为合适。如果卖家想要进行促销活动或清理库存，那么打包销售可能是一个更好的选择。

3. 颜色

本项为非必填项，如果是单一颜色的产品，可以不选择颜色项。如果同一款产品有不同的颜色分类，可进行颜色项的设置，方便买家进行选择。在颜色选择完成后，需要添加自定义名称（只可使用数字和字母）和分类图片（不得超过 200 KB，支持 JPG、JPEG 格式，可以从电脑上传也可从图片银行选择）。

4. 发货地

发货地的选择与货源密切相关。新开店的卖家选择"CN"（中国）发货,后期发展入驻海外仓之后可以添加海外仓所在国家为发货地。

5. 价格和库存

如果颜色或发货地是单个选择,库存和零售价可以直接填写;如果选择了多个颜色和多个发货地,可以针对不同的发货地设置不同的价格和库存。不同发货地的价格以及库存量不一样时,要分别进行填写;不同发货地的价格以及库存一样时,可以选择"批量填充"选项,一键同步设置。

同时,考虑到汇率的风险,建议取近一年的汇率平均值。价格与库存信息上传,如图5-26所示。

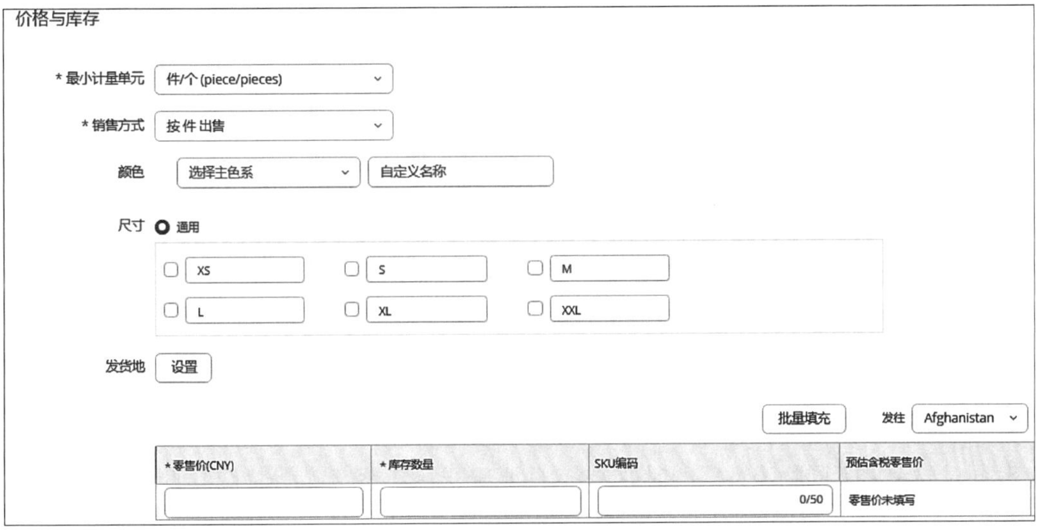

图 5 - 26　价格与库存上传

（五）填写详细描述

产品详情描述要充分展示产品的优点、使用方法、注意事项、卖家服务以及厂家的实力证明等内容,让买家最大程度地了解产品。

平台提供二种装修工具:新版编辑器和旧版编辑器。新版编辑器在无线端的展示更友好,同时提供了视频等工具。

新版编辑器实现了 PC 端和无线端详情描述的自动同步功能,无须重复编辑,图文分离,更好地实现了多语言翻译。此外,新版编辑器可以进行模板选择（通用详描模板和自由编辑模板）。

1. 通用图文模板

通用图文模板由标题、正文和图片三部分构成。左侧为模块区（可以编辑、复制和删除）;中间区域为效果展示区;右侧为模块内容编辑区。

2. 自由编辑模板

在该选项中,卖家可以设置自己的模板样式。

（六）包装与物流

包装与物流信息填写，如图 5 - 27 所示。

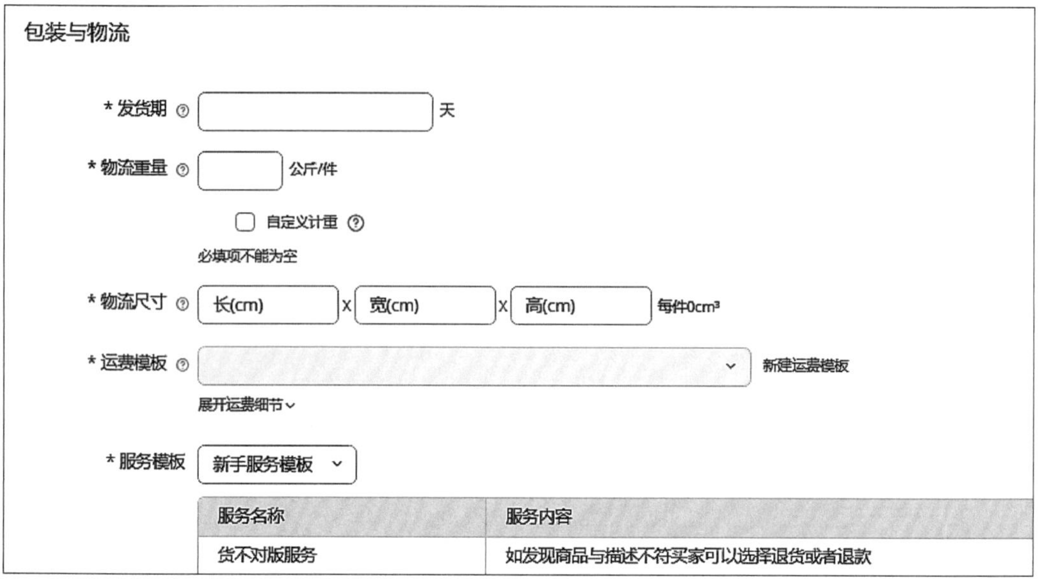

图 5 - 27 包装与物流信息填写

1. 发货期的设定

发货时间从买家下单付款成功且支付信息审核完成（出现发货按钮）后开始计算。卖家设定发货期时，需要综合考虑供应链管理情况，包括库存检查、打包、运输等环节所需时间，同时要考虑不同物流方式的时效差异，还要避开春节、圣诞节等特殊节假日可能导致的物流延误，另外，还需要预留应对突发状况的缓冲时间。通常建议卖家将默认发货期设定在 2～3 天，这样能较好地平衡卖家操作时间和买家等待体验。除个别品类外，发货期最长限制为 7 个工作日。若超过该期限未发货，可能影响店铺信誉，买家也可能投诉或申请退款。

2. 填写产品物流重量

需要注意以下几点。

准确填写实际重量：应如实按照单个商品的实际重量填写，不要填写订单总重量。系统会自动计算全部商品单个重量按照发货件数汇总后的订单申报总重量。

考虑包装重量：物流重量是指产品最终打包发货时的重量，包括产品和包装的重量。可以按照"千克/件"计算，也可以自定义计重，当完整填写自定义计重的信息后，系统会按照设定来计算总运费，忽略产品包装尺寸，如图 5 - 28 所示。

避免填写错误：准确填写包装后重量和产品包装尺寸，避免因填写错误而造成的运费损失和交易成功率降低。对于体积重大于实重的产品，可以计算出体积重后再填写。

3. 物流尺寸填写

产品包装发货时的包裹尺寸（长、宽、高）是以 cm 为单位进行计算的，分别输入包裹的长、宽、高之后，系统会计算最后的体积，如图 5 - 29 所示。

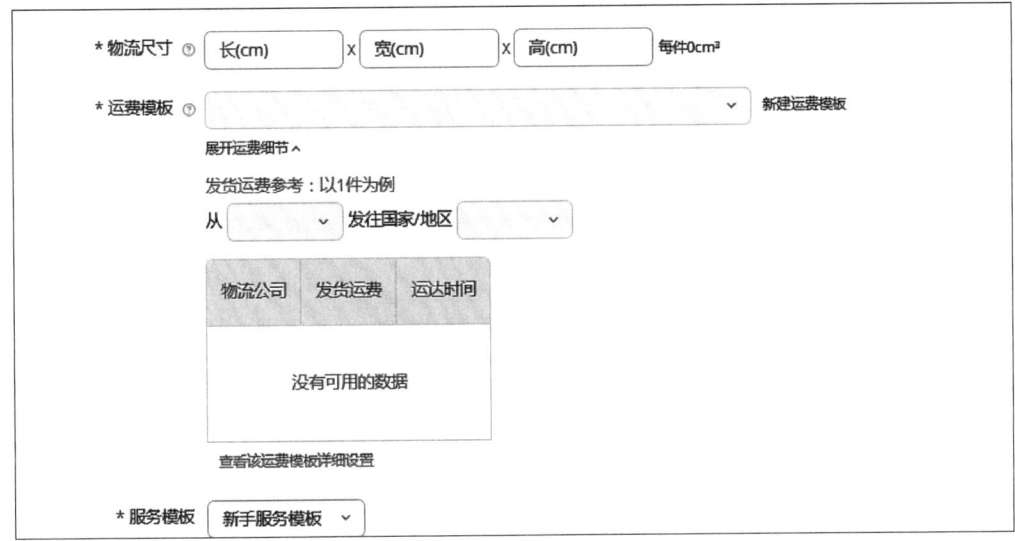

图 5‑28 全球速卖通包装—物流设置‑1

图 5‑29 全球速卖通包装—物流设置‑2

4. 运费模板设置

一般平台会默认设置成新手运费模板，系统根据现有物流方式、收货地、货物重量以及运送物品情况，为卖家设置模板。新开店铺的卖家可以选择新手运费模板。也可以根据需要设置，如图 5‑30 所示。

图 5‑30 全球速卖通物流自定义设置

5. 服务模板设置

平台默认设置新手服务模板,卖家也可自行新建服务模板,输入模板名称并编辑服务内容保存即可。

（七）其他设置

全球速卖通的其他设置,如图5-31所示。

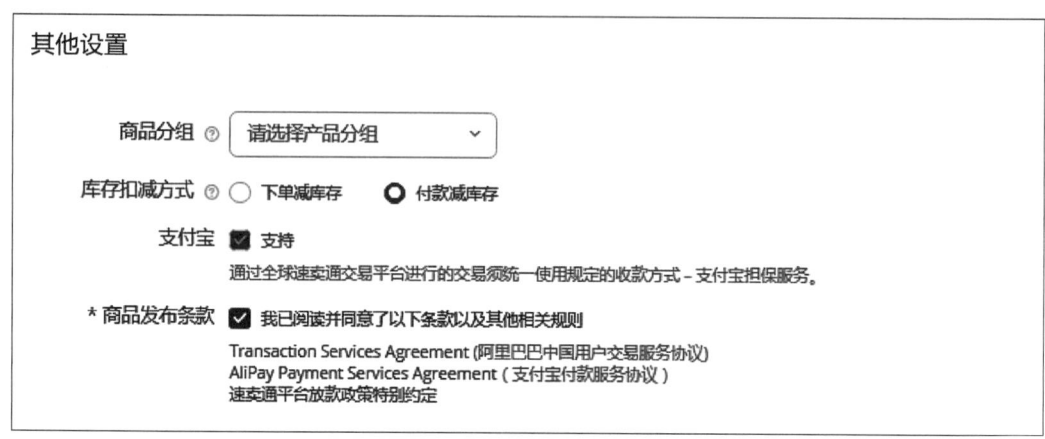

图5-31　全球速卖通其他设置

1. 商品分组

在全球速卖通上传产品时,选择商品分组是一个重要的步骤,它有助于提升商品的曝光率和便于买家查找。为了让买家能够更清晰地了解店铺中的产品种类,在设置分组时,应该从买家的角度出发,确保分组名称直观、易于理解。在选择产品分组时需要提前设置好商品分组,然后再选择准确的商品分组即可。

2. 库存扣减方式

库存扣减方式有两种——① 下单减库存。买家拍下商品后即锁定库存,付款成功后进行库存的实际扣减,如超时未付款则释放锁定库存。该方式可避免超卖(当商品库存接近0时,如多个买家同时付款,可能会出现"超卖缺货"的情况发生),但是存在被恶拍(即恶意将商品库存全部拍完)的风险。② 付款减库存。买家拍下商品且发起付款时锁定库存,付款成功后进行库存的实际扣减。如超时未付款释放锁定库存,该方式可较大概率避免商品被恶拍,该方式可避免超卖发生。

3. 支付宝

全球速卖通卖家在上传产品时,需要根据自己的业务需求和平台要求,选择合适的币种并进行相应的支付宝账户设置和认证。这包括人民币或美金的币种选择、企业支付宝账户的创建和认证以及可能的国际支付宝账户设置,以确保顺利接收款项。

4. 商品发布条款

商品发布前,卖家需要阅读并同意平台相关条款,包括《阿里巴巴中国用户交易服务协议》《支付宝付款服务协议》以及《速卖通平台放款政策特别约定》等。

所有信息设置完成之后,卖家就可以提交发布,产品发布后平台会进行审核,一般会在72小时内完成审核。这一时间范围适用于大多数情况,但如果遇到周末、节假日等特殊情况,审核时间可能会有所延长。特殊产品的审核时间可能会超过72小时,如假发行业的产品。如果不是此类产品,审核时间通常不会超过72小时。如果产品信息不能及时补充完整,卖家可以选择"保存"选项,将产品信息存为草稿,供后续补充编辑。

技能与素养提升

一、定价：从成本核算到价值感知的跃迁

1. 动态成本模型构建

跨境电商定价已脱离"成本加成"的单一逻辑,需建立包含显性成本(采购、物流、关税)与隐性成本(平台佣金、汇率波动、售后损耗)的动态模型。以墨西哥市场为例,商家通过DDP(完税交付)协议将关税成本分摊至头程物流,结合海外仓周转率优化,实现单件商品物流成本下降40%。而汇率波动对冲工具(如远期锁汇)的应用,可将年利润率波动控制在±2%以内。

2. 数据驱动的弹性定价

头部卖家借助ERP系统实时抓取竞品价格、库存数据与消费者行为；

竞品监控：通过Keepa、Jungle Scout等工具追踪同类商品价格带,自动生成"价格安全区间"(如亚马逊美国站3C类目价格容差为±8%)；

需求预测：利用AI模型分析历史销售数据,在旺季前3周上调应季品价格(如泳装类目溢价幅度达15%~20%)；

分层定价：针对新客推出"首单折扣价",对复购客户实施"会员阶梯价",转化率提升可达30%。

二、刊登：从信息传递到流量捕获的升级

1. 本地化内容重构

跨文化语境下的商品信息传递需要深度适配：

语言精准度：西班牙语区需区分"西班牙式"与"拉美式"用语(如"手机壳"在墨西哥称"funda",在阿根廷则为"carcasa")；

合规标注：欧盟CE认证、美国FCC标识必须置于详情页首屏,避免因信息缺失导致下架。

2. SEO与算法适配

主流平台流量分配规则倒逼刊登优化技术升级：

标题关键词：亚马逊平台标题前50字符需包含核心词(如"Wireless Earbuds")、使用场景词(如"for Running")及差异化属性(如"50H Playtime")；

图片标签优化：TikTok Shop商品图添加TikTokMadeMeBuyIt标签,视频转化率提升2.3倍；

A/B测试机制：对同一SKU制作5组不同主图文案,通过平台广告系统测试点击率,优选方案可使转化率差异达18%。

3. 风险防控体系搭建

刊登环节的合规失误可能引发重大损失：

知识产权筛查：使用 Brand Registry 数据库核查商品关键词，避免"AirPods"等商标词触发侵权投诉。

材质真实性验证：服饰类目需提供第三方检测报告（如 OEKO-TEX 认证），否则可能面临欧洲 EPR 法规处罚；

广告禁用词过滤：自动拦截"100％ effective""best price"等绝对化用语，降低美国 FTC 调查风险。

思考：如何通过数据洞察、本地化适配、合规管理实现精细化运营。

项目训练

1. 单选题

（1）关于在全球速卖通平台上传产品，以下说法错误的是（　　　）。

A. 错误的类目选择会受到平台处罚

B. 错误的类目选择会影响曝光

C. 必须选择类目之后才能进入产品发布页

D. 类目在产品排序中不重要

（2）跨境电商运营成本分析时会重点考虑的因素是（　　　）。

A. 市场均价，运输方式，平台佣金，目的国政策，产品成本

B. 市场均价，运输方式，平台佣金，VAT 政策，产品成本

C. 市场均价，运输方式，平台佣金，营销推广费用，产品成本

D. 市场均价，运输方式，平台佣金，汇率，产品成本

（3）能让买家全方面了解商品并形成下单意向的重要因素是（　　　）。

A. 产品标题　　　　B. 产品详情描述　　C. 产品图片　　　　D. 产品属性列表

2. 多选题

（1）一个完整的标题应包含的内容有（　　　　）。

A. 企业联系方式　　B. 服务　　　　C. 产品名称　　　　D. 产品材质

（2）买家的评价对于跨境电商平台卖家而言非常重要，预防买家中差评的措施包括（　　　　）。

A. 对发货的产品严控质量关

B. 提前告知关于色差的相关问题，或尽量使用实物图展示

C. 给客户提供良好的售后跟进服务

D. 交易前查看买家信誉度，分析买家类型，区别对待

（3）全球速卖通平台规定的服饰行业标准中，在"Men's Clothing"的类目里，有关羊毛羊绒针织品标题关键字使用的规范，正确的是（　　　　）。

A. 包含关键字"纯、全羊绒"：必须满足羊绒成分含量 95％ 及以上，差值部分材质必须是羊毛

B. 包含关键字"纯/全羊毛"：必须满足羊毛成分含量达到 95% 以上

C. 包含关键字"羊绒"针织品：必须满足羊绒成分含量 30% 以上（含）

D. 包含关键字"羊毛"针织品：必须满足羊毛成分含量 30% 以上（含）

E. 羊绒或羊毛成分含量 30% 以下（不含）的针织品，只能使用关键词"针织衫"或"毛衣"，不得使用羊绒或羊毛作为关键词

3. 任务实训

（1）假设从 1688 平台采购一批裤子，数量 50 条，成本是 200 元人民币每件，包装重量为 600 克（每件的包装重量为 10 克），国内快递费或运输成本为 8 元人民币，银行美元买入价按 1 美元＝7.2 元人民币计算，平台产品佣金率为 8%，预计花 5% 为产品做站内引流。请计算出产品上架价格。（利润率为 40%）

（2）从 1688 平台中选一款家居用品，制作标题，并且指出哪些属于核心词，哪些是属性词，哪些属于流量词，哪些属于长尾词。

（3）选择一类产品，熟悉产品，设计一份详情页文字描述，要求提炼产品卖点，并且图文并茂展示商品特点和卖点。

（4）请同学各自在 1688 平台中选一款家居用品，然后在跨境电商软件中完成产品刊登的整个流程。要求：按照全球速卖通平台规则，正确填写产品信息，并进行发布。

跨境电商店铺优化与营销推广

 **项目导图**

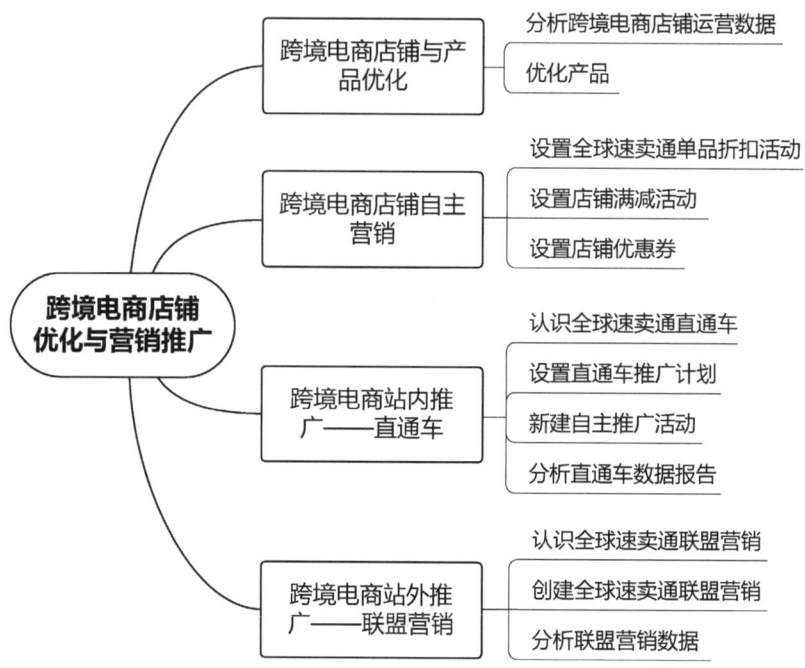

 **学习目标**

1. 知识目标

（1）熟悉跨境电商各项数据分析指标含义。

（2）熟悉跨境电商店铺数据分析内容。

（3）掌握跨境电商店铺与产品标题优化、主图优化、详情页优化内容。

（4）熟悉跨境电商站内外推广的一般手段。

2. 能力目标

（1）能够对店铺数据进行分析找出运营出现的问题。

（2）能够根据数据分析结果明确优化方向。

（3）能够对产品标题、图片、详情页进行优化。

（4）能够掌握不同推广方式的技巧。

（5）能够根据店铺流量表现情况制定推广方案。

3. 素养目标

（1）培养良好的统筹规划能力、逻辑思维能力、数据分析能力、沟通能力、执行力。

（2）培养合作共赢、与时俱进的营销理念。

（3）培养应变能力和承压能力。

📊 项目背景

随着全球互联网普及与国际贸易环境的变化，跨境电商市场规模持续扩大。这为中小企业打开了直接触达全球消费者的窗口，但同时也带来了品牌竞争加剧、文化差异、物流复杂等挑战，跨境电商市场已成为各大企业发展的必争之地。在这个竞争日益激烈的市场中，如何进行有效的产品优化和营销推广成为每个跨境电商企业都需要面对的难题。那么，跨境电商的优化措施有哪些呢？营销推广方式又有哪些呢？这就需要跨境电商运营人员掌握一定的平台店铺运营知识，能够对产品进行优化和制定营销推广方案。

🎧 情境导入

在跨境电商领域，随着市场的日益饱和和竞争的加剧，卖家们普遍面临着一个共同的挑战：流量稀缺，转化率低。为了在这个"内卷"严重的环境中脱颖而出，许多卖家不惜投入大量资金和资源，尝试各种站内和站外推广手段，但往往因为缺乏成熟的运营策略，导致投入与回报不成正比。针对这一困境，安徽名尚国际贸易有限公司需要重新审视并优化产品推广的策略。小王作为跨境电商推广员，首先要认识到广告虽然能够引入流量，但产品本身的质量才是吸引和留住消费者的关键。因此，在优化 Listing（商品页面）时，卖家应确保关键词、产品主图、产品卖点等信息的高度一致性，以便提高关键词的转化率。同时，在广告运行过程中，灵活调整关键词的匹配形式，也是提升转化率的有效手段。如果你是小王，在接下来应该如何优化产品和进行推广呢？

任务 一　跨境电商店铺与产品优化

一、分析跨境电商店铺运营数据

在跨境电商平台运营中，数据分析是一项重要的环节，分析店铺数据可以帮助卖家更好地优化店铺和产品，实现流量效益最大化。

（一）反映跨境电商店铺运营情况的相关数据指标

跨境电商专员要对店铺和产品进行优化，必须关注一些反映其店铺运营情况的关键指标。

1. 商品交易总额（GMV）

GMV 为 Gross Merchandise Volume 的简称，是衡量卖家业绩的重要指标之一，也是评估卖家店铺运营成果的主要依据。它代表了卖家在一段时间内的总销售收入，是一段时间内所有销售订单的金额总和。GMV 的计算公式为：

$$GMV = 销售额 + 取消订单金额 + 拒收订单金额 + 退货订单金额$$

GMV 由四个部分组成：销售额、取消订单金额、拒收订单金额和退货订单金额。

（1）销售额，是指已经确认收货并生成有效订单的金额。销售额是最能直接反映电商平台经营状况的指标之一。

（2）取消订单金额，是指用户在提交订单之后，由于各种原因取消订单并退款的金额。这个数据可以反映用户的购买决策速度和购物体验，对于平台来说，需要做好售后服务，减少用户取消订单的意愿。

（3）拒收订单金额，是指用户在收到货物之后，因为各种原因拒绝收货并退回的金额。这个数据可以反映用户的购物态度和产品质量，对于平台来说，需要加强产品质量和物流服务。

（4）退货订单金额，是指用户在收到货物之后，发现产品有问题或者不满意需要退货退款的金额。这个数据可以反映平台的售后服务质量，对于平台来说，需要提供优质的售后服务，提高用户满意度。

关注销售额可以评估业务增长和盈利能力，实现持续的销售增长和业务成功。要增加销售额，可以采取以下策略：提供优质产品和服务、提升品牌知名度、优化网站和购物体验、个性化营销、拓展销售渠道、建立良好的客户关系。

小 思 考

影响 GMV 的因素有哪些？提升 GMV 的策略有哪些？

2. 客单价

客单价是指每位顾客在平台上平均购买商品的金额。这个指标反映了店铺或市场的顾客购买水平，是衡量顾客购买力的重要指标。客单价的高低直接关系商家的利润。较高的客单价通常意味着较高的利润。因此，提高客单价是商家追求的重要目标。

如何提高客单价是商家所要考虑的问题之一。商家可以通过以下策略提高客单价。

（1）优化产品定价策略：商家需要综合考虑产品成本、市场需求、竞争状况等因素，制定合适的价格。打折促销、捆绑销售等策略可刺激顾客购买并提高客单价。

（2）提升产品品质：优质的产品能够赢得顾客的信任和口碑，从而提升顾客的购买意愿和忠诚度。商家应注重产品质量控制，确保产品符合顾客期望。

（3）精准定位目标客户：了解目标客户的需求和偏好是提升客单价的重要前提。商家应通过市场调研、数据分析等方式，了解目标客户的购买习惯、消费心理等信息，制定更有针对性的营销策略。

（4）提供优质服务：优质的客户服务能够提升顾客的购物体验，增强顾客忠诚度和满意度。商家应通过快速响应、专业解答、售后服务等方式，提升顾客对店铺的信任和好感度。

（5）运用营销策略：商家可通过满减活动、限时折扣、会员专享等方式刺激顾客购买并提高客单价。交叉销售和追加销售等策略则有助于向顾客推荐更多相关产品，从而提升订单金额。

3. 转化率

转化率是衡量网站或营销活动是否成功的指标，转化率的计算公式是（实际购买者数量/访问者数量）×100％，即访客转化为实际购买者的比例。高转化率意味着卖家吸引了更多真正有购买意向的潜在客户。一般跨境电商转化率应该在访问量的3％到4％。

提高转化率的策略包括优化用户体验、突出独特卖点、个性化营销、清晰的呼吁行动和建立客户信任。通过分析数据并优化策略，可以提高转化率和增加销售收入。

4. 点击率

点击率是指页面上某一内容被点击的次数与被显示的次数之比，反映内容受关注程度，常用来衡量推广图片或产品主图的效果。

5. 退换货率

退换货率是指退货和换货的订单数量占总订单数量的比例。高退换货率可能意味着商品质量或描述存在问题，需要卖家优化商品和服务。要控制退换货率，提供准确的产品描述和图片，提供良好的售后服务，关注产品质量控制，定期分析退货率数据并采取改进措施。

6. 好评率

好评率是指受到好评的订单数量占总订单数量的比例。产品的好评率直接影响店铺的转化率和销售额，进而影响店铺和产品的搜索排名。消费者购买产品的时候，最看重的是产品的性价比，如果收到的产品超出自己的预期，那么给好评也会更加容易。好评率过低的店铺产品还会被限制参加平台营销活动。因此商家一定要提升好评率，遇到问题需要客服耐心与客户沟通，了解客户需求。

7. 浏览量（PV）和访客数（UV）

浏览量是指店铺产品页面被浏览的总次数，访客每打开一个产品页面就被记录1次，用户多次打开同一页面，记录就会被累计。访客数是指一天内产品页面的总访问人数，一天内同一访客多次访问只算作1个访客。产品页面浏览量和访客数高就意味着店铺的曝光度和流量高，要想提高访客数，可以去优化商品标题和描述、提供高质量的产品图片和视频、优化店铺首页和产品页面，店铺可以通过精美的设计和布局、清晰的分类和导航以及优质的产品展示，吸引访客的停留和浏览，提升转化率。

8. 页面停留时长

页面停留时长是指用户在店铺页面或商品详情页面停留的时长。一般来说，店铺通过口碑或市场营销来吸引潜在用户,视觉营销可能会影响访问者的二次访问概率。客户在页面停留时间长,可以解读为对该页面的内容感兴趣,其中应包含视觉的贡献。但页面停留时长并不是越长越好,正常情况页面停留时长比行业平均水平高 30%~50% 是比较理想的。

9. 跳失率

跳失率是指访问该页面/店铺/网站一个页面就离开的次数占总入店次数的比例。跳失率总是在一定时间段内才有意义,这个时间段即统计周期,故可以有日跳失率、周跳失率、月跳失率等。页面跳失率的计算公式如下:

$$页面跳失率 = 仅访问该页面人次 / 该页面的总访问人次 \times 100\%$$

举例:某店铺首页昨日总访问量是 1 000 人次,仅访问首页的是 400 人次,则昨日该店铺的首页跳失率为:

$$某店铺昨日首页跳失率 = 仅访问店铺首页的人次 / 店铺首页的总访问人次 \times 100\%$$
$$= 400/1 000 \times 100\% = 40\%$$

10. 访问深度

访问深度是指用户一次连续访问店铺的页面数。平均访问深度即用户平均每次连续访问店铺的页面数。提高店铺的访问深度可以从客户关注点出发去进行店铺优化,关联营销数量不宜过多,更多可以选择搭配关联,并且进行老顾客回访。

11. 平均点击成本

平均点击成本是指每次广告点击所需支付的费用。平均点击成本的计算公式是广告费用除以广告点击次数。降低点击成本的策略包括明确目标定位、提升广告质量、优化广告投放、选择适当的关键词,并定期监测和优化广告效果。关注点击成本有助于优化广告投资回报率。

12. 网站流量来源

网站流量来源是指用户访问网站的途径。常见的来源包括有机搜索、直接访问、引荐流量、社交媒体和广告流量。了解流量来源有助于电商卖家确定主要渠道,并进行有针对性的推广和营销策略。通过分析和优化流量数据,提高流量质量和数量,促进业务增长。

13. 复购率

复购率是指顾客再次购买的比例或频率。提高复购率的策略包括提供优质产品和服务、建立顾客忠诚度计划、个性化营销和定期沟通、社交媒体和电子邮件营销,以及提供超越期望的购物体验。关注复购率可以评估顾客忠诚度和品牌认可度,实现销售增长和建立稳定的顾客基础。

14. 客户获取成本

客户获取成本是指为获得一个新客户而花费的成本,包括广告、营销和推广费用。降低客户获取成本的策略包括目标受众定位、数据驱动的营销、口碑营销、合作与联盟,以及社交媒体和内容营销。优化客户获取成本可以提高营销效果和投资回报率。

15. 毛利润

毛利润是指电商企业在扣除所有成本(如采购成本、运营费用和税费)后所获得的剩余金额。利润是衡量企业经营绩效和盈利能力的关键指标。通过有效管理成本、提高销售收入和优化利润率,可以实现持续的盈利和业务增长。要增加利润,可以采取以下策略:优化采购成本和供应链,寻找更具竞争力的供应商;提高销售价格和平均订单价值,提高销售收入;控制运营费用和成本,降低经营成本;优化库存管理,减少滞销和过期库存。

16. 毛利润率

毛利润率是指电商企业在销售收入中所获得的利润的百分比,是衡量企业盈利能力的关键指标之一。

要提高利润率,可以采取以下策略:优化采购成本,与供应商谈判获取更好的价格和优惠;控制运营费用,寻找节省成本的方式,如降低物流费用和减少不必要的开支;提高销售价格,但要确保与市场竞争力相符;优化库存管理,减少滞销和过期商品。

 小 思 考

除了以上提高利润率的方法,你还能想到哪些方法提高利润率?

(二) 跨境电商数据板块介绍(以全球速卖通平台为例)

1. 实时播报

全球速卖通的实时播报,可在 24 小时内实时更新数据,包括曝光、浏览、访客、产品访客行为等数据,主要的价值在于选择 P4P 推广的时候帮助卖家控制推广成本,监控店铺和平台活动推广的效果,第一时间知道产品的推广情况、客户对于爆款产品的点击量,实时播报是成本控制最基础的监测工具。实时播报包括实时概况、实时核心指标、实时商品排行、实时国家 & 地区排行,分别如图 6-1、图 6-2、图 6-3、图 6-4 所示。

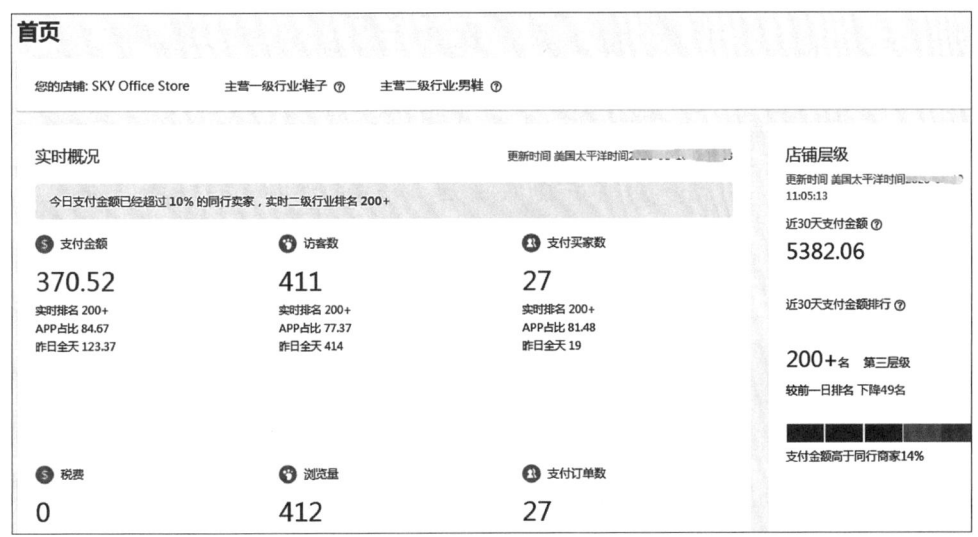

图 6-1　实时播报—实时概况

图 6-2　实时播报—实时核心指标

商品名称	支付金额 ⇕	支付转化率	访客数 ⇕	商品加购人数	下单订单数	操作
ID:1012 Men's Steel Toe Work Safety Shoes Puncture Proof Protective M... US $28.26 ~ US $28.26	84.78	7.89%	38	3	4	查看详情
ID:961 MIXIDELAI Brand Men Suede Working Fur Warm Ankle Boots Le... US $19.29 ~ US $19.29	77.16	16.67%	24	1	4	查看详情

实时商品排行　实时国家&地区排行

① 注意：实时商品排行默认仅展示当天按照选定指标排序的Top50商品，可点击表格表头切换排序指标(默认为支付金额)

全部

〉展开 指标选择　　　　　　　　　　　　　　　　　　　　查看更多商品排行　⤓下载

图 6-3　实时播报—实时商品排行

实时商品排行　实时国家&地区排行

全部　　　所有平台

〉展开 指标选择　　　　　　　　　　　　　　　　　　　　　　　　　　⤓下载

国家&地区	支付金额 ⇕	支付转化率	访客数 ⇕	商品加购人数	下单订单数	操作
巴西	99.24	12.5%	64	2	10	
俄罗斯	94.84	7.14%	56	6	4	
美国	73.76	6.06%	66	10	4	
西班牙	65.78	5.45%	55	10	4	
法国	36.9	6.25%	64	7	4	

总计：5　　10条/页 ∨　　〈上一页　1　下一页〉

图 6-4　实时播报—实时国家和地区排行

实时播报的主要作用是：

① 及时了解店铺流量变化、判断商品信息优化、营销活动等调整带来的直接效果。

② 在流量集中的时段调整客服工作时间及直通车投放时间。

③ 可以选择实时商品：

按支付金额的大小进行排序——支付金额多，可能是店铺热销品；

按浏览量—访客数的多少进行排序——浏览量，访客数多，可能是潜在爆品。

按下单订单数的多少进行排序——下单订单数多，可能是潜在爆品。

按加购物车人数的多少进行排序——加购物车的人数多，可能是潜在爆品。

卖家可以根据每日实时播报数据进行当日店铺诊断，及时发现店铺数据异常并及时调整。

小·思·考

根据实时播报数据进行当日店铺诊断，应该根据哪些数据去选择要优化和推广的商品？

2. 成交分析

对于卖家而言，最重要的是要看到成交。如果以成交结果为导向，首先要知道成交结果的表现形式，如果中间出现波动，就要分析波动的原因，并且定位到波动发生的具体维度，是每个国家、行业还是具体到商品，从而分析相关店铺的运营并及时进行调整。成交分析包括店铺排名、店铺成交分析、成交分布以及核心指标。

（1）店铺排名。数据展示店铺的排名可以清楚地知道目前所处的行业位置，不同的行业位置具有不同的波动特征，需要关注的点也不同。按照近 30 天支付金额（美元）可以把分属于不同的层级的卖家划分为：

0～1 000：新卖家

1 000～5 000：中小卖家

新卖家和中小卖家刚开店不久，产品数量较少，应重点关注热销品的打造方面。

5 000～50 000：腰部卖家

50 000 以上：头部卖家

腰部卖家和头部卖家在维护好已有热销品的前提下，要加快速度打造新的市场热销品，以防止店铺已有热销品逐步进入衰退期后，没有新的产品为自己店铺的交易额提供稳步的支撑，如图 6-5 所示。

（2）店铺成交分析。支付金额＝访客数×支付转化率×客单价，如图 6-6 所示。

访客数、支付转化率、客单价三个指标任何一个有变动都会影响支付金额，生意参谋分别给卖家提示了各个参数变动情况，卖家只需要点击详情就可以查看明细。

可以针对相应数据波动具体地去做好优化。

（3）成交分布。

成交分布主要分为国家/地区、平台、行业、商品、价格带、新老买家、90 天支付次数这 7 个维度，如图 6-7、核心指标如图 6-8 所示。

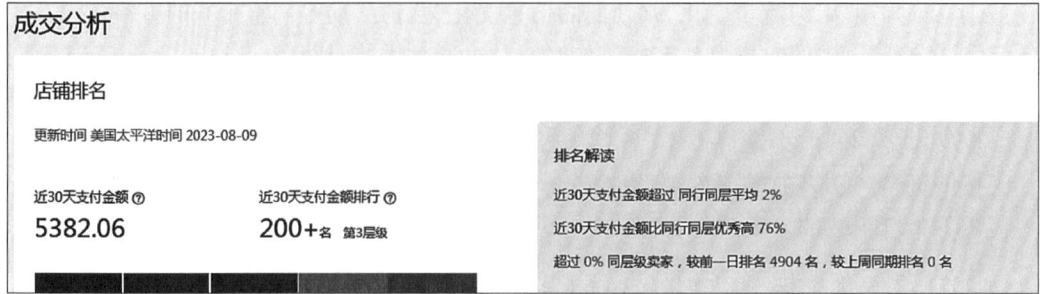

图 6-5   成交分析

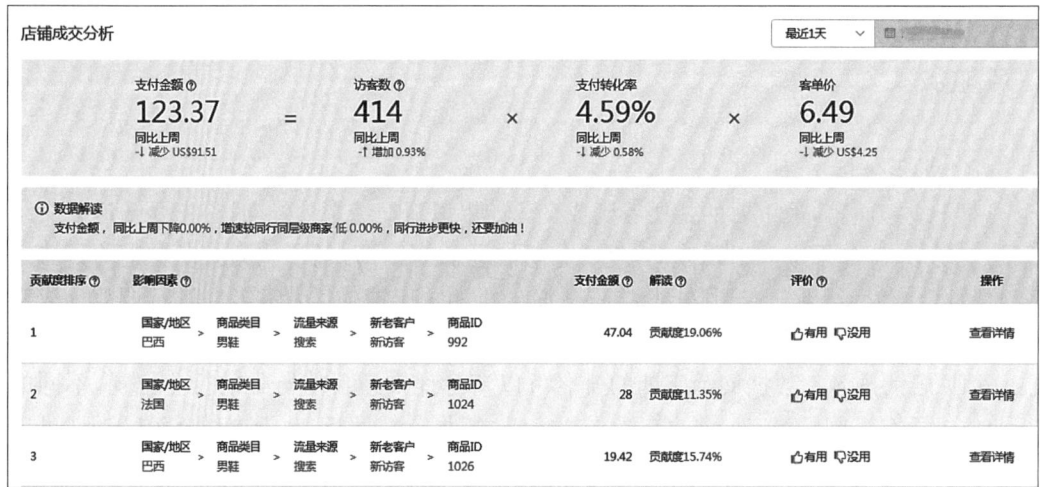

图 6-6   店铺成交分析

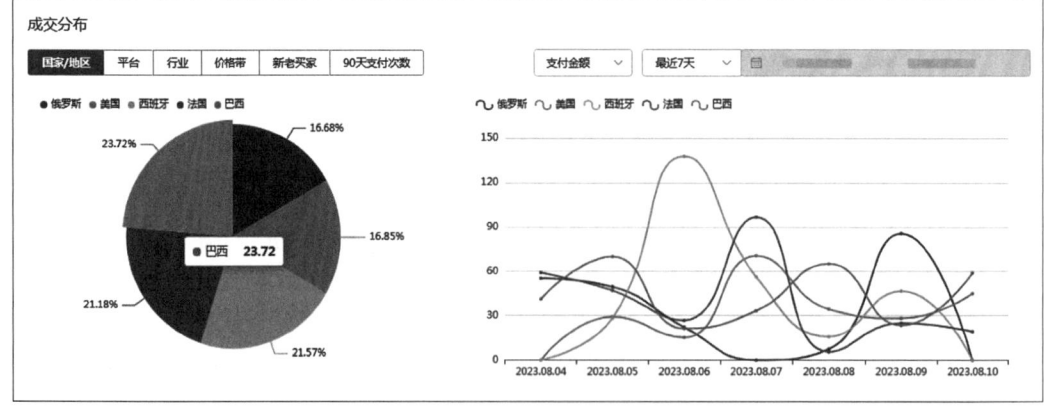

图 6-7   成交分布—国家/地区

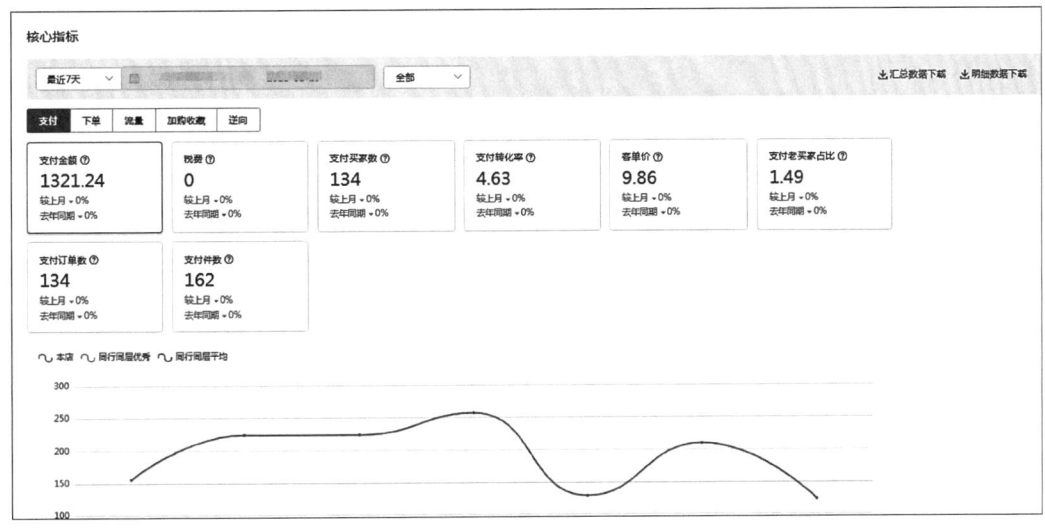

图 6-8 核心指标

3. 流量

流量看板主要是向卖家展示店铺内 APP 端和 PC 端的流量来源及分布情况,目前开放给卖家的渠道一共有 12 个:导购频道、商品页面、搜索、速卖通首页、买家后台、其他、购物车、店铺页面、收藏夹、自主访问、站外流量、会场内容。

通过商铺流量来源,可以查看店铺内流量的构成,以及每个渠道流量占比及走势,可以了解店铺流量来源以及如何优化提升店铺流量。流量概况包含核心指标、流量分布、流量来源、商品来源及访问列表等。

(1) 核心指标,如图 6-9 所示。

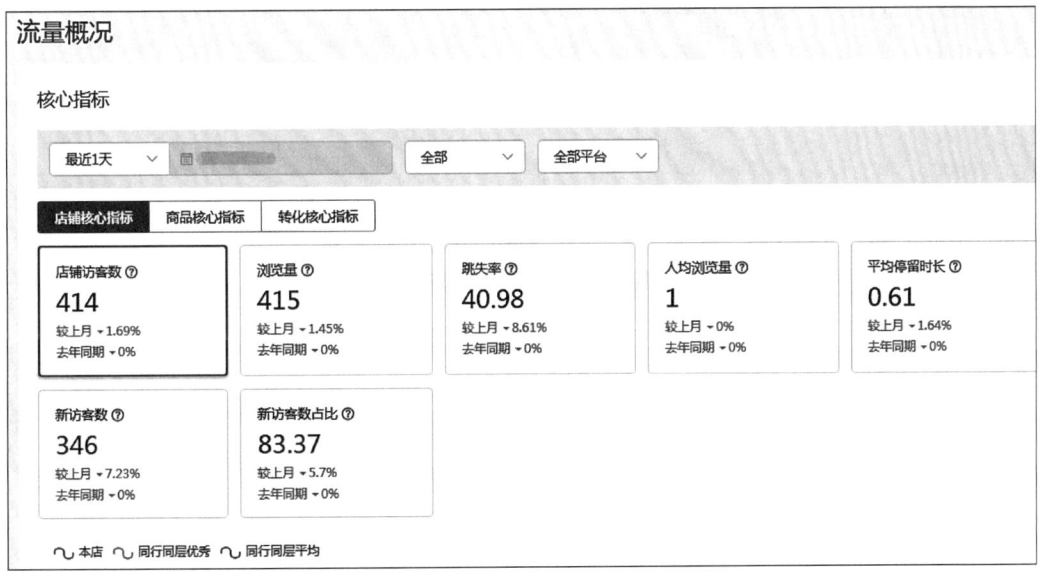

图 6-9 核心指标

（2）流量分布，如图 6‑10 所示。

流量分布

国家/地区	访客数⑦	访客数占比	支付转化率	客单价	操作
俄罗斯	80	0.67	2.5	0	趋势
美国	93	0.78	7.53	6.44	趋势
西班牙	85	0.71	1.18	0	趋势
法国	78	0.65	2.56	9.69	趋势
巴西	78	0.65	8.97	8.41	趋势

图 6‑10　流量分布—国家/地区

（3）流量来源，如图 6‑11、图 6‑12、图 6‑13 所示。

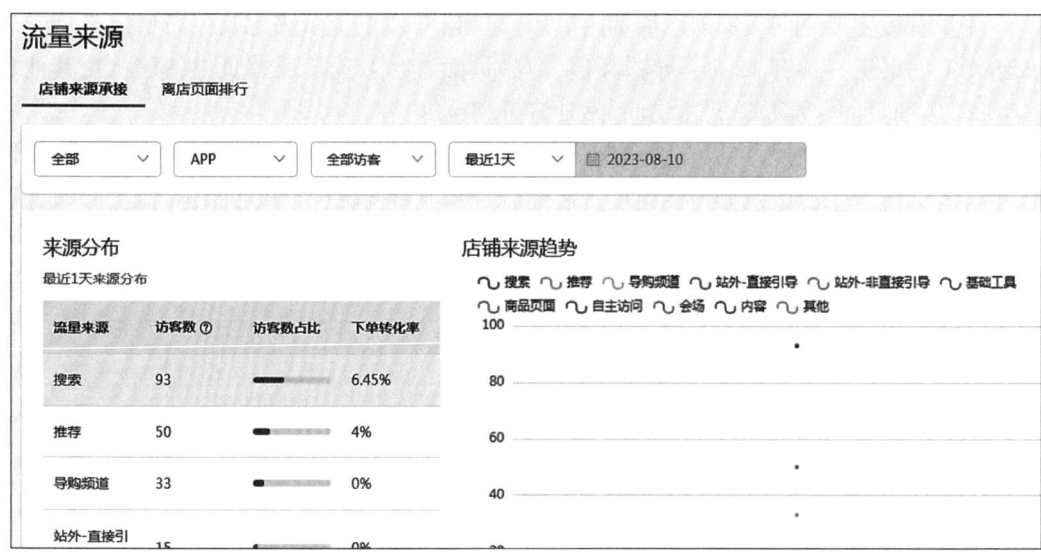

图 6‑11　流量来源—来源分布

（4）商品来源，如图 6‑14 所示，商品访问列表，如图 6‑15 所示。

4. 品类

品类包含商品排行榜、单品分析等内容。

（1）商品排行榜，如图 6‑16 所示。

（2）单品分析，如图 6‑17 所示。

在商品搜索文本框中输入商品 ID，点击"搜索"按钮即可查看单个商品的经营数据，如搜索曝光量、平均停留时长、下单订单数、支付金额等。

来源明细

ⓘ 转化效果（下单、支付、加购收藏等）归属于第一个进店渠道。如A当天通过5个渠道进店并产生一次成交，则成交金额只归入第一次进店渠道，另外4个渠道不作统计。点击此处查看来源详情

> 展开 指标选择　　　　　　　　　　　　　　　　　　　　　　　　⬇ 汇总数据下载　　⬇ 明细数据下载

来源	访客数 ⑦ ⇅	访客数占比 ⑦	下单买家数 ⑦	下单转化率 ⑦	跳失率 ⑦	操作
搜索	93	39.91%	6	6.45%	40.91%	趋势
推荐	50	21.46%	2	4%	47.06%	趋势
导购频道	33	14.16%	0	0%	34.78%	趋势
站外-直接引导	15	6.44%	0	0%	9.09%	趋势
站外-非直接引导	19	8.15%	1	5.26%	53.33%	趋势
基础工具	14	6.01%	0	0%	41.67%	趋势

图 6‑12　流量来源—来源明细

入店页面排行

> 展开 指标选择　　　　　　　　　　　　　　　　　　　　　　　　⬇ 汇总数据下载　　⬇ 明细数据下载

页面名称	访客数 ⑦ ⇅	访客数占比 ⑦	下单买家数 ⑦	下单转化率 ⑦	跳失率 ⑦	操作
店铺首页	0	0%	0	0%	0%	趋势
商品详情页	190	81.55%	9	4.74%	38.89%	趋势
其他	43	18.45%	0	0%	46.51%	趋势

图 6‑13　流量来源—入店页面排行

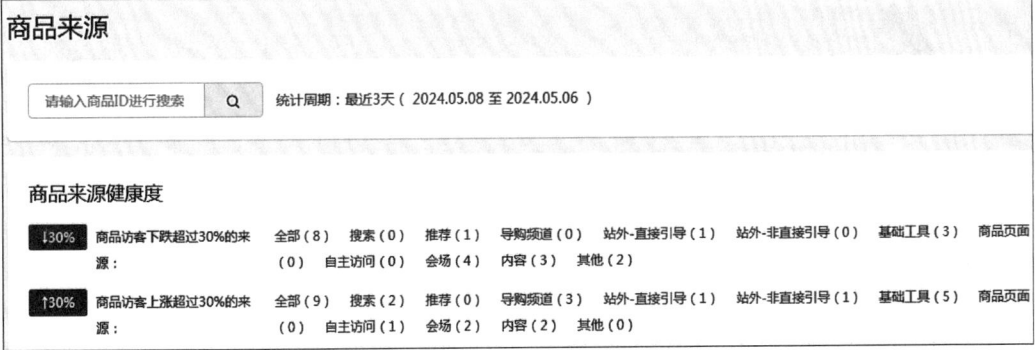

图 6‑14　商品来源

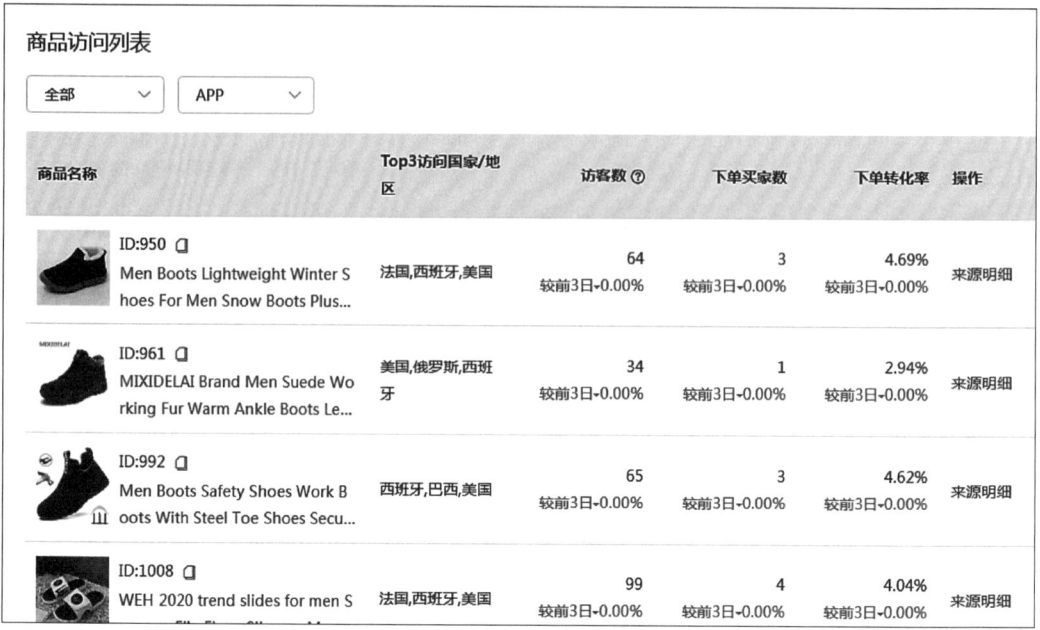

图 6‑15 商品访问列表

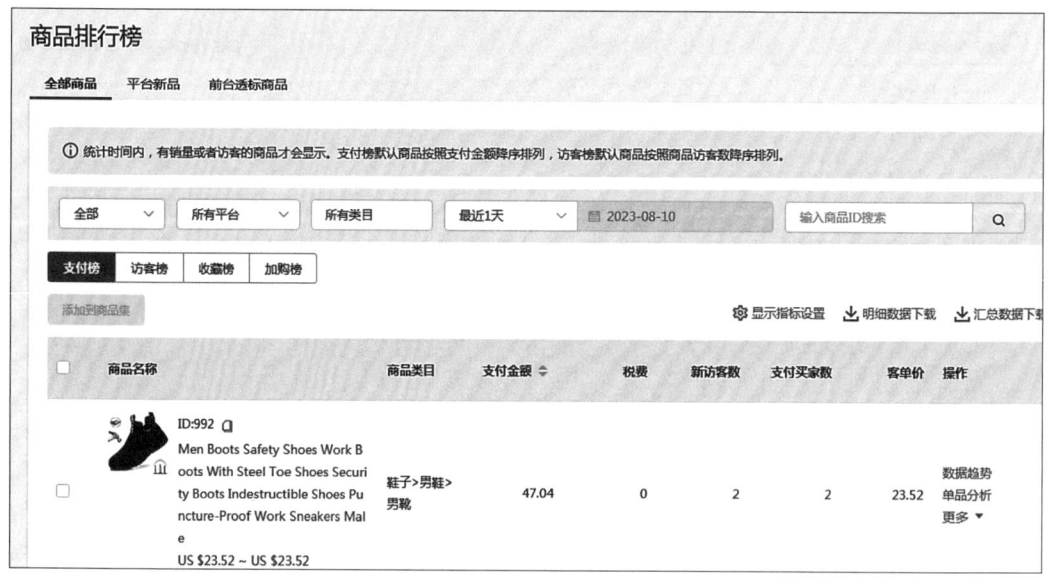

图 6‑16 商品排行榜

二、优化产品

在跨境电商平台中,人、货、场是所有交易的关键。卖家可以围绕这三个维度展开优化,优化指标有很多,要结合具体的数据分析有针对性地优化。

支付金额=访客数×支付转化率×客单价。

图 6-17　单品分析

访客数和支付转化率直接影响店铺销售额,卖家需要优化以提升这两个核心指标数据。提高客单价主要通过产品关联模块、套餐组合以及搭配套餐来实现。不管是哪个指标,产品质量都是处于第一位的,产品上架质量优化可以从以下几个方面进行。

(一) 标题优化

如果产品上架一段时间后流量介入比较少,商家就需要去对标题进行优化,具体优化路径为:

替换没有曝光和流量的词,选择与商品相关、搜索量大、竞争程度适中的关键词。

核心关键词应与商品紧密相关,同时考虑属性卖点词和营销词,以增加商品的吸引力,避免关键词堆砌,保持标题的可读性。

在标题中突出商品的核心卖点,如突出产品的创新设计、高品质材料、功能特点等。这些卖点能够吸引目标受众的注意力并促使他们点击商品。

合理促销词有利于转化,但要特别注意词的使用数量。前 45 个字符内最好不要使用促销词,可以把它放在最后面。

(二) 主图优化

1. 主图

清晰展示:主图需要清晰地展示产品的形状、颜色、材质和功能,让顾客一眼就能了解产品。

卖点凸显:强调产品的独特卖点,突出产品的特色和优势,让顾客能够在瞬间明白为什么选择该产品。

变体选择:如果产品有多个变体,选择最具代表性或最受欢迎的一个进行展示,避免转移顾客注意点。

2. 辅图

一个产品的辅图有 6 张,极致优化这 6 张辅图有助于消费者更好地了解产品。辅图尽量与主图风格一致,尽量体现以下几点。

功能:一次性展现产品的所有功能及属性,让消费者对产品一目了然。

特写图:是产品质量的最好展现,用一张图说明产品的质量、耐用性等特征。

细节图:放大产品中的某些细节,让客户对产品有更深层次的理解。

尺寸图或产品重量图:详细标注产品尺寸、重量等信息,方便顾客选择合适的尺码。

场景图:赋予产品某种真实情境,让客户有身临其境的感觉。所谓有图有真相,根据产品使用情境的不同,买家想看到的图片也有不同的需求。用一张生活中的情境图,呈现产品最真实的使用情况,拉近产品和买家的距离。

包装图:放上包装图片,为自己的产品增添特色。

3. 主图视频优化

主图视频通过十几秒或者几十秒的播放,介绍产品性能、使用模式,让买家在购买产品前对产品有更全面的了解,购买后也可以减少因为与期待的落差而产生差评的概率。视频类型有以下几种。

开箱展示视频:让客户可以直接通过视频直观地看到产品的外观、配件、材质。

产品使用视频:展示客户最关心的功能,国外的客户很注重实用性,特色的、核心的功能操作需要拍摄进去。

4. 属性优化

产品属性优化方法有以下两种。

(1)收集整理产品属性,全面了解全球速卖通产品属性(查找相同产品/相似产品),如实填写成分、材料、尺码、品牌、型号、产地、保修信息、适用年龄等。

(2)完整、正确地填写产品属性,填写率尽可能达到 100%。真实准确的信息有利于产品在搜索和推荐中的曝光。利用自定义属性提高填写率,如填写产品色彩、语言布局、材料等。尽量添加热搜/热销属性词。

5. 详情页优化

商品详情页描述是集中为用户"答疑解惑"的内容区域,关系店铺的权重、排名和流量。优化详情页可以提高访问深度,提高转化率,提高客单价。判定详情页是否需要优化,主要看两个指标——平均停留时间和支付转化率,如果这两个指标数值不大,就表示详情页需要优化,具体优化方向如下。

了解目标受众:在设计产品详情页之前,首先要了解目标受众的需求和喜好。通过市场调研和用户画像分析,可以更好地把握受众心理,为详情页设计提供方向。

精简明了:产品详情页要简洁明了,突出核心卖点。避免过多的文字描述,尽量使用图片和视频来展示产品特点。同时,要注意字体大小、颜色等视觉元素,确保消费者在短时间内快速了解产品。

突出品质:产品详情页要重点突出品质优势,强调产品性能、材质、工艺等方面的特点.可以通过展示权威认证、客户评价等方式来增强消费者信任度。

多角度展示：为了让消费者更全面地了解产品，详情页应从多个角度展示产品图片，包括正面、反面、侧面等多个角度。同时，可以加入场景化图片，展示产品在实际使用中的效果。

描述详尽：从多个维度提供信息，丰富整个商品详情页的内容，内容要尽可能详尽。包括产品尺寸、重量、使用方法、保修期限等信息都应清晰明了。店铺商品详情页图片数量最好是 12 张。排位前三的图片应该放一些直观、清晰的商品图片，引起买家的购买欲；第四、五张图片可以用展示商品实用性的功能图片，扩大买家购物的维度；第六、七张可以用 SKU 的商品补充方便买家选取；第八、九张，可以多展示一下商品细节，让买家更深入了解细节；借助第十张的差异增强卖家自身的商品优势；第十一、十二张的实物图可提高商品的可信度，减少交易纠纷的产生。

引导购买：在详情页的底部，可以加入引导购买环节，推荐相关产品或搭配套餐，提高客单价。同时，可以设置促销活动、优惠券等营销手段，激发消费者购买欲望。

提供丰富优质的用户评价：建立信任，增加说服力。人们更倾向于信任同伴而非广告主或营销者（卖方）。数据表明，当顾客在决定是否要购买一款产品时，93% 的人都倾向于参考其他顾客生成的内容，好的评论可提高 18% 的销量。

提高响应速度：产品详情页的加载速度对于用户体验至关重要。要优化网页结构，减少加载时间，提高响应速度。此外，针对移动端设备，要进行适配优化，确保在不同屏幕尺寸和分辨率下的显示效果。

优化搜索引擎排名：通过关键词优化和搜索引擎优化（SEO）技术，可以提高产品详情页在搜索引擎中的排名，增加曝光率和点击率。这需要分析目标市场的搜索习惯和热门关键词，合理布局关键词。

定期优化与迭代：根据用户反馈和市场变化，定期优化和迭代产品详情页。

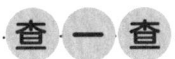

登录亚马逊官网，查找优秀的详情页，并指出优化方向。

任务 二　跨境电商店铺自主营销

一、设置全球速卖通单品折扣活动

（一）单品打折优惠介绍

单品打折优惠，常用于店铺自主营销。单品的打折信息将在搜索、详情、购物车等买家路径中展示，提高买家购买转化，快速出单。

单品折扣活动是针对店铺中的产品进行单独的折扣设置，即卖家针对店铺中的不同

店铺活动设置

产品设置不同的折扣和限购数量,适用于日常活动。其特点为:活动时长/次数无限;活动最长时限180天;活动可随时暂停;新增/退出商品,折扣实时生效;取消锁定商品编辑以及运费模板。

(二) 全球速卖通单品折扣活动设置

登录商家后台,点击"营销活动—店铺活动—单品折扣活动",如图6-18所示。

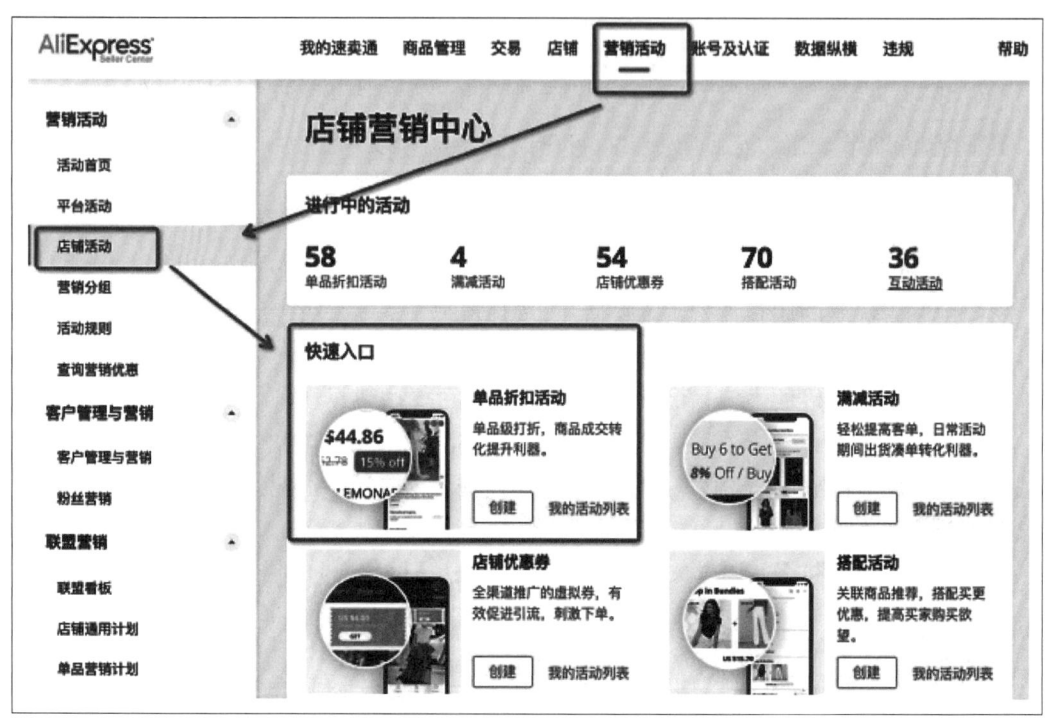

图6-18　全球速卖通单品折扣活动设置入口

1. 活动基本信息设置

(1)点击"创建活动"进入活动基本信息设置页面,如图6-19所示。

图6-19　全球速卖通单品折扣活动基本信息填写

（2）活动名称最长不超过 32 个字符，只供查看，不展示在买家端。

（3）活动起止时间为美国太平洋时间。

（4）最长支持设置 180 天的活动，且取消每月活动时长和次数的限制。

（5）活动设置的时间开始后，活动即时生效。

（6）点击"提交"后进入设置优惠信息页面。

2. 活动优惠信息设置

（1）选择商品。

同一个商品只能参与同个时间段内一场单品折扣活动，可参加同个时间段的平台活动，平台活动等级优先于单品折扣。可筛选全部已选商品和未设置优惠商品，支持商品ID 搜索。商品选择支持单个商品、根据营销分组、批量导入形式设置，如图 6-20 所示。

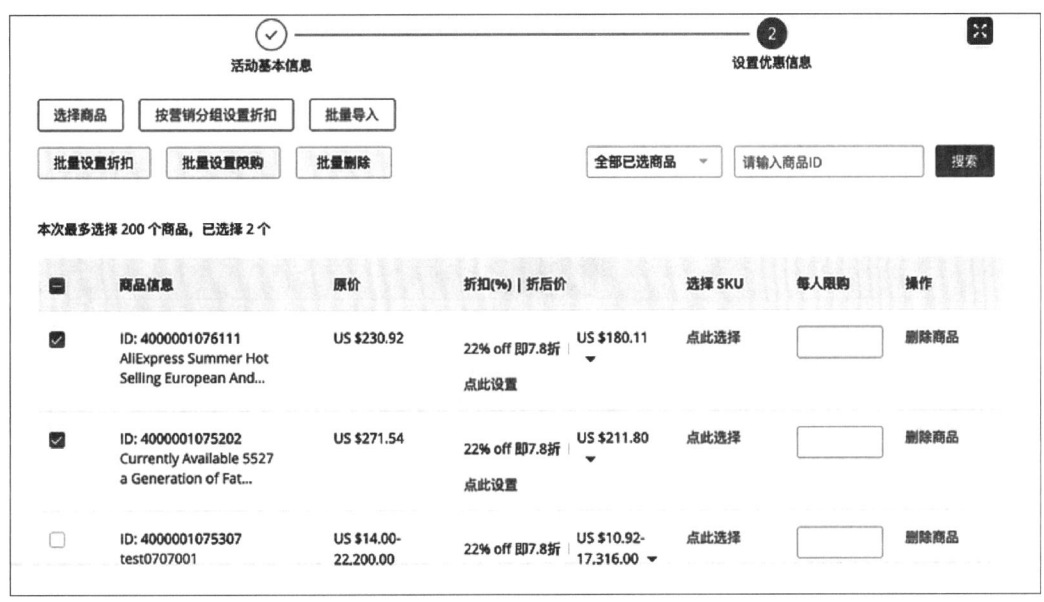

图 6-20　全球速卖通单品折扣活动优惠信息设置—选择商品

卖家在做单品折扣活动时，应该选择什么样的产品参加折扣活动？

（2）设置折扣信息，如图 6-21 所示。

① 支持单个和批量设置折扣、批量设置限购、批量删除（默认所有 SKU 都参加活动），单场活动支持最大设置 10 万个商品。

在"折扣（%）/折后价"里设置折扣，建议手机专享折扣的打折力度大于全站折扣，同时也可以设置定向人群额外折扣。最后再设置客户每人限购的数量。

② 支持按照营销分组设置折扣，分组内的商品会被导入至活动内。

平台目前支持一个商品设置在多个分组内。例如，可以设置一个"40% off"分组供日

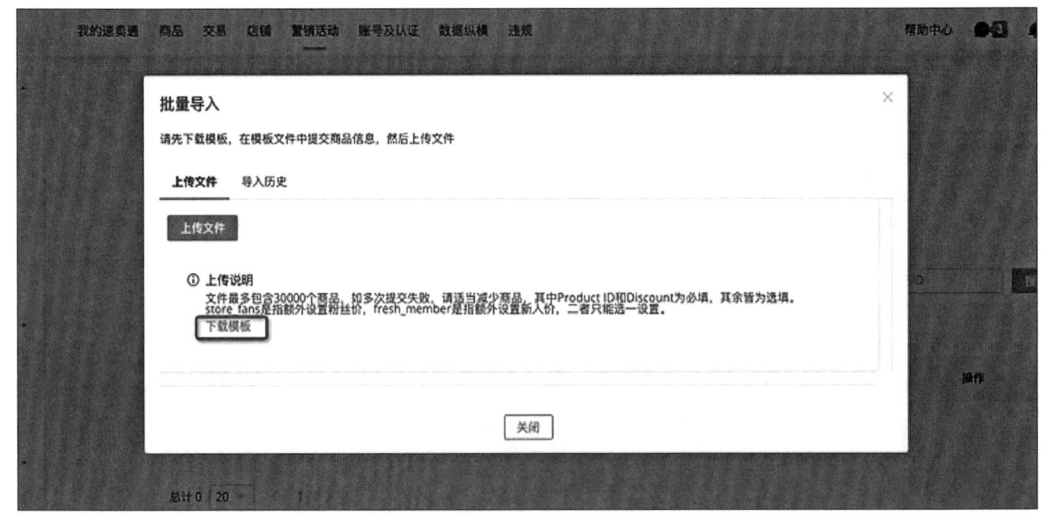

图6-21　全球速卖通单品折扣活动优惠信息设置—折扣设置

常使用,再设置一个"50% off"分组供大促使用。

要注意的是,如若同个商品在不同分组添加至同个活动时,按照后添加的分组设置的折扣生效。如只设置全站折扣,PC端和APP端均展示同一个折扣。

③ 支持通过表格形式批量导入,如图6-22所示。

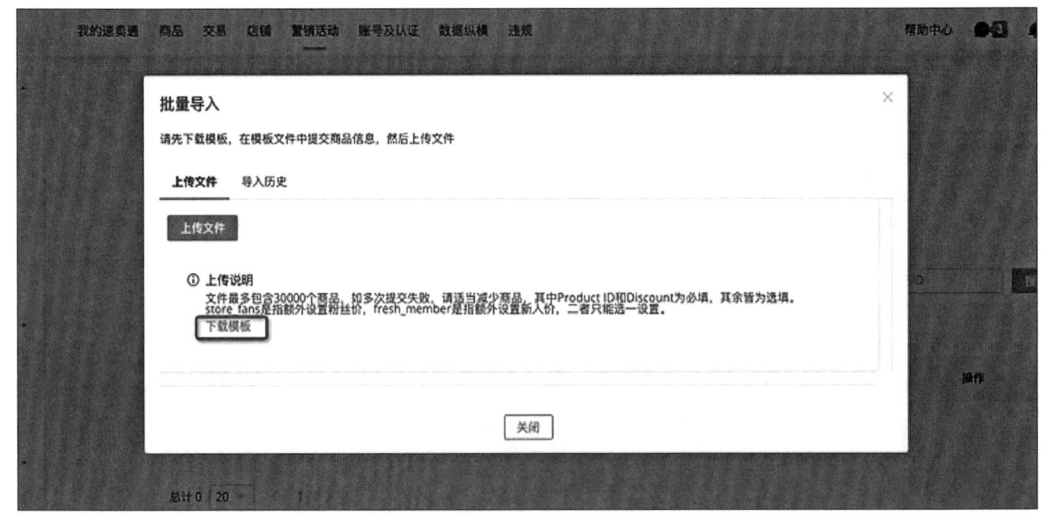

图6-22　全球速卖通单品折扣活动优惠信息设置—批量导入

下载模板后需要填写以下信息：

Product ID：必填项，可以在商品管理处获取 ID。

Product Title：非必填项，可以复制商品的标题。

Discount：必填项，填写商品折扣率。

Mobile Discount：非必填项，填写 APP 端折扣率，如不设置，默认 APP 和 PC 端折扣率一致。

Target People：非必填项，此处填写 store_fans 或者 fresh_member，store_fans 是指额外设置粉丝价，fresh_member 是指额外设置新人价，二者只能选一设置。

Extra Discount：非必填项，定向人群额外折扣，比如想要针对新人设置额外折扣 1%，那么卖家可以在此处填写 1，在第五列填写 fresh_member。

Limit Buy Per Customer：非必填项，每个买家限购数量；如希望设置每个买家限购 2 件，输入 2 即可。

提醒：文件最多包含 30 000 个商品，如多次提交失败，须适当减少商品，且注意表格不要带有空格，不要随意调整表格格式。

导入历史处可查看错误报告，如图 6-23 所示。

图 6‑23　全球速卖通单品折扣活动优惠信息设置—下载错误报告

④ 支持同一活动中不同产品个性化设置，即支持单个商品设置粉丝/新人专享价，参与某次单品折扣的所有产品，均可按产品营销的需要进行个性化设置。

⑤ 默认全部 SKU 参加活动，如图 6‑24 所示，不想参加的 SKU，则修改商品普通库存数为 0。

图 6-24　全球速卖通单品折扣活动优惠信息设置—选择参与活动的 SKU

⑥ 设置折扣分为全站折扣(必填)和手机专享折扣(选填)两种。手机专享折扣力度要超过全站折扣,填写完成后即可点击"提交"按钮。

折扣设置完成后,如果需要设置"每人限购"数量,可以填入限购的数量,如果没有限购要求则可以不填写,然后点击"保存并返回"按钮,活动便设置完成。

(三) 全球速卖通单品折扣活动注意事项

在进行促销活动时,还需要注意以下几点。

(1) 设定合理的折扣幅度:确保折扣幅度足够吸引买家,同时也要考虑自身的利润和成本,避免过度亏本。

(2) 促销期限和库存控制:设定明确的促销期限,并在促销期间控制库存。避免因库存不足或过剩导致促销效果不佳。

(3) 清晰的促销说明:在产品页面和促销活动中提供清晰明了的促销说明,包括折扣力度、促销期限等信息,以便买家了解和参与。

(4) 跟踪促销效果:密切关注促销活动期间的销售数据和买家反馈。根据数据分析促销效果,并根据市场反应进行调整和优化。

(5) 通过合理设置折扣促销、宣传活动和关注买家反馈,增加产品的销量和吸引力。同时,根据数据分析和市场反馈进行调整和优化,进一步提升促销活动的效果。

(四) 活动效果评估

在限时限量促销活动结束后,可以通过以下信息评估活动效果:销售额的增长情况;浏览量、访客数、收藏数等数据的变化;买家评价的情况,是否有更多的好评。

二、设置店铺满减活动

满减是指卖家设定满足条件的订单金额,并为满足条件的订单提供减免金额或折扣。满减活动包括满立减、满件折和满包邮三种活动类型。满立减和满件折最多可以设置三个梯度,满包邮不分梯度,可以按照购买件数和订单总金额两种形式设置。其作用是通过提升买家购买数量来提升客单价,不计入 30 天最低价确保报名平台活动不受影响。

(一)满立减活动

满立减是一款店铺自主营销工具,只要开通全球速卖通店铺,即可免费使用。

卖家可以根据自身经营状况,对店铺设置"满 X 元优惠 Y 元"的促销规则,即订单总额达到 X 元,买家付款时则享受 Y 元优惠扣减。

满件折/满立减的优惠是与其他店铺活动优惠叠加使用的,对于已经参加折扣活动的商品,买家购买时以折扣后的价格计入满件折/满立减规则中。所以,同时使用打折工具和满件折/满立减工具时,要有足够利润空间。

满立减活动设置流程如下。

Step 1:创建活动

登录"我的速卖通",点击"营销活动",在"店铺活动"选择"满减优惠",点击"创建活动",在"活动类型"中选择"商品满立减"。店铺满立减活动每个月数量为 10 个,总时长为720 小时,活动资源很少,应该充分利用。

Step 2:填写活动的基本信息

在"活动名称"一栏内填写对应的活动名称,买家端不可见;在"活动开始时间"以及"活动结束时间"内设置活动对应的开始时间以及活动结束时间。

需要特别注意的是,时间填写不能跨月,并且需要提前 48 小时创建活动。

Step 3:设置活动类型和活动详情

(1)设置"活动类型",选择"满立减"。

① 选择"部分商品",即设置了部分商品的满立减活动,每次活动最多可以选择 200种商品。目前支持通过产品名称、产品分组、产品负责人、到期时间搜索对应的产品;选择产品后,产品数会在选择栏的右下角进行展示。订单金额包含商品价格(不包含运费),商品按折后价参与。

② 选择全店所有商品,表示全店铺商品均参与满立减活动,订单金额包含商品价格(不含运费),所有商品按折后价参与。

③ 适用国家,可选"全部国家"和"部分国家"。若选择"全部国家",则所有国家的用户都可享受该权益;若选择"部分国家",则仅选中国家的用户可看到并领取该权益。需要注意的是,在选择部分国家前须完成国家营销分组设置。

(2)设置"满减条件"。

① 可只设置一个条件梯度,则系统默认是单层满减,在"条件梯度 1"的前提下,可以支持优惠可累加的功能(即当促销规则为满 100 减 10 时,则满 200 减 20,满 300 减 30,依此类推,上不封顶)。

② 可设置多个条件梯度,最多可以设置 3 个梯度的满立减优惠条件。多个条件梯度需要满足以下要求:

a. 后一梯度订单金额必须大于前一梯度的订单金额;

b. 后一梯度的优惠力度必须大于等于前一梯度。

在设置满减条件时,首先要知道自己店铺的客单价是多少,不要盲目地设置。如果店铺的客单价是 3.65 美元,而卖家设置了一个满 200 减 10 的活动,那这个活动根本不可能带来什么效果,无法刺激买家的消费欲望。一般而言,在客单价的基础上提升 3～5 倍,优惠 10%～20% 就比较容易吸引买家了。若设置 3.65 的 3 倍约 11 美元,在 11 美元基础上减去 10%,算 1 美元,那活动可设置为满 11 减 1 美元。

需要特别注意的是,折扣和满立减的优惠是可以叠加的,设置时一定要考虑折上折时的利润问题。

（3）选择商品。

针对"商品满立减"活动,可以通过"选择商品"或者"批量导入"点选商品,也可以通过 excel 表格批量导入商品,一次最多可以导入 10 000 件商品。Excel 批量导入界面如下,先下载模板,在模板文件中提交商品信息,然后上传文件。

Step 4：确定,完成设置

（二）满件折活动

满件折是一款店铺自主营销工具,只要卖家开通速卖通店铺,即可免费使用。卖家可以根据自身经营状况,对店铺设置"满 X 件优惠 Y 折"的促销规则,即订单总商品达到 X 件数,买家付款时则享 Y 折优惠,卖家无须修改价格。

满件折优惠是与其他店铺活动优惠叠加使用的,对于已经参加折扣活动的商品,买家购买时以折扣后的价格计入满件折规则中。所以,同时使用打折工具和满件折工具时,同样要有足够利润空间。

满件折活动设置流程如下。

Step 1：创建活动

在【营销活动】【店铺活动】【满减优惠】点击【创建活动】,如图 6-25 所示。

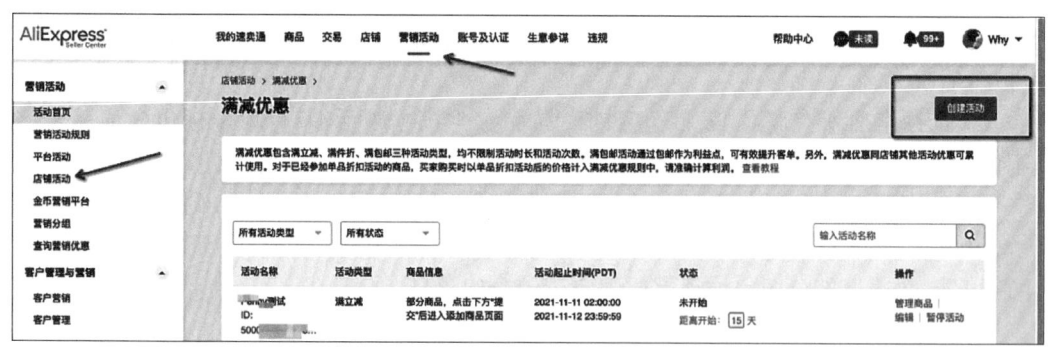

图 6-25　全球速卖通满件折活动设置端口

Step 2：填写基本信息

填写活动的名称、起止时间等基本信息,如图 6-26 所示。

Step 3：设置活动类型和详情

设置"满减条件",如图 6-27 所示。

（1）可只设置一个条件梯度,则系统默认是单笔订单条件以及立减条件,在"条件梯度 1"的前提下,该类型的满减不支持优惠可累加的功能,即当促销规则为满 3 减 10%

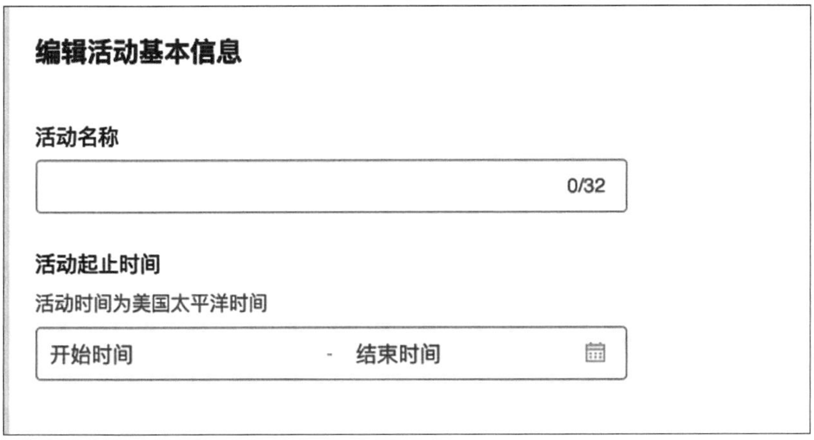

图 6‑26 全球速卖通满件折活动设置—基本信息填写

图 6‑27 全球速卖通满件折活动设置—设置活动类型和详情

OFF 时,满 6 件仍旧是 10%OFF。

（2）可设置多个条件梯度,最多可以设置三个梯度的满立减优惠条件。多个条件梯度需要满足以下要求：

①后一梯度订单件数必须大于前一梯度的订单件数；②后一梯度的优惠力度必须大于前一梯度的优惠力度。

Step 4：选择商品

针对"商品满立减"活动，可以通过"选择商品"或者"批量导入"点选商品，如图6-28所示。

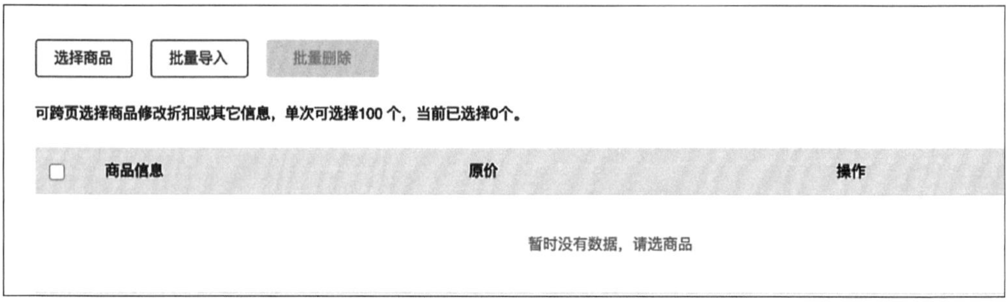

图6-28　全球速卖通满件折活动设置—选择商品-1

选择商品，单次最多可以选择100件商品；选择商品页面，如图6-29所示。

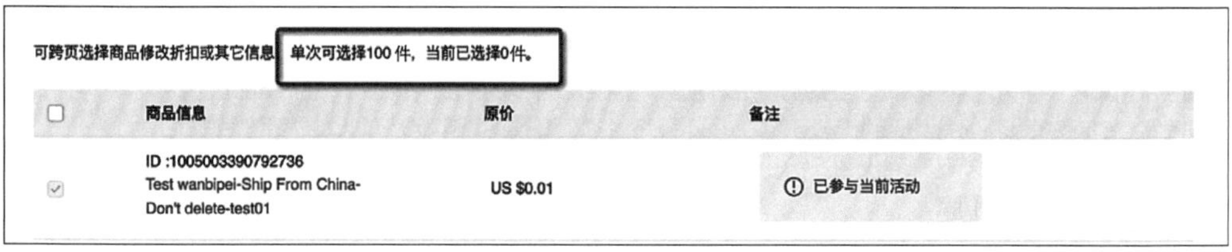

图6-29　全球速卖通满件折活动设置—选择商品-2

也可以通过Excel表格批量导入商品，Excel一次最多可以导入10 000件商品。Excel批量导入界面，如图6-30所示，先下载模板，在模板文件中提交商品信息，然后上传文件。

图6-30　全球速卖通满件折活动设置—选择商品—批量导入

Step 5：确定，完成设置

（三）满包邮

满包邮是一款店铺自主营销工具，只要开通全球速卖通店铺，即可免费使用。以包邮作为利益点，可有效提升客单。

卖家可以根据自身经营状况，对店铺设置"满 N 元/件包邮"的促销规则，买家下单时，若是订单总商品数超过了设置的 N 元/件，在买家付款时，在指定的地区范围内，系统自动减免邮费。

满包邮活动设置流程如下。

Step 1：创建活动

在【营销活动】【店铺活动】【满减优惠】点击【创建活动】，如图 6‑31 所示。

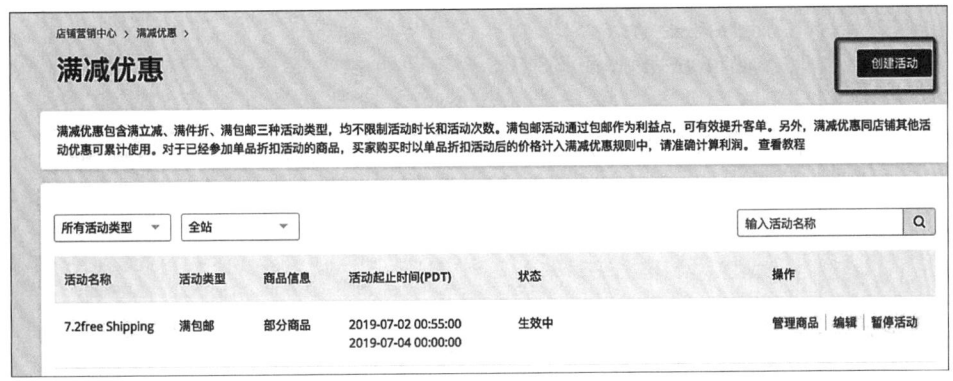

图 6‑31　全球速卖通满包邮活动创建

Step 2：填写基本信息

填写活动的名称、起止时间等基本信息，如图 6‑32 所示。

图 6‑32　全球速卖通满包邮活动设置—基本信息填写

Step 3：设置活动类型和详情

活动类型有部分商品、全店满包邮两种，部分商品允许挑选部分商品参加满包邮活动,单个活动最多添加 10 000 个商品。

设置"包邮条件",如图 6-33 所示,条件有以下几种。

满件:单笔订单件数大于等于某个标准即可获得包邮优惠。

满金额:单笔订单金额大于等于某个标准即可获得包邮优惠。

需要注意的是,订单金额包含商品价格(不包含运费)。

图 6-33 全球速卖通满包邮活动设置—包邮条件

Step 4:物流设置

设置包邮条件和目标区域,如图 6-34 所示。

系统默认展示全站成交量大的国家;目标区域和物流方式都支持多选。

Step 5:活动提交,完成

三、设置店铺优惠券

店铺优惠券可以通过多种渠道进行推广,通过设置优惠金额和使用门槛可以刺激买家消费,提高客单。卖家日常常用的优惠券有领取型优惠券、定向发放型优惠券和互动型优惠券。

(一) 店铺常规展示

用在各种渠道(如商品详情页、店铺页面、购物车)发放,用户获取后到店购买使用,是引流、转化的有效手段。

Step 1:创建活动

登录"我的速卖通",点击"营销活动",在"店铺活动"选择"店铺优惠券",点击"创建店铺优惠券",如图 6-35 所示。

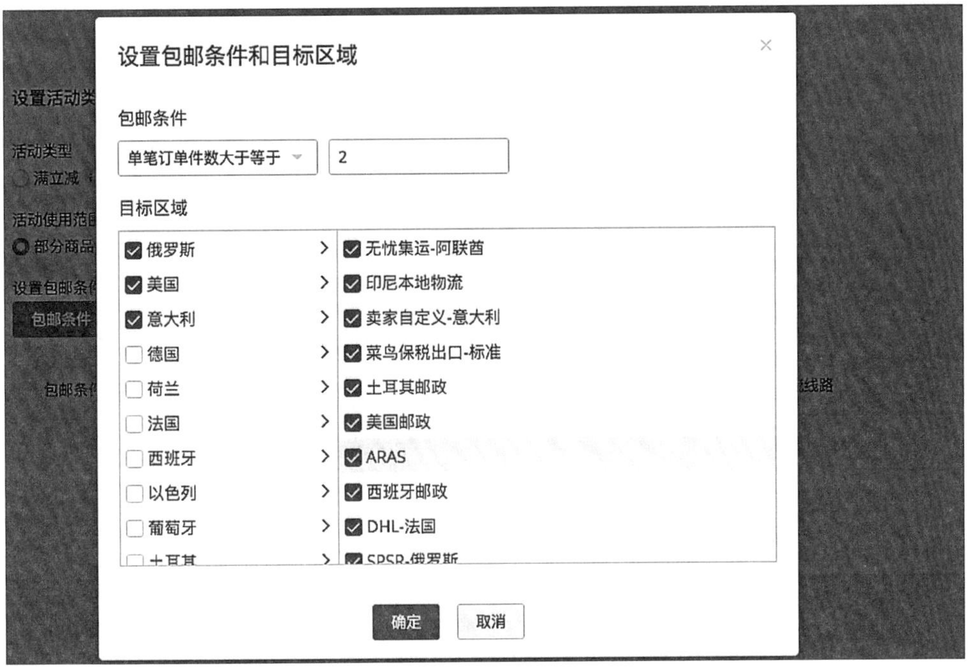

设置包邮条件和目标区域 ✕

包邮条件

单笔订单件数大于等于 ▼ | 2

目标区域

☑ 俄罗斯 >	☑ 无忧集运-阿联酋
☑ 美国 >	☑ 印尼本地物流
☑ 意大利 >	☑ 卖家自定义-意大利
☐ 德国 >	☑ 菜鸟保税出口-标准
☐ 荷兰 >	☑ 土耳其邮政
☐ 法国 >	☑ 美国邮政
☐ 西班牙 >	☑ ARAS
☐ 以色列 >	☑ 西班牙邮政
☐ 葡萄牙 >	☑ DHL-法国
☐ 土耳其 >	☑ SPSR-俄罗斯

确定 取消

图 6-34 全球速卖通满包邮活动设置—目标区域

图 6-35 全球速卖通优惠券—店铺常规展示创建优惠券

Step 2：填写基本信息

填写活动的发布渠道等基本信息，如图 6-36 所示。

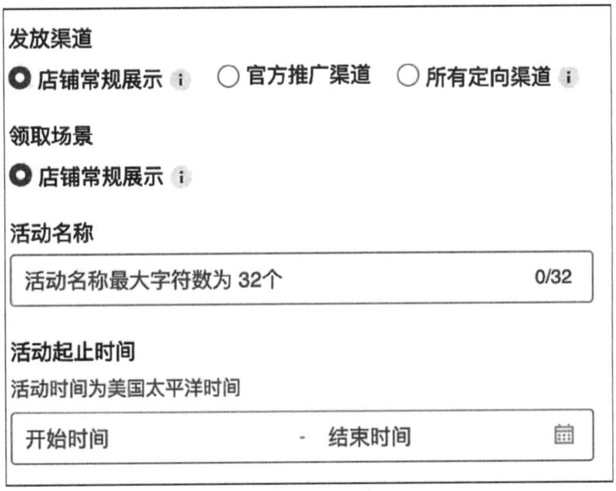

发放渠道
⦿ 店铺常规展示 ⓘ   ○ 官方推广渠道   ○ 所有定向渠道 ⓘ

领取场景
⦿ 店铺常规展示 ⓘ

活动名称

活动名称最大字符数为 32 个 | 0/32

活动起止时间
活动时间为美国太平洋时间

开始时间 - 结束时间 📅

图 6-36 全球速卖通优惠券—店铺常规展示基本信息填写

发放渠道：选择"店铺常规展示"。

领取场景：店铺常规展示，即买家将会在商品详情页、购物车、店铺页面看到并领取该券。

活动名称：填写对应的活动名称，买家端不可见。

活动起止时间：设置活动"开始时间"以及活动"结束时间"；活动时间默认为美国太平洋时间。

Step 3：优惠设置

设置优惠券详情内容，如图 6 - 37 所示。

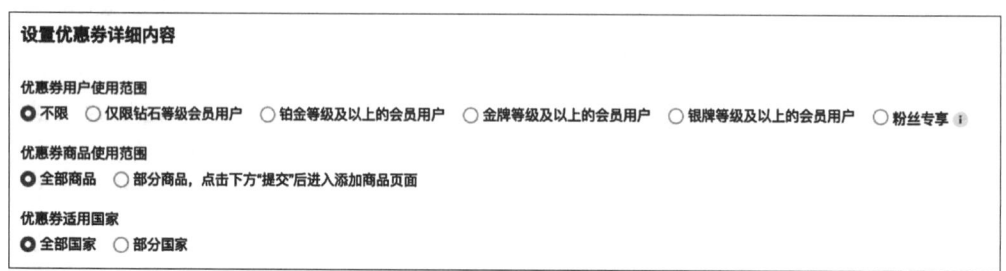

图 6 - 37　全球速卖通优惠券—店铺常规展示设置优惠券详细内容

（1）优惠券用户使用范围。

可以根据不同会员等级设置优惠券（只有对应等级及以上的买家才可以看到，如设置铂金等级的，那么铂金和钻石的买家可见，金牌和银牌的买家不可见）。

若设置的粉丝专享券，则仅可在店铺页面—粉丝模块中展示。粉丝模块需点击"店铺"选择"店铺装修"—"首页"—"编辑"；从左侧营销类"粉丝专享优惠券"拖拽到右侧，可支持上下移动，如图 6 - 38 所示。

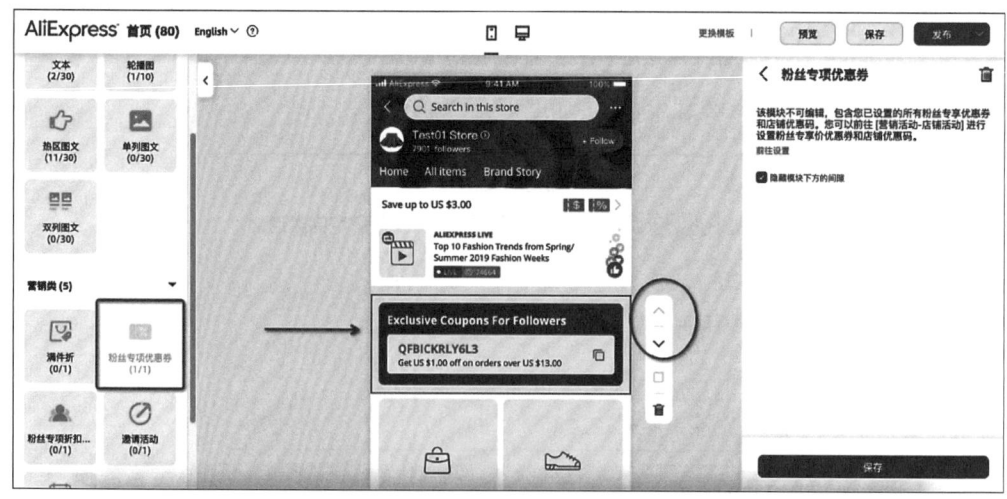

图 6 - 38　全球速卖通优惠券—粉丝专享券设置

（2）优惠券商品使用范围。

优惠券使用范围可以选择全店商品，可以圈选部分商品（提交活动后进入圈选商品界面)。

(3) 优惠券适用国家。

可以选择"全部国家"和"部分国家"。若选择"全部国家",则所有国家的用户都可看到并领取该权益;若选择"部分国家",则仅选中国家的用户可看到并领取该权益。

需要注意的是,在选择部分国家前需完成国家营销分组设置。

(4) 优惠券面额和门槛设置,如图6-39所示。

图6-39　全球速卖通优惠券—店铺常规展示优惠券面额和门槛设置

面额:优惠券的优惠金额,若优惠券为满X美元优惠Y美元时,这里的面额指的是Y。

使用条件:有最低金额门槛,满X美元优惠Y美元,这里的最低金额门槛指X。可设置为不限最低金额。

发放总数:可任意设置,但一般根据店铺运营计划合理设置。

(5) 设置优惠券使用规则,如图6-40所示。

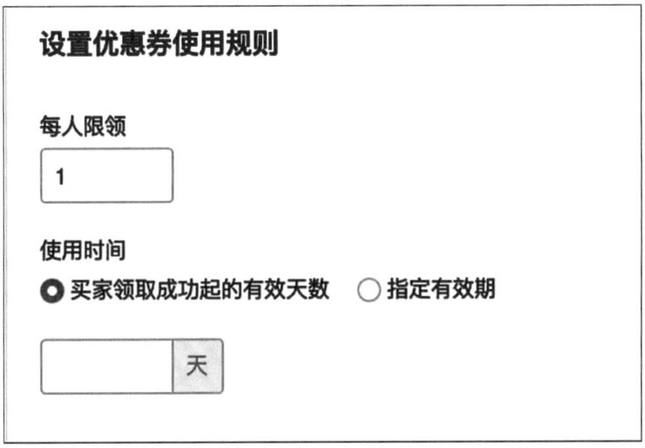

图6-40　全球速卖通优惠券—店铺常规展示优惠券使用规则

每人限领：设置数量为1。

使用时间：设置仅可选择"买家领取成功后的有效天数"，有效期即买家拿到手后多少天内可以用。

（二）官方推广渠道

官方推广渠道【领券中心】配置的店铺券有可能在全球速卖通买家版 APP 中【Account】的【coupon center】展示，为店铺引流。

Step 1：创建活动

登录"我的速卖通"，点击"营销活动"，在"店铺活动"选择"店铺优惠券"，点击"创建店铺优惠券"。

Step 2：编辑活动基本信息

编辑活动基本信息，如图6-41所示。

图6-41　全球速卖通优惠券—官方推广渠道编辑活动基本信息

发放渠道：官方推广渠道。

发放方式：选择领券中心。

活动名称：填写对应的活动名称，买家端不可见。

活动起止时间：设置"开始时间"以及"结束时间"；活动时间默认为美国太平洋时间。

Step 3：设置详细内容

设置优惠券详细内容，如图6-42所示。

（1）优惠券商品使用范围。

优惠券使用范围，仅可以选择全店商品。

（2）优惠券适用国家。

可以选择"全部国家"和"部分国家"。若选择"全部国家"，则所有国家的用户都可看

图6-42 全球速卖通优惠券—官方推广渠道设置优惠券详细内容

到并领取该权益;若选择"部分国家",则仅选中国家的用户可看到并领取该权益。

（3）优惠券面额和门槛设置。

面额即优惠券的优惠金额,若优惠券为满 X 美元优惠 Y 美元时,这里的面额指的是 Y。

订单金额门槛可设置为不限;有最低金额门槛,如满 X 美元优惠 Y 美元,这里的最低金额门槛指 X。

（4）发放总数。

可任意设置,建议根据店铺运营计划合理设置。

Step 4：设置优惠券使用规则

每人限领：设置数量为1。

使用时间：设置仅可选择"买家领取成功后的有效天数",有效期即买家拿到手后多少天内可以用。

（三）所有定向渠道

所有定向渠道可通过定向人群投放进行引流。

Step 1：创建活动

登录"我的速卖通",点击"营销活动",在"店铺活动"选择"店铺优惠券",点击"创建店铺优惠券"。

Step 2：编辑活动基本信息

编辑活动基本信息，如图 6‑43 所示。

图 6‑43　全球速卖通优惠券—所有定向渠道编辑活动基本信息

发放渠道：选择【所有定向渠道】。

定向渠道推广：选择【所有定向渠道】。

活动名称：填写对应的活动名称，买家端不可见。

活动起止时间：设置"活动开始时间"以及"活动结束时间"；活动时间默认为美国太平洋时间。

Step 3：设置优惠券详细内容

设置优惠券详细内容，如图 6‑44 所示。

（1）优惠券商品使用范围。

优惠券使用范围可以选择全店商品，可以圈选部分商品（提交活动后进入圈选商品界面）。

（2）优惠券适用国家。

仅可选择"全部国家"。

（3）优惠券面额和门槛设置。

（4）发放总数。

可任意设置，建议根据店铺运营计划合理设置并设置优惠券使用规则。

（四）客户营销

客户营销的店铺优惠券可通过 IM（即买家会话）和 CRM（即客户管理与营销）进行投

图 6‑44 全球速卖通优惠券—所有定向渠道活动设置优惠券详细内容

放,通过定向人群投放进行引流。

(五) 粉丝营销

粉丝营销的优惠券可通过 feed(即粉丝营销)进行投放,为店铺引流,同时通过商品和券的结合提升转化率。

(六) 互动游戏

卖家可通过在互动游戏添加店铺券,为店铺引流。

任务 三 跨境电商站内推广——直通车

一、认识全球速卖通直通车

(一) 直通车定义

直通车是一种按效果付费的广告,简称 P4P(Pay for Performance)。直通车通过竞价排名,让卖家商品可以展示在搜索结果页靠前的位置。卖家通过有竞争力的出价使自己的商品展示在页面靠前的位置,展示不需要付费,当买家点击该商品时才会扣费。简单来说,速卖通直通车就是一种快速提升店铺流量的营销工具。

竞价排名是指通过竞争出价的方式获得网站有利的排名位置，达到高曝光量、高流量目的。竞争排名的基本原理是卖家选择一批和产品相关的关键词，并对这些关键词出价，买家搜索该关键词时，出价高的卖家商品即被展示在页面靠前的位置。但是在基本原理背后，速卖通平台会根据多种因素加权计算排名规则，最终呈现在网页上的结果会和出价的高低有所区别。

直通车的参与者包括以下三方。

卖家：对关键词出价，在后台设置。

买家：搜索关键词，点击产品，发送询盘。

平台：获取广告费，同时让买家获取更好的购物体验。

作为卖家，希望的是低成本获客，达到效益最大化；作为平台，要考虑的是买家体验，同时兼顾整个平台的广告收益。卖家是按照直通车点击量付费的，所以点击率是直通车的核心。

（二）直通车展位

目前直通车分为 PC 端和移动端。PC 端的推广位在主搜页和搜索页底部的智能推荐位，PC 主搜页中，60 件商品为一页，直通车推广位从第 5 位起，隔 4 个有一个直通车推广位，即第 5/10/15/20/25/30/35/40/45/50/55/60 位；移动端的推广位含 APP 端和手机网页端，20 件商品为一页，移动端 APP 推广位上线混排功能，即固定推广位变为动态推广位，最高可抢到搜索结果首页第二位。

（三）直通车推广优点

1. 新品可快速曝光

新品由于没有很好的销售记录，新上线的商品很难有机会被展示在搜索结果页靠前的位置，通过直通车可以快速获取大量的曝光，增加销售机会，为以后的营销打好基础。

2. 精准流量，合理付费

直通车引入的流量精准，无效流量少，只有产生有效的点击才会计费。恶意点击和重复性人工点击，在计费时会被系统除去。

3. 预算可控，自主选择

卖家可以为每个关键词设置单个点击竞价，也可以针对投放时间、投放区域、每日投放预算进行设置，对于直通车广告的投入费用和投放地区可以进行定位。

（四）直通车排名规则

全球速卖通直通车排名规则主要受推广评分和出价两个因素影响。

1. 推广评分

推广评分是根据商品信息质量、商品与关键词的匹配性、商品评分和店铺评分等因素综合考量得出的，在整体排名中起关键作用。商品信息质量包括商品的标题、发布类目、属性、图片和描述的准确性和详细程度。商品与买家搜索需求的相关性是基于搜索引擎的复杂算法判断的，越相关的商品排名越靠前。商品的交易转化能力也是一个重要因素，符合买家需求、价格/运费设置合理且售后服务有保障的商品排名更高。

推广评分会随着以上因素的变更而变更。如果推广评分为优，表示有资格进入搜索结果首页右侧位置,但是否实际进入,还要取决于出价人数和卖家出价情况;如果推广评分为良,说明推广评分较差,没有资格进入搜索结果首页右侧位置。卖家需要通过更换关键词,或者优化商品信息等方法,将推广评分提升为优,并设置有竞争力的价格,增加进入搜索结果首页右侧位的展示机会。如果推广评分为"一",表示推广评分很低,无法参与正常投放,卖家需要为这样的词添加相关的商品,或者删除这些低推广评分的词。

小 思 考

如何提高直通车广告效果?

2. 出价

出价是指卖家为关键词设定的点击费用,即使出价很高,如果推广评分不佳,商品也难以排在首页。直通车的排名系统还会考虑商品的搜索热度、购买情况和评价率等因素。此外,全球速卖通还提供了优化工具,如选品工具、关键词工具、商品质量诊断和抢位助手,帮助卖家优化商品展示。

全球速卖通直通车排名不仅取决于出价高低,还受商品信息质量、与关键词的匹配度、交易转化能力和推广评分等因素的综合影响。

二、设置直通车推广计划

全球速卖通直通车推广计划主要有以下两种。

(一) 智能推广

智能推广是一种较为简便的推广方式,包括智能测款、智能打爆和全店管家 Pro 三种推广方法。这种推广方式不需要卖家自主设置产品推广信息,只需设置出价和每日限额。智能推广适合推广资金充足且时间有限的卖家,因为它可以节省推广设置的时间,并且获取的流量比较精准。

智能推广的优点是省时省力,能够针对整个店铺产品进行推广。其缺点是不能追踪推广词。

(二) 自主推广

相对于智能推广,自主推广的设置更加灵活。卖家可以手动筛选关键词,并对每个关键词进行单独的出价设置。自主推广包括重点推广计划和快捷推广计划,适合卖家根据不同的推广目的进行选择。

1. 重点推广计划

重点推广适用于重点商品的推广管理,是直通车主要的推广方式,针对产品设置关键词进行精确推广,一个产品可以设置多个关键词。卖家最多可以建 10 个重点计划,每个重点计划最多包含 100 个单元,每个单元内可以选择 1 个商品。建议优先选择市场热销或自身有销量、价格优势的商品来进行推广(可以参考商品分析中的成交转化率、购物车、搜索点击率等数据)。具有创意推广等功能,可帮助卖家更好地打造爆款。

优点是精确,灵活,能够结合产品本身进行推广。可以辅助打造潜力产品爆款,针对确定的关键词进行推广,测词测品。

2. 快捷推广计划

快捷推广适用于普通商品的批量推广。卖家最多可以建 30 个快捷推广计划,每个计划最多容纳 100 件商品、20 000 个关键词。快捷推广中的批量选词、出价等功能可以帮助卖家更加快速建立自己的计划,捕捉更多流量。快捷推广是"一词多推"的推广方式,一个计划中所有的产品共用一组推广词。

快捷推广的优点是操作较为便捷,能够一次性推广较多产品,能够在推广的同时了解行业热词。其缺点在于无法准确确定产品对应推广词的情况,只能够知道推广词本身对于整个计划组的消耗,不够精确。适合产品测品,流量测词,结合后台产品数据分析,提炼潜力产品。

三、新建自主推广活动

直通车首页点击"我要推广"即可开始建立新的推广计划,如图 6-45 所示。

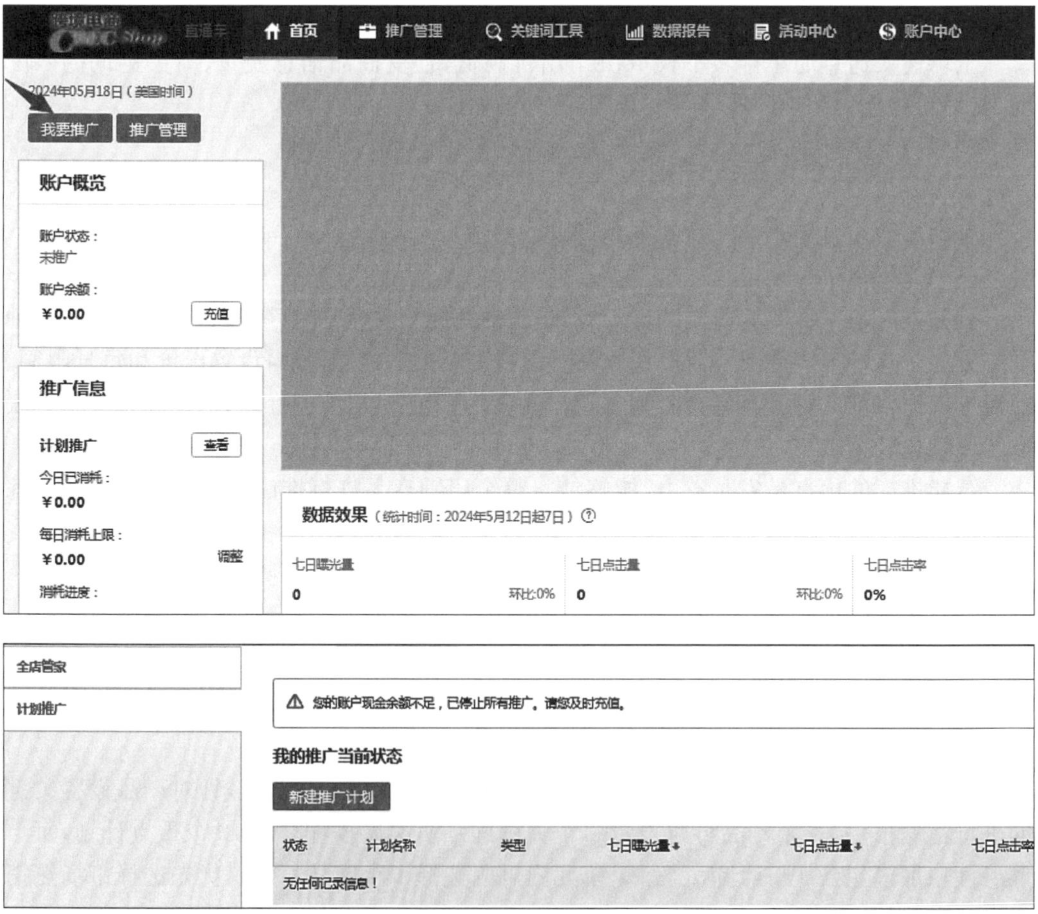

图 6-45 新建自主推广活动入口

新建推广信息主要有"选商品、选词、出价"三大步。目前直通车的推广方法有两种，一种是专为打造爆款的重点推广计划，另一种是快捷推广计划，两种方法各有优点，都带有自动选品的功能，系统会根据近期数据向我们展示近期表现不错的商品，更方便卖家选品。

（一）新建重点推广计划

重点推广计划最多允许创建 10 个，每个计划建议推广同类目的商品以便于后期管理，并且选择想要重点推广的商品，集中精力开展推广工作。重点推广计划创建步骤如下。

第 1 步：点击新建推广计划后，选择"重点推广计划"，如图 6 - 46 所示，填写推广计划的名称，点击"开始新建"。

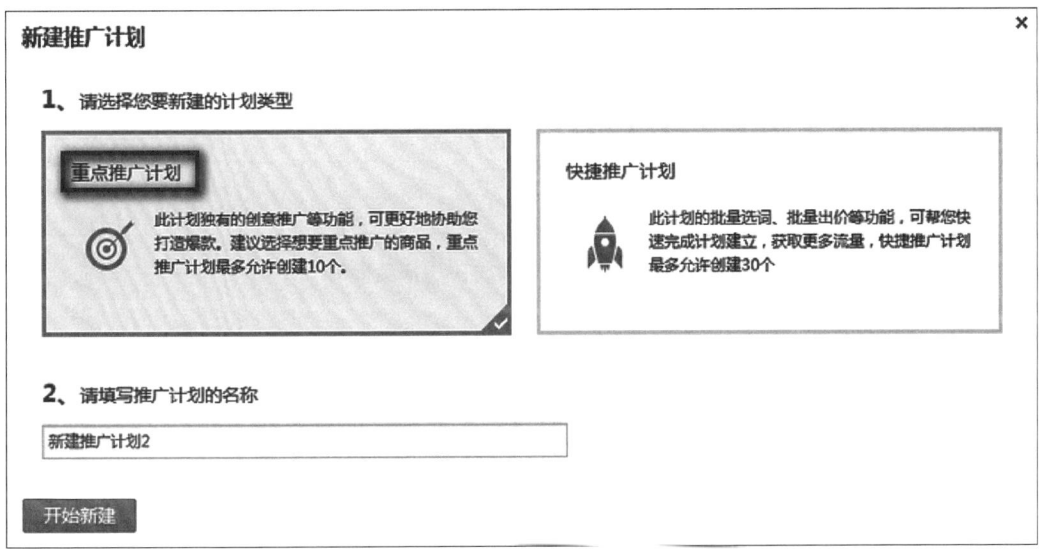

图 6 - 46　新建自主推广—重点推广计划

第 2 步：添加推广商品。在这个页面中，系统会按照卖家的商品组，列出所有可以推广的商品。选择想要推广的产品（重点推广每个单元只允许添加一件商品），点击下一步完成添加推广商品。卖家的商品需满足下列 3 个条件才可被展示在待添加的列表中：已通过网站审核的上架商品；未过期的商品；未在其他推广计划中添加过的商品。

第 3 步：添加关键词。选择与商品相匹配的优质关键词。有两种方式可供选择，即使用系统推荐词和使用搜索词手动添加，如图 6 - 47 所示。

若使用系统推荐词，根据在第二步选商品页面中添加的商品，系统会在第三步选关键词页面中，自动为卖家推荐一批适合推广的关键词，卖家可以根据词的推广评分、搜索热度、竞争度 3 个指标作为挑选关键词的依据。

推广评分的主要影响因素包括商品信息质量、关键词与商品之间的匹配程度、买家喜好度，会随着以上因素的变化而改变。

搜索热度是指在过去 7 天内，关键词被海外买家搜索的次数。数值越大，搜索热度越

图 6-47　新建自主推广—选择关键词

高;反之,则越低。

　　竞争度是指直通车客户针对某关键词参与竞价的激烈程度。数值越大,代表同行对该词的关注程度越高、竞争度越激烈。卖家可以结合关键词竞争度与自己的商品预算情况,侧重选取一些潜在商业价值较高、同行较关注的词作为关键词重点竞价。

　　使用"搜索相关词"功能时,卖家需要先输入某一关键词搜索,系统将自动根据卖家输入的关键词列出相关关键词,并提供这些关键词的搜索热度、竞争度等信息。卖家可以根据具体推广需要选择添加。

　　批量加词,可以帮助卖家将已经整理好的关于商品的关键词快速添加,卖家只需要输入要添加的关键词,关键词之间用回车分隔,点击添加成功以后,点击下一步即可出价。在建立快捷推广时,批量加词功能一次性可以添加 500 个关键词;在建立重点推广时,批量加词一次性最多可以添加 200 个关键词,这种方法极大方便了把长期积累的词表或者后台直接导出的词表批量添加到推广计划当中。

　　第 4 步:出价,即为选择的关键词设定每次点击最高扣费上限价格。选词后在关键词列表下方,可批量为这些词出价,出价方式有按市场平均价加价和以底价为基础加价两种。卖家可以在推广管理中对每一个关键词价格做出修改。出价后点击下一步,即新建推广计划成功。

　　对于重点推广计划中的商品,可以添加创意图片和标题,点击"添加创意"按钮,根据创意展示图片设置对应的标题。重点推广的商品应该选择应季商品,买家搜索的词每天都在变化,搜索的词会不断增加,因此关键词一定要每天进行优化,删除无点击的词,保证有点击的词不断增加。

拓展阅读

出价,是指卖家对关键词设置的每次点击最高扣费价格。这个价格将直接影响关键词排名,但不一定等同于实际每次点击花费。大多数情况下,实际点击花费会低于出价。每次发生扣费时,系统会根据实时监控到的面临的竞争情况,自动计算出保持关键词排名所需的最低价格,从而保证实际每次点击扣费金额小于或等于卖家出价。

关键词出价和推广评分两个因素,共同影响卖家的关键词排名。在与竞争对手的商品推广评分相同的情况下,出价越高的人,排名越靠前。建议卖家根据每个关键词预计所能带来的价值以及每个关键词在营销效果报告中的表现,先判断推广投放的重点,然后有所侧重地设定和调整每个词的点击最高扣费价格。

直通车扣费原则如下。

1. 当商品排在竞争该关键词卖家的最后一名,或者商品是这个关键词下展示的唯一推广商品时,关键词扣费为该关键词的底价。

2. 在其他情况下,点击价格根据以下公式计算。

$$点击价格 = \frac{(下一名客户的出价 \times 下一名客户的推广评分)}{您自身的推广评分} + 0.01 元$$

从上面的公式可以看出,推广评分得分越高,卖家所需付出的费用就越低,扣费最高为卖家设置的出价。

预估排名,是指根据卖家的出价,在当前这一时刻买家搜索这个关键词时,卖家的推广商品将会展示的排名位置。如果当前排名显示为搜索结果首页右侧,则表示此刻这个关键词下,卖家将会有推广商品能够展现在搜索列表结果首页右侧的位置上;如果当前排名显示为"其他位置",则表示卖家的商品将有机会展现在智能推广区。

当"预估排名"显示为"其他位置"时,有两种可能情况。

第一种情况:该关键词的相关度为"优",这说明卖家的商品信息与关键词的匹配程度较高、有资格参与竞争搜索结果首页右侧,但是由于竞争该词的同行很多,相比之下,卖家的关键词出价较低,因此导致卖家不能排进搜索结果首页右侧。此时建议卖家设置更有竞争力的价格。

第二种情况:该关键词的相关度为"良",这说明卖家的商品信息与关键词的匹配程度较差或者商品的信息填写质量不够高,还不具备参与竞争搜索结果首页右侧的资格。建议卖家尝试提高关键词和所选商品的推广评分。

推广商品数,是指本推广计划内与某个关键词的相关度为优或良的总商品个数。当卖家将鼠标移至某个关键词上,页面会跳转到该关键词对应的产品页面,可以最多预览前5个相关度最高的推广商品,按照相关度从高到低排列显示在预览小图中。也就是说,当买家搜索这个关键词时,最有可能被展现出来的将是这些相关度最高的商品。

(二)新建快捷推广计划

第1步:点击新建推广计划后,选择"快捷推广计划",填写推广计划的名称,点击"开始新建",如图 6-48 所示。

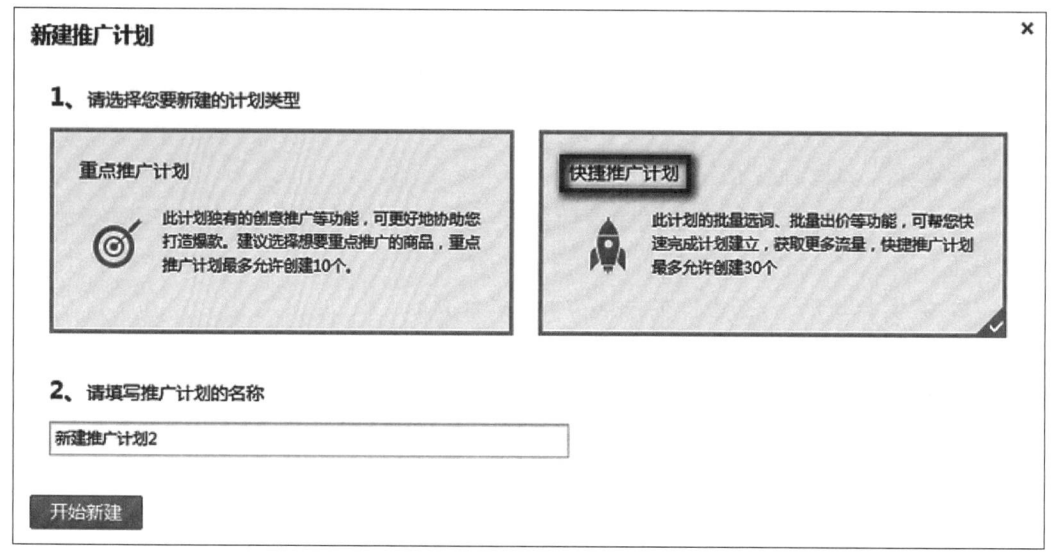

图 6-48　新建快捷推广计划

第2步:添加推广商品,如图 6-49 所示。在这个页面中,系统会按照卖家的商品组,列出所有可以推广的商品。选择卖家想要推广的产品(快捷计划中每个计划可以选择 100 件商品进行推广),点击下一步完成添加推广商品。

第3步:添加关键词。选择与商品相匹配的优质关键词,使用系统推荐词,根据在第二步选商品页面中卖家所添加的商品,系统会在第三步选关键词页面中,自动为卖家推荐一批适合推广的关键词,卖家可以将词的推广评分、搜索热度、竞争度 3 个指标作为挑选关键词的依据。目前的系统主要是通过商品信息来判断并推荐关键词的,因此,为了获得更丰富的推荐关键词,首先卖家需要尽量将商品信息写完整,让商品信息更全面更细致。

第4步:新建推广。为卖家选择的关键词设定每次点击最高扣费上限价格,选词后在关键词列表下方,可批量为这些词出价,出价方式有按市场平均价加价和以底价为基础加价两种。卖家可以在推广管理中对每一个关键词价格做出修改。出价后点击下一步,即新建推广成功。

此外,全球速卖通还提供了其他推广方式,如全店管家、灵犀推荐等,这些工具和服务可以帮助卖家更好地获取流量和管理店铺推广。

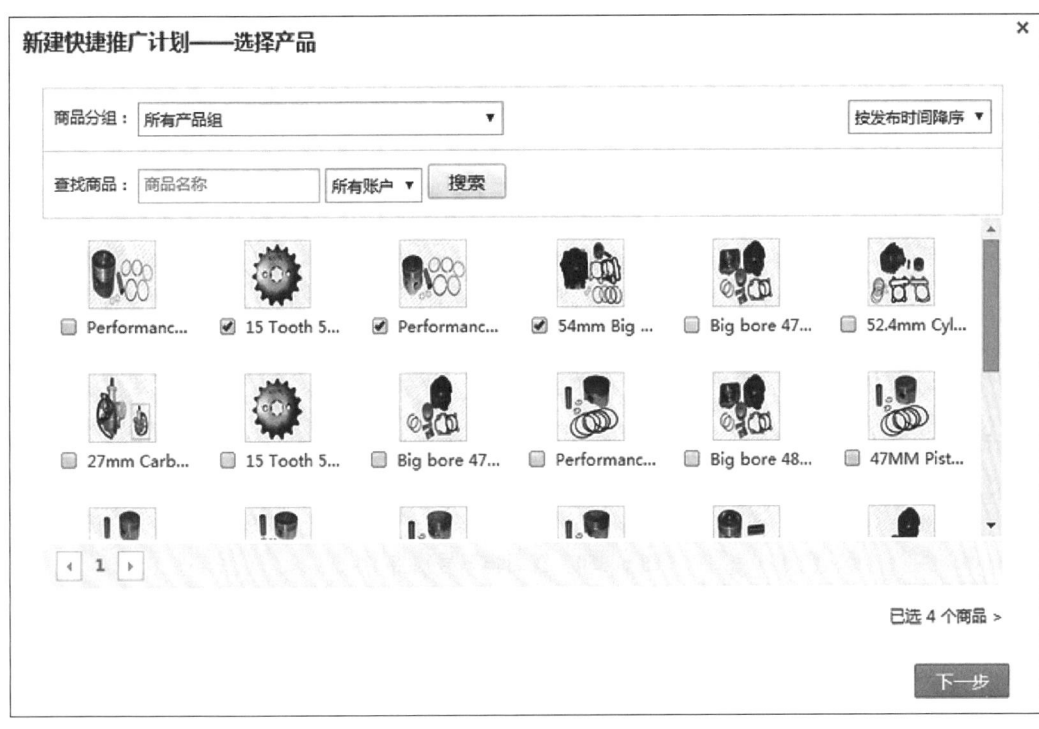

图 6‐49　新建快捷推广计划—选择商品

四、分析直通车数据报告

除了设置推广计划，及时查看数据并对数据报告进行分析也是直通车推广中必不可少的工作。只有把数据分析清楚，才能发现推广中存在的问题并及时地进行调整。这不仅能够减少不必要的花费，还能增加产品以及店铺的曝光量，提高店铺的转化率。

（一）账户报告

账户报告是针对直通车账户的整体营销状况提供的效果统计分析报告。账户报告是按天统计的，每一天的账户效果还可以展开，即按照推广计划的维度查看每天的数据。账户报告分为图形和报表两部分内容，反映曝光量、点击量、花费等多项数据指标，可由卖家自定义类型、时间段、指标进行查看，同时支持报告下载，如图 6‐50 所示。

账户报告中有 5 个数据指标，首先需要清楚这些指标代表的含义和作用。

曝光量：是指在卖家所选择的时间区间段（如最近 7 天），通过速卖通直通车的推广，卖家的商品在被海外买家（不包括中国买家）搜索时，获得的展现次数。

点击量：是指在卖家所选择的时间区间段（如最近 7 天），通过速卖通直通车的推广，卖家的商品在被海外买家（不包括中国买家）搜索时，获得的买家进一步点击查看的次数。

点击率：点击率＝点击量/曝光量。如果点击率较高，说明买家对卖家的推广商品更感兴趣，愿意通过点击进一步查看了解商品详情。点击率是反映卖家的商品是否满足买家的采购需求、是否令买家感兴趣的重要指标。

花费：是指一段时间内通过直通车推广所产生的总费用。

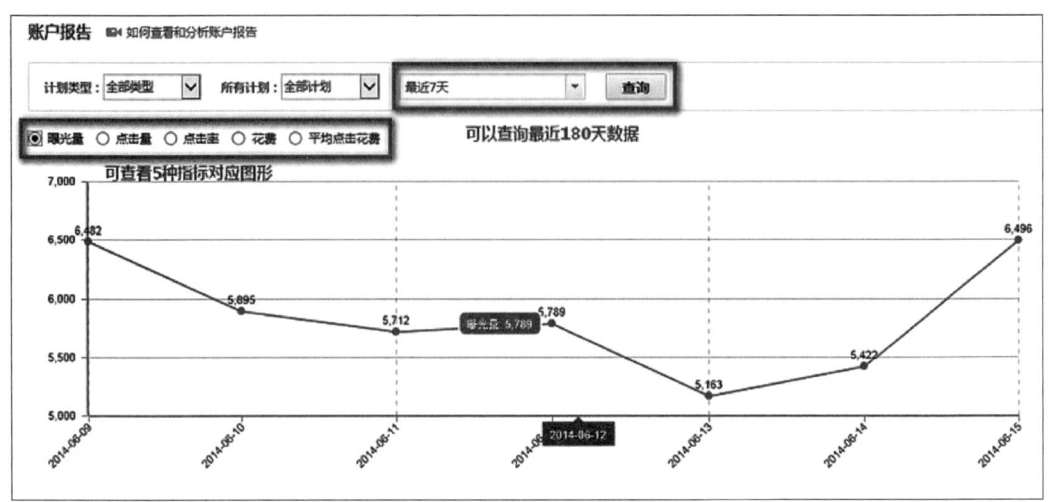

图 6 - 50 直通车账号报告

平均点击花费:是指在一段时间内,卖家为全球速卖通直通车推广带来的点击所支付的平均点击扣费金额,代表了卖家引入 1 个潜在买家的平均成本。其计算公式为:

$$平均点击花费 = 总花费金额 / 总点击量$$

具体查看流程如下。

(1) 登录卖家中心(店铺后台),在"营销活动"选项中选择"直通车营销"选项。

(2) 进入直通车后台后,选择"数据报告"选项,查看账户报告。

注:

① 可以根据计划类型、该计划类型下的某一计划或某一时间段查看相关的数据。

② 可查看的数据维度有曝光量、点击量、点击率、花费、平均点击花费、下单数、加入购物车次数和加入收藏夹次数,每一个维度都有独立的数据图。

③ 数据提供下载功能,可以下载相关数据,进行分析和数据源保存(最多只能查看 30 天的数据)。

(3) 根据数据报告进行分析,主要从曝光量、点击率和平均点击花费三方面来进行。

① 曝光量:曝光量的多少取决于关键词的数量、关键词排名、推广时长以及关键词的搜索热度,因此在选择关键词时要多选择搜索热度高的关键词。在保证质量的基础上,也要尽可能地增加关键词的数量,提高关键词的出价,从而提高展示排名和推广时长。

② 点击率:关键词与产品的匹配度以及产品的图片都是影响点击率的因素,因此在选择关键词时要考虑清楚该关键词是否与推广产品密切关联,产品的图片是否能够直观地展示产品,让买家眼前一亮。

③ 平均点击花费:影响平均点击花费的因素有两个,分别是推广评分和关键词出价。

推广分数较低、花费较高、转化很低的词要果断地删除;推广分数低、花费高、转化也高的词可以暂时保留,继续观察(可以适当地降低花费,观察数据变化);推广分数低、花费低、转化比较高的词可以适当保留;推广分数高、花费低、转化高的词必须保留;推广分数高、花费高、转化高的词可以适当降低花费,观察数据变化。

(二) 关键词报告

关键词报告的具体查看流程如下。

(1) 登录卖家中心(店铺后台),在"营销活动"选项中选择"直通车营销"选项。

(2) 进入直通车后台,选择"数据报告"选项,查看关键词报告并进行分析。

(3) 数据分析过程可参照账户报告分析。

(三) 商品报告

商品报告是对商品营销效果进行数据统计和分析的报告类型。卖家可以通过商品报告,了解在所有商品或某个推广计划中效果最好、最受买家关注的是哪些商品,还能够对单个商品在一段时期内的表现进行数据趋势分析。

具体操作流程如下。

(1) 登录卖家中心(店铺后台),在"营销活动"选项中选择"直通车营销"选项。

(2) 进入直通车后台,选择"数据报告"选项,查看商品报告并进行分析。

当卖家选择查询所有商品,或查询某个推广计划内的商品时,系统会将多个商品的效果放在一起进行比较,并从高到低排列出前 10 名商品,如图 6-51 所示。

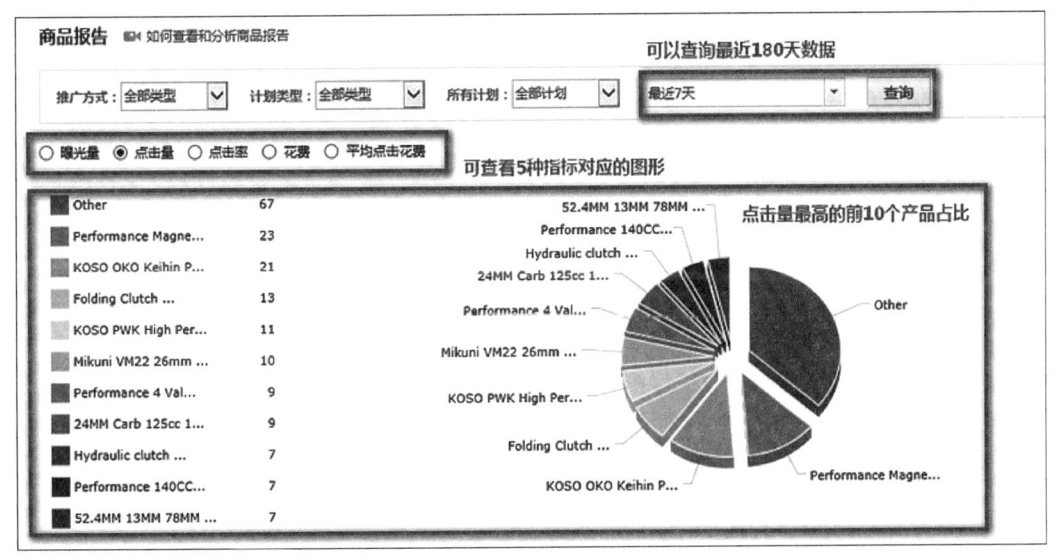

图 6-51　直通车商品报告-1

卖家可以比较商品点击量和花费。前 10 名的商品名称都会显示在报告右边的饼图中,而排在 10 名以外的商品将被加总显示为"other"。图中同时显示这 11 项各自的曝光、点击或花费占比。此时卖家可以清楚地看到哪些商品获得了最多的点击、花费了最多的营销预算。卖家需要判断这个结果是否符合自己的预期,然后再依据该数据对某些商品加大或减小营销预算的投放力度。

卖家也可以比较商品的点击率和平均点击花费,如图 6-52 所示。前 10 名的商品名称都会显示在报告上方的饼图中,而排在 10 名以外的商品将被计算出平均值显示为

"other"。图中同时显示这 11 项各自的点击率或平均点击花费排名。此时卖家可以清楚地看到哪些商品的点击率最高,或哪些商品的平均点击成本最高。卖家需要判断这个结果是否符合预期,然后再依据该数据对某些商品的选词、商品信息质量和出价进行调整。

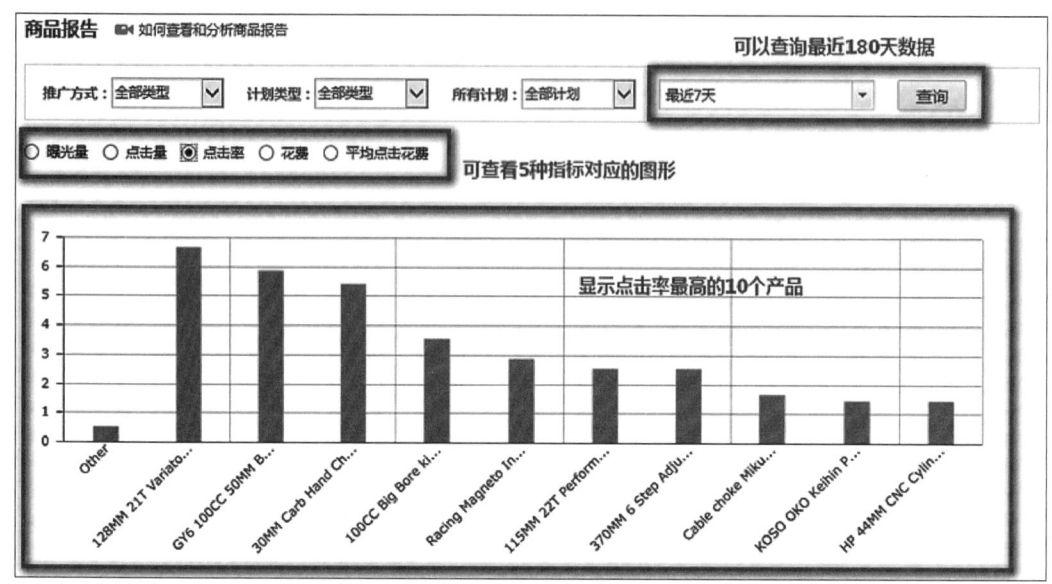

图 6‑52　直通车商品报告‑2

注:

① 通过商品报告可以查看某一个计划(或全部计划)在某一个时间段内的 TOP10 商品的数据情况。

② 每一个维度下的 TOP10 商品都不一样,同样可以把所有数据导出,进行整体分析。

(3) 数据分析过程可参照账户报告分析。

查看数据报告,要通过数据找出直通车推广过程中存在的问题,并及时有效地进行调整修改,确保直通车能够高效地帮助卖家获得更多的曝光机会和更高的转化效果。

任务 四　跨境电商站外推广——联盟营销

一、认识全球速卖通联盟营销

全球速卖通联盟是平台帮助卖家进行站外推广引流的营销产品,它是平台联合各类海外媒体提供的一站式付费流量解决方案,是国内最大的海外网络联盟体系之一。加入全球速卖通联盟营销的卖家可以得到海量海外网站曝光机会并享有联盟专区定制化推广流量。

广告主以佣金付费模式推广和销售产品,按成交付费(CPS)。用户通过联盟推广的链接进入店铺购买商品并交易成功,平台向广告主按照一定销售百分比收取佣金,即速卖通联盟卖家只需要为联盟网站带来的成交订单支付联盟佣金,不成交不付费,是性价比极高的推广方式。

(一) 营销优势

1. 免费曝光、成交收费

联盟推广是按照 CPS 成交计费的推广方式,只有买家购买了商品,卖家才需要支付佣金,不需要先充值,也不需要前期投入资金。

2. 费用可控、效果可见

商家可自主选择推广的商品和设置不同比例的佣金,预算灵活可控。推广后效果清晰可见,为店铺带来多少流量、流量转化了多少订单、预计要支付多少费用,都清晰可查。

$$卖家实际支付佣金 = 产品实际成交的价格 \times 卖家设置的佣金比例$$

3. 海量买家,精准覆盖

加入联盟的商家可获得在不同国家、不同 APP、不同社交或导购网站等站外渠道的海量推广资源,可以覆盖全球流量通道,导购、社交媒体、搜索引擎、手机厂商等多种站外渠道推广资源,精准覆盖海量买家,提升店铺销量及市场占有率。

小 思 考　❓❓

全球速卖通联盟营销和直通车都能够给产品带来流量,它们之间的不同点有哪些?

(二) 全球速卖通联盟营销产品规则

1. 展示规则

千人千面展示。对非首次来访买家会依据其在网站的历史浏览采购行为推荐。对首次来访的新买家会依据流量来源的喜好展示对应的商品。爆品增设单独展示专区。加入联盟推广后卖家的商品会基于站内和站外两块阵地进行展示。站内推广位置包括速卖通平台的首页、活动页、搜索结果页、top picks、多语言联盟专区、best selling;站外推广位置包括媒体站、弹窗广告、SNS、垂直网站、导购站、营销邮件、浮动广告、blog、移动端Banner 等。

(1) 站内—基于联盟阵地展示商品。

该阵地是站外渠道引流到全球速卖通后在站内的流量承接阵地,买家可以在该阵地上按照关键词、类目搜索商品,系统会基于买家历史的浏览和采购行为千人千面地展示和推荐商品,不同的是该页面只展示联盟商品。

(2) 站外—卖家的商品有可能在相关合作渠道上展现。合作渠道主要分为三大块:全球性的网络、区域性的网盟、本地的媒体。

① 全球性的网络如 Google 等搜索引擎,Facebook 等社交网站,YouTube 等视频网

站,华为、三星等手机厂商。

② 区域性的网盟即类似该区域的流量一级代理概念,卖家可基于重点区域辐射全球,拓展流量的一级联盟来帮助自己拓展更多的流量,如俄罗斯的 Admited、欧洲的 Awin。

③ 在流量的一级分销商的下游就是本地的垂直媒体,又可以分为以下几个小块:导购类的网站,例如 slickdeals、groupon 等;返现类的站点,要买某一个商品之前到这些网站搜索,站点有不同的让利;测评或是内容类的网站,类似国内的小红书,是把使用商品的一些经验转换成为软文形式引导交易;比价类的网站;社群和网红渠道。

2. 联盟排序规则

(1) 联盟流量阵地,商品页会基于多个维度综合得分来排序。其中包含是否为爆品、佣金比例、历史销量等。

(2) 联盟流量阵地,商品在同等的网站综合得分下,佣金比例越高则排序越靠前。

(3) 全球速卖通网站主站上,联盟的销量在主搜享有加权。

3. 联盟付费规则

(1) 联盟订单判断:点击商品站外推广链接+15 天追踪有效期内+下单。(不论新老客户、不论复购次数、不论是否批发)即如果一个买家点击了联盟推广出去的商品的广告链接,在 15 天的追踪有效期内下单,会判断为联盟推广带来的订单,交易成功后会收取联盟佣金。

(2) 联盟佣金收取规则:

$$佣金 = 商品成交金额(不含运费) \times 商品佣金比例(下单时的佣金比例)$$
$$商品实际成交价格 = 商品最终交易价格 - 运费$$

举例:买家 Jim 通过联盟网站 A,看到了王先生店铺的项链,进入店铺后只购买了两件电子产品(价格分别为 20 美元和 200 美元),运费 30 美元。电子产品的类目佣金比例为 5%。佣金计算公式为:(220-30)×5%=9.5。王先生需要为这笔订单支付 9.5 美元的联盟佣金。

商品佣金比例是指商家针对商品(爆品或者主推商品)设置的愿意支付的联盟推广佣金比例,对于想要提高销量的商品建议设置高佣金。系统可支持的爆品最高佣金比例为 90%,针对重点商品和重点市场,卖家可设置较高的佣金推广。

不同产品的佣金比例关系为:爆品的佣金比例≥主推商品佣金比例>类目佣金比例>店铺默认佣金比例。一个订单中的多个商品,将按照对应的佣金比例单独计算联盟佣金。类目佣金比例指商家为自己店铺的每个类目(以商品信息所在网站后台类目为准)所设置的联盟推广佣金比例(包括商家默认的系统设定比例)。

举例:服装行业的商家小王在 1 月 1 日开通了速卖通联盟推广,但未做任何操作;第 2 天(1 月 2 日)她把店铺的类目佣金比例设置为 8%;并且设置主推商品 A 佣金比例为 10%;爆品 B 佣金比例为 20%。买家若 1 月 1 日在小王店铺购买任一商品,都按照默认佣金比例来进行扣费;买家在 1 月 2 日购买商品,若成交商品为爆品 B,那么该商品佣金=商品实际成交价格(不含运费)×20%;若成交商品为主推商品 A,那么该商品佣金=

商品实际成交价格(不含运费)×10%;若成交商品为店铺其他商品,那么该商品佣金=商品实际成交价格(不含运费)×8%。

佣金比例生效时间:首次设置推广,实时生效。如果是美国时间0点之前修改则新的一天0点生效,0点之后修改则是隔一天的0点生效。

判断佣金比例的时间点:以订单下单时的佣金比例来判断该订单按照哪个值收取。如果买家1号下单,该商品的佣金比例为10%,而后商家更改比例为15%,10号该订单交易完成,仍按照下单时的佣金比例10%收取佣金。

商家支付佣金时间点:佣金是在订单交易成功(买家确认收货)时扣除。

二、创建全球速卖通联盟营销

(一) 联盟加入

1. 加入路径

联盟加入操作路径和步骤如下:商家后台—"营销活动"—"联盟营销"—阅读服务协议—点击确认服务协议,如图6-53所示。

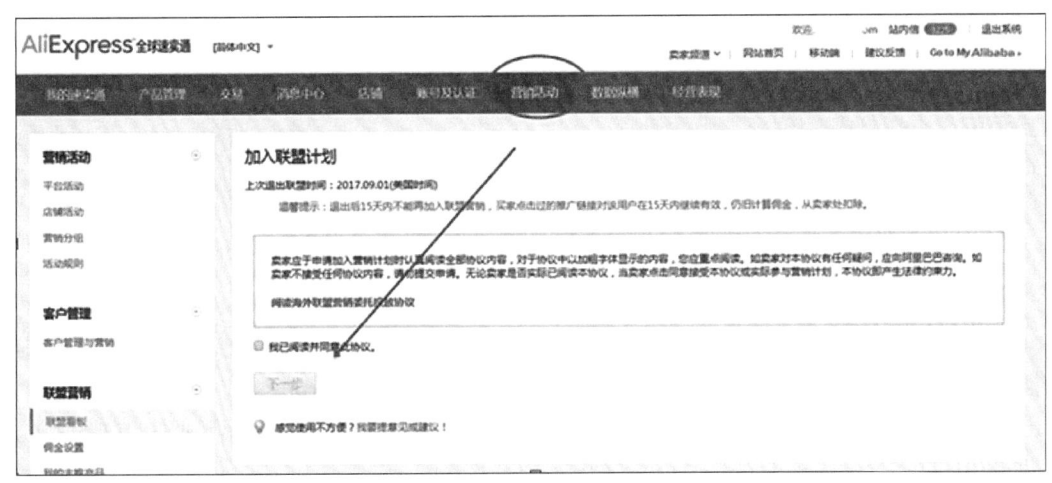

图 6-53　加入联盟

具体操作步骤如下。

(1) 登录卖家中心,在"营销活动"页面,选择"联盟营销"选项。

(2) 勾选"我已阅读并同意此协议"后,点击"下一步"按钮。

(3) 设置默认佣金比例。不同类目的最低默认佣金比例要求不同,卖家可以自行设置佣金比例(不低于类目要求)。

(4) 加入成功后便可进入"联盟看板"模块。

默认佣金比例设置完成后,联盟营销也就成功加入了。目前联盟营销没有设置任何门槛,卖家可以自行加入。

2. 加入状态确认

开通后点击"营销活动"—"联盟营销"可进入"账户总览"页面去操作管理即表示已加

入成功。

申请加入后店铺的所有商品都会通过联盟推广,商家可以针对部分重点推广的商品设置更高佣金。无法仅推广部分商品的原因是联盟的流量引入后有可能在店铺其他商品成交,且商家也是希望流量引入后能在店铺内循环的。

(二) 联盟退出

1. 联盟退出操作路径和步骤

营销活动页面,选择"退出联盟营销"—"确定"即可,如图 6-54 所示。

图 6-54 退出联盟营销

2. 退出生效

自操作后第二天 0 时起,联盟为卖家进行的推广会立即失效。对于退出后买家点击推广链接下单的交易,卖家不需要支付佣金;但是,对于卖家退出联盟前(包括操作申请退出当天),买家点击推广链接并在 15 天之内完成的交易,卖家仍须按联盟规则向联盟支付佣金。

3. 退出限制

加入联盟推广的 15 天后,商家才可以申请退出;退出联盟推广之日起 15 天内商家不能重新加入联盟推广。若重新加入,操作同首次加入流程。

4. 退出状态确认

登录商家后台—营销中心—联盟营销,若看到加入联盟的界面,则说明已退出;若看到的为"联盟看板",则说明需要重新操作。

(三) 选品设佣

1. 推广形式支持

联盟支持按全店铺、类目、单个产品(主推,爆品)设置佣金比例进行重点推广。全店铺是指加入联盟后整个店铺的默认佣金比例,默认为 3%。类目是指针对某个类目设置不同的佣金比例,不同行业门槛不一致。比如箱包的类目佣金比例门槛值为 5%,消费电子的类目佣金比例门槛值为 3%。主推或爆品是指针对店铺里的某些商品设置重点推广的佣金比例。其中爆品是指商家想要短期重点提高销量的商品,每个店铺最多可以设置1000个。建议选取店铺优质商品进行添加(即商品品质好、有销量、好评率高、商品描述质量高等),设置具备竞争力的佣金率,在商品的价格上也需要有竞争力,再结合店铺的推广活动以及优惠券等吸引买家。主推产品是指商家想要长期重点推广的商品,每个店铺最多可设置60个。

爆品和主推的区别:二者本质上都是对单品的推广方式。爆品的优势在于在流量渠道后台有单独的爆品物料专区,在承接阵地上爆品也会优先推荐。两者可以是同一个商品。后期主推会计划整合到爆品里。

2. 不同产品的佣金比例关系

不同产品的佣金比例关系如下列不等式所示,爆品≥主推产品≥类目≥默认。

即如果全店铺的佣金比例设置为5%,则类目商品可设置的佣金比例范围为5%～50%;如果类目的佣金比例设置为10%,则主推商品可设置的佣金比例范围为10%～50%,依次类推,如图6-55所示。商家可随时对佣金比例进行"设置""修改"和"移除"等操作。

推广方式	可推广产品数量	推荐佣金设置范围	权益
全店铺	全店铺均可	默认门槛佣金比例	无
类目	对应类目下产品	(全店铺佣金比例,50%)	无
主推产品	最高60个	(类目佣金比例,50%)	无
爆品	最高1000个	(主推产品佣金比例,90%)	物料获取、渠道推广、商品推荐优势

图6-55 不同产品的佣金比例

3. 如何选品

选品,可以参考如下商品推广。

热销品。参考店铺或同行店铺或海外同类型网站热销同时在店铺经营范围的商品。

潜力爆品。参考转化效果好但是流量还较低的商品,或近期网站的搜索走势呈上升趋势的商品。

新品。有竞争力或海外市场匹配度高的新品。参考价格、物流、售后等有优势的商品。

4. 设置佣金比例

热销品:店铺已经热卖的商品可参考保守的佣金策略,主打维稳。热销品参考佣金为8%～9%。

潜力爆品:中等佣金率。参考佣金20%。

应季新品、清仓品:前期激进＋后期保守佣金策略。前期可采取激进的佣金策略用联盟来测款,参考佣金30%及以上,每周关注推广数据,有效果之后可酌情调整佣金,同时用站内关键词竞争＋活动等方式补足流量。

5. 操作路径

联盟包括店铺通用计划和单品营销计划。商家可在此处设置要重点推广的单品或类目。单品佣金设置入口为：营销活动—单品营销计划，手动添加商品或智能推荐优化采用联盟推荐设置的商品或佣金；主推计划手动添加主推商品。如果是设置类目佣金则操作入口为"店铺通用计划"。

（1）针对单品推广。设置爆品和设置主推品的操作步骤相同。主推计划无智能检测版本。

手动添加商品的流程如下。

① 选择要加入商品推广的商品。

② 设定好商品的佣金比例。

③ 点击添加为商品即操作成功，在商品选择界面会显示该商品已在营销计划中。手动添加商品如图 6-56 所示。

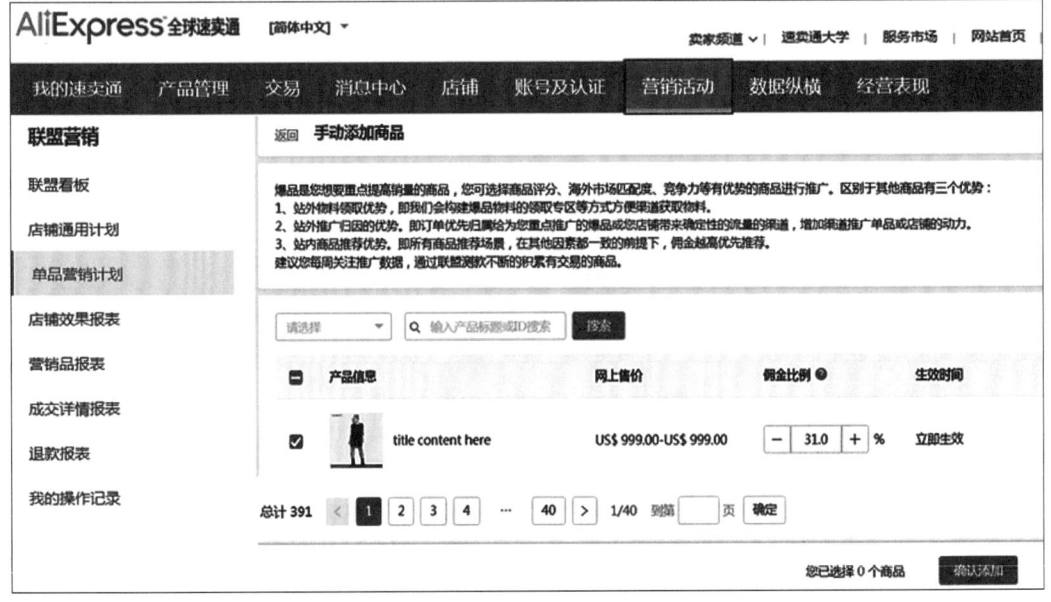

图 6-56　手动添加商品

智能检测优化一键添加商品的流程如下。

① 进入单品营销计划点击智能检测优化。

② 查看优化建议。

③ 接受后即一键操作成功。

④ 商家可回到操作界面再对添加的商品或佣金进行操作处理，智能推荐的方案会有单独的标识。

（2）针对类目推广佣金。

① 店铺通用计划入口进入，点击添加类目设置。

② 选择要设置佣金比例的类目。系统会自动抓取店铺在网站上发布的商品到类目。

③ 输入佣金比例和生效日期。系统会自动给出佣金比例可设置的范围。

④ 确定即可在佣金设置页面看到新设置的类目佣金。

⑤ 商家可随时对佣金比例进行修改、移除和恢复。

拓展阅读

亚马逊站外推广的方式包括以下六种。

(1) 社交媒体推广：利用 Facebook、Instagram、Twitter 等社交媒体平台创建专页或账号，分享产品信息、优惠活动和购买链接，吸引用户点击进入亚马逊购买。

(2) 博客和内容营销：创建专业的博客或网站，编写与产品相关的优质内容，包括产品评测、使用指南、行业资讯等，引导读者点击进入亚马逊购买产品。

(3) KOL 红人推广：找到在产品领域有影响力的博主、YouTuber 或社交媒体大 V，与他们合作推广产品，通过他们的粉丝群体引流进入亚马逊购买。

(4) Deal 网站推广：在折扣网站上发布产品信息，设置折扣码和时间段，如 Slickdeals、Dealnews、Techbargain 等，这些平台买家购物意愿强，流量大。

(5) 群组发帖：在 Facebook 群组或 Reddit 论坛发帖，设置合适的折扣力度，选择活跃度高的群组，并在黄金时间段发帖，以获得最佳效果。

(6) 电子邮件营销：构建邮件订阅列表，定期向订阅者发送产品推广邮件，提供特别优惠和促销活动，引导他们点击进入亚马逊购买。

商家可以根据产品特点和目标受众选择合适的推广方式，并结合不同的方法进行整合推广，以达到最佳的效果。

三、分析联盟营销数据

(一) 数据查看路径

联盟计划创建完成之后，若想要关注推广的效果，了解哪些订单是联盟营销带来的，知晓每一笔订单需要支付多少佣金，了解下单、结算佣金分别是什么时间等，可在联盟报表中查看。数据查看路径为："营销活动"—"联盟营销"—"联盟看板"/"店铺效果报表"/"营销品效果报表"/"退款报表"/"成交详情报表"。

(二) 数据分析

1. 联盟看板

联盟看板是指联盟推广为店铺页带来的核心效果总览，商家可以了解不同时间内联盟为店铺带来多少曝光、访客，买家在店铺产生了多少订单、交易额，商家预计为此要支付多少佣金等。

2. 店铺效果报表

店铺效果报表由原来的订单报表和流量报表整合而成，展示联盟为整个店铺带来的效果的更细化数据，包括流量数据、订单数据、结算数据及一段时间的趋势变化。

应用场景：

(1) 该报表数据可下载到本地做更细致的分析。

(2) 卖家可基于该数据与整个店铺的在全球速卖通网站的效果做对比，了解联盟带来的效果占店铺的比重,调整在联盟的投放策略。

3. 营销品效果报表

营销品效果报表由原来的"我的爆品报表"和"我的主推产品报表"整合而成,卖家可以了解爆品或主推商品在一定时间内的流量、订单等详细数据,也可以了解单个商品推广后的效果。该报表仅展示重点推广的爆品和主推品效果数据,未设置的或尚未产生效果的会搜索无结果。

应用场景:

① 该营销品效果报表数据可下载到本地做更细致的分析。

② 卖家可以结合店铺效果报表了解营销品占联盟带来的效果的比重,决定是否持续加大投入。

③ 可能出现店铺整体的营销效果不错,但实际销量集中在某几个商品上的情况。卖家可以继续在该部分商品上加大投入。

④ 针对推广后无流量或流量很少的商品,卖家可以先适当调整佣金测试效果情况,如仍无效果则可更换推广商品。

⑤ 如推广后有流量但订单转化较少则需对比与同行的价格、物流、描述等的区别,从而优化。

⑥ 卖家还可以看同一款产品在不同时间的销量,分析是否有淡旺季等,决定是否需加大投入、调整库存策略等。

4. 退款报表

商家可以由退款报表了解不同时间内联盟带来的买家有多少笔退款、退款金额是多少。

5. 成交详情报表

商家可以了解所有商品的成交明细,包括买家什么时候购买了什么产品,交易额是多少,该产品的佣金比例是多少,及实际要支付的联盟佣金。(此处指展示交易完成的订单,未付款或已付款等状态的订单不展示)

技能与素养提升

海外红人营销

2024 年全球便携式照片打印机市场规模为 9.7 亿美元,预计到 2032 年将达到 19.1 亿美元,预测期内复合年增长率(CAGR)约为 8.8%。这样广阔的市场前景,总少不了中国企业的参与。来自珠海的 Phomemo 品牌,成为便携式打印机行业中的领头羊,一年卖出 600 万台产品,公司年销售额超 15 亿美元。

1. 多元化的渠道布局策略

在渠道布局上,Phomemo 采用了多元化策略。一方面,通过入驻亚马逊、eBay、沃尔玛等主流电商平台,充分利用平台资源开拓海外市场;另一方面,积极搭建 DTC 独立站,以直面终端用户的模式提供商品和服务,强化品牌与用户之间的直接联系,进一步提升用户黏性与品牌价值。

第三方数据显示,2024 年 10 月,Phomemo 独立站的访问量达 33.8 万次,其社交媒体流量来源中,YouTube、Facebook 占比最高,分别为 54.77%、24.63%。

在 Facebook 上,Phomemo 品牌通过发布图文和短视频内容,展示产品使用案例并推广促销信息,成功吸引了注重实际应用的用户群体,目前账号已积累约 2 万名粉丝。然而,相较其他平台,Facebook 上的内容互动率相对较低,这可能与该平台用户的需求和偏好差异有关。

在 YouTube 平台,Phomemo 通过发布开箱测评、操作教程等长视频内容,深入展示产品特性,帮助用户全面了解其功能与优势。目前,频道已吸引约 10.8 万订阅者。这种翔实内容对具有明确需求的用户而言,具备较高的参考价值,有效提升了品牌的专业形象和用户信任度。

在 Instagram 上,Phomemo 以图片和短视频展示产品的打印效果和消费者的作品展示,这种视觉化的内容更符合平台的用户人群心理。

而在 TikTok 上,Phomemo 的活跃度很高,每天都会发布产品的相关视频,并且积极带上相关标签。

2. 红人营销扩大影响力

Phomemo 团队认为,评估达人影响力的关键标准并非粉丝数量,而是其对特定社区生活方式的实际影响力。因此,在达人选择上,Phomemo 更加注重针对性,倾向于与拥有鲜明身份标签且对粉丝群体具有高度影响力的达人合作,确保推广内容更具渗透力和共鸣感。

达人@kagesenppai 是个文艺爱好者,经常做手账等 DIY 记录,Phomemo 的便携式打印机很好地满足了她的需求,打印机的使用使其在创作上具有更高的自由度,吸引了许多粉丝询问购买链接。

Phomemo 通过深入的用户洞察,精准捕捉用户画像背后的真实需求,以自主创新为驱动,推出差异化、本土化的产品,成功切入市场空白点。在便携式打印机这一小众品类中,Phomemo 专注于"精细化""深耕化"运营,逐步成长为细分赛道的领军品牌。

同时,Phomemo 从多个维度构建品牌价值,通过与达人合作、内容种草、社群营销等方式,强化品牌的文化认同感。Phomemo 以深具穿透力的品牌形象,在用户心智中占据独特位置,持续提升市场影响力。

讨论:一些网红能够帮助提升品牌认知度,起到社媒以外的公关效应,一些网红虽然粉丝量并不是那么大,但是在某个领域是意见领袖,拥有话语权,可以直接触达细分品类,对购买决定产生直接影响。在跨境电商推广过程中,出海品牌如何根据自己的营销目标,有针对性地选择网红资源?

1. 单选题

(1) 产品曝光到点击的最主要影响因素是(　　　)。

A. 产品图片　　　　B. 产品交易信息　　C. 产品标题　　　　D. 公司信息

（2）以下属于流量词的是（　　　）。

A. long sleeve　　B. men's shirts　　C. wholesale　　D. cotton

（3）在全球速卖通平台，导致产品曝光量不高最有可能的原因是（　　　）。

A. 图片不具有吸引力　　　　　　　　B. 产品标题、关键词不准确

C. 产品详情页不具体　　　　　　　　D. 产品物流运输慢

2. 多选题

（1）优化产品信息获得更大曝光机会的方法有（　　　　　）。

A. 标题中切忌关键词堆砌，比如："mp3, mp3 player, music mp3 player"这样的标题关键词堆砌不能帮卖家提升排名，反而会被搜索降权处罚

B. 商品属性填写完整、准确，详细描述真实准确有助于买家通过关键词搜索、属性的筛选快速定位卖家的商品

C. 商品发布类目的选择一定要准确，正确的类目选择有助于买家通过类目浏览或者类目筛选快速定位卖家的商品，错误放置类目会影响曝光机会并且可能受到平台的处罚

D. 标题的描写是重中之重，为了更好曝光，抄写大卖家的爆款产品的标题

（2）在全球速卖通的生意参谋里，异常商品是为了帮助商家发现表现异常的商品，引起商家的重视，针对这些异常的商品，商家可以进行相应的优化和操作。对于异常商品，平台进行分析的角度有（　　　　　）。

A. 下单转化率下跌　　　　　　　　　B. 访客下跌

C. 添加购物车下跌　　　　　　　　　D. 支付下跌

3. 任务实训

（1）问题处理：最近一周，小王负责的全球速卖通账号中引流款产品转化率有所下降，请替小王分析一下原因，并分析具体该如何应对。

（2）优化标题。

（2）欧美"黑五"即将来临，意味着每年的销售旺季也即将来到。在销售旺季来临之前，请替小王制作一份营销策划。

项目七 **跨境电商订单处理**

项目导图

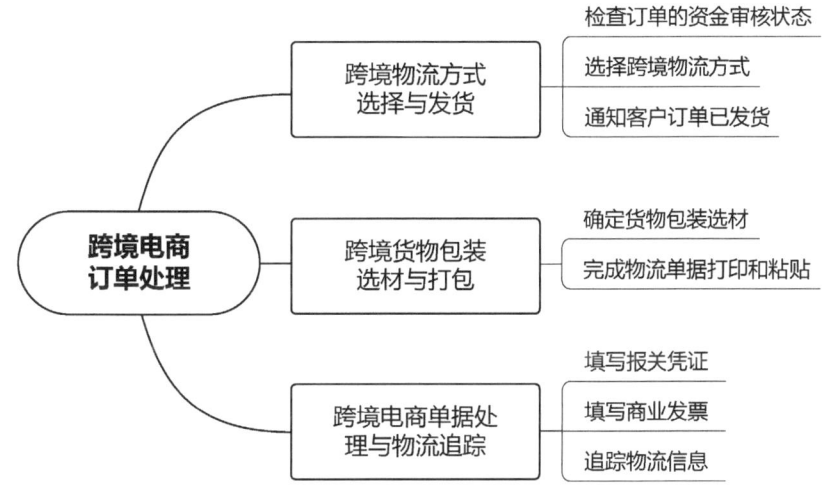

- 跨境物流方式选择与发货
  - 检查订单的资金审核状态
  - 选择跨境物流方式
  - 通知客户订单已发货
- 跨境电商订单处理
  - 跨境货物包装选材与打包
    - 确定货物包装选材
    - 完成物流单据打印和粘贴
  - 跨境电商单据处理与物流追踪
    - 填写报关凭证
    - 填写商业发票
    - 追踪物流信息

学习目标

1. **知识目标**

（1）了解我国关于跨境电商的相关政策及规定。

（2）熟悉全球速卖通平台的发货规则。

（3）掌握跨境电商的物流选择、货物打包和线上发货流程。

2. **能力目标**

（1）能够及时处理海外客户订单。

（2）能够选择合适的跨境物流方式。

（3）能够完成跨境电商单据的填写和打印。

（4）能够掌握不同国家的报关流程和要求。

3. **素养目标**

（1）了解政策法规，熟悉当前我国跨境电商相关政策要求，培养制度自信。

（2）培养敬业、精益、专注、创新等"工匠精神"。

项目背景

2024 年年初,我国对外贸易实现了开门红。贸易量、贸易额再创历史新高,我国对东盟、欧盟、美国前三大贸易伙伴出口均保持增长,增长率分别为 9.2%、1.6%、8.1%;对共建"一带一路"国家出口增长 13.5%。与其他贸易大国相比,我国在规模、增速上都排在前列,充分展示了我国外贸整体较强的竞争力。

从规模上看,一般贸易进出口同比增长 10.0%,占进出口总额的比重为 65.7%,比上年同期提高 0.8 个百分点。汽车、家电、船舶等机电产品出口增长 11.8%,占出口总额的 59.1%。传统产品焕发新生,新产品动能强劲。出口产品整体上正从中低端不断向中高端迈进,以高技术、高附加值、绿色低碳等为特点的外贸新动能进一步推动外贸稳定增长,国际市场竞争力不断提升。

情境导入

随着跨境电商业务的迅速发展,跨境电商平台如雨后春笋般涌现。为开拓海外市场、提高竞争力,不少企业选择在多个平台同时开展跨境电商业务。安徽名尚国际贸易有限公司在全球速卖通、亚马逊、eBay、Wish、Shopify、Lazada 等多个平台均注册了店铺,并安排专人负责日常运营工作。刚入职跨境电商专员的小江,主要负责全球速卖通平台的店铺运营。面对来自不同国家客户的订单,小江该如何处理呢?

任务一 跨境物流方式选择与发货

一、检查订单的资金审核状态

登录全球速卖通平台后,进入我的速卖通界面。选择"交易"后,左侧栏会出现"管理订单"和"管理线上物流发货订单"两部分交易内容。点击"所有订单",中间界面显示"我的订单",在"今日新订单"中可以直观查看订单数量。对于卖家来说,当收到新订单后,第一时间不是及时发货,而是检查订单的资金审核状态。订单的资金审核状态一般有三种。

(一)客户已完成付款订单

这种资金审核状态,说明客户已经付款成功,且已通过资金审核,订单跳转至待发货状态。此时可以直接进行线上发货。某新西兰客户已完成付款订单页面,如图 7-1 所示。

(二)资金审核中

处在"资金审核中"状态,对卖家而言,需要等待 24 小时通过资金审核以后才能线上发货。究其原因是为了防止买家账户出现信用卡盗刷或账户信息泄露后被不法分子

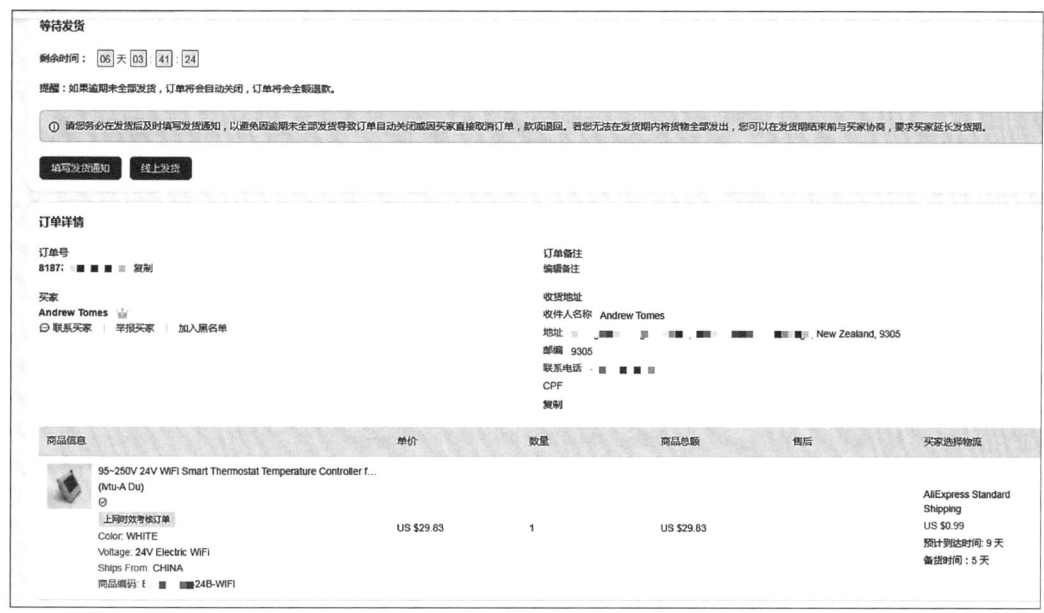

图 7-1　已完成付款订单页面

利用。因此买家在付款后，平台对资金安全进行审核。通常来说，信用卡只有开通了
3D功能，才可以成功支付订单，否则系统风控审核无法通过。一般风控审核的时间是
24小时。

（三）客户未付款订单

处在资金审核未付款状态，说明买家下单以后未能及时付款。对此，卖家可以通过订
单留言、站内信等方式，委婉提醒客户付款。这属于售前客户服务环节，还未正式进入订
单处理阶段。

确认新订单的资金审核状态后，卖家应根据客户所下订单检查库存量。如果库存充
足，卖家则直接进行线上发货操作；如果库存不足，卖家就要通过各种渠道补充货源，如提
醒工厂补货、从国内卖家买货等，以防国外客户下单后无货可发，影响店铺信誉。

二、选择跨境物流方式

如果接到一笔来自哥伦比亚的新订单，所购商品为2个重量为65克的铜管，那么该
选择何种物流方式完成发货呢？

跨境电商订
单处理流程

在收到的新订单页面，可以查看客户下单的简要信息，如下单时间、产品信息及订单
状态等，如图7-2所示。点击"去发货"，可进入订单详情页面。

在订单详情页面，可以看到订单处于"卖家发货"状态，如图7-3所示。卖家可操作
的选项有"填写发货通知"和"线上发货"两种。右下页面清楚地显示了买家的收货地址，
此时卖家点击"线上发货"，进入创建物流单页面。

进入创建物流单页面，分别有商品信息、物流方案和寄件信息等内容。在商品信息一
栏，需要填写包裹的具体尺寸及选择货物的具体类型。

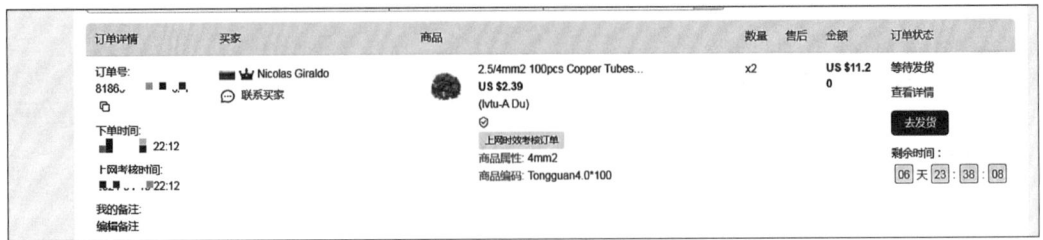

图 7 - 2　新订单页面

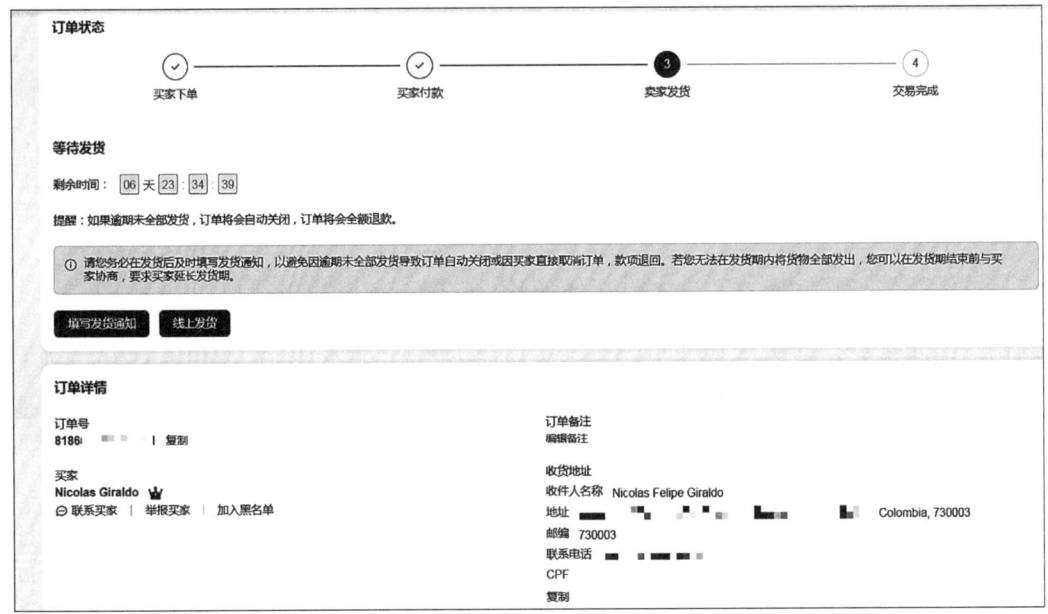

图 7 - 3　详情页面

（1）普货是指普通货物，其对运输、装卸和保管无特殊要求，可以通过一般的物流渠道进行运输。

（2）带电是指带电货物，其对运输、装卸和保管有特殊要求，需要使用专门的物流渠道进行运输，以满足安全性要求。

（3）特货是指特殊货物，必须具有特定的运输、装卸、保管、监控技术、组织条件和安全防护措施，以满足其运输、储存、装卸等其他要求，如危险货物、贵重货物、鲜活货物等。

全球速卖通平台卖家需要根据产品的性质和要求选择正确的分类，以便符合有关运输和安全规定。按照产品的尺寸和性质，输入包裹尺寸 $10 \times 10 \times 5$（cm），选择"普货"。创建物流单页面如图 7 - 4 所示。

根据填写的重量、尺寸和商品信息，物流方案页面会显示各种物流方式的运费。优先显示买家选择的物流渠道，卖家可点击"更多选择"，查看可选择的物流方案。更多可选物流方案，如图 7 - 5 所示。

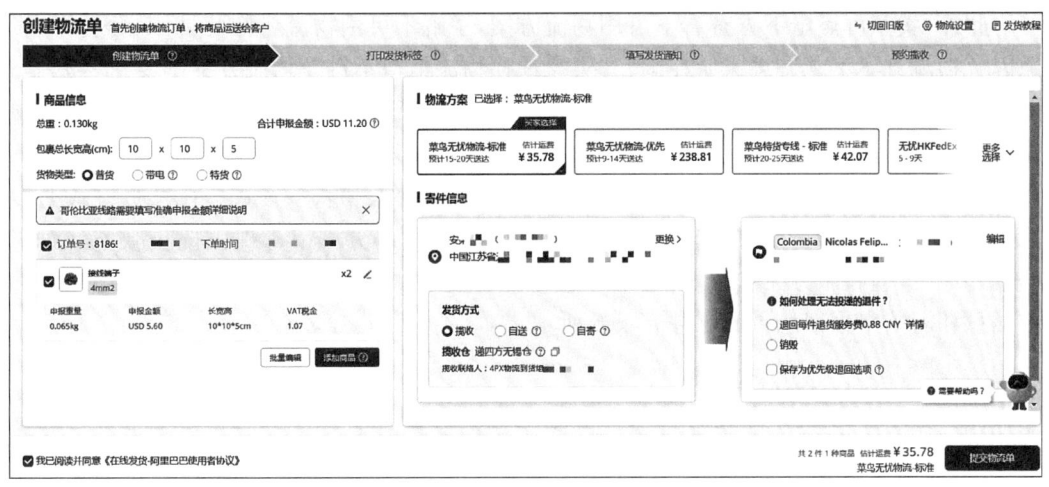

图7-4　创建物流单页面

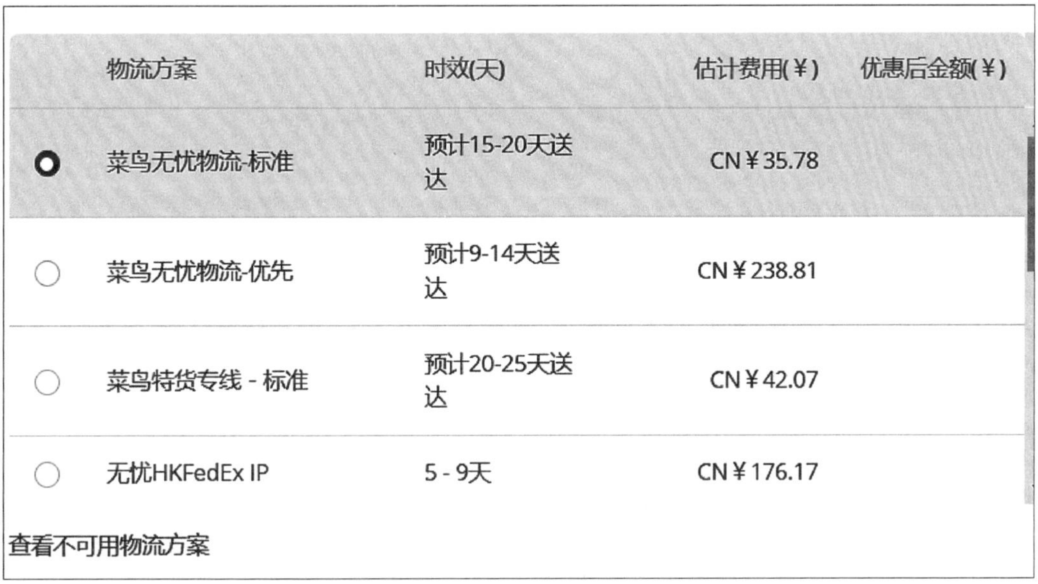

物流方案	时效(天)	估计费用(¥)	优惠后金额(¥)
● 菜鸟无忧物流-标准	预计15-20天送达	CN¥35.78	
○ 菜鸟无忧物流-优先	预计9-14天送达	CN¥238.81	
○ 菜鸟特货专线-标准	预计20-25天送达	CN¥42.07	
○ 无忧HKFedEx IP	5-9天	CN¥176.17	

查看不可用物流方案

图7-5　物流方案更多选择页面

　　需要注意的是,卖家选择的物流方案只可升级不可降级。例如,买家选择的标准渠道时效15～20天,且有追踪信息。卖家选择物流方案时,可将其升级为时效更快的商业渠道,9～14天就可到达,且有追踪信息。但不可将其降级为时效40～60天,且无追踪信息的经济小包物流方式。

小思考

　　若卖家发货超时,全球速卖通平台会默认该订单关闭。作为卖家该如何处理订单呢?

　　此外,卖家可点击下方查看不可用物流方案,了解不可用物流名称及具体原因。一般原因有物流方案不支持买家所在国、与买家选择物流渠道不符及物流方案不支持宅配等。此笔订单,根据买家的选择、包裹成本、运费及利润等进行综合考虑,最终选择菜鸟无忧物流—标准渠道。

　　进入寄件信息页面,卖家填写准确的寄件地址、寄件人和联系方式。在发货方式上卖家有三种选择,分别是揽收、自送和自寄。一般来说,大部分城市都提供揽收服务。而一些偏远地区,揽收服务无法覆盖,卖家可选择自送或者自寄包裹到所在地最近的仓库。寄件信息和海关申报信息页面,如图 7-6 所示。

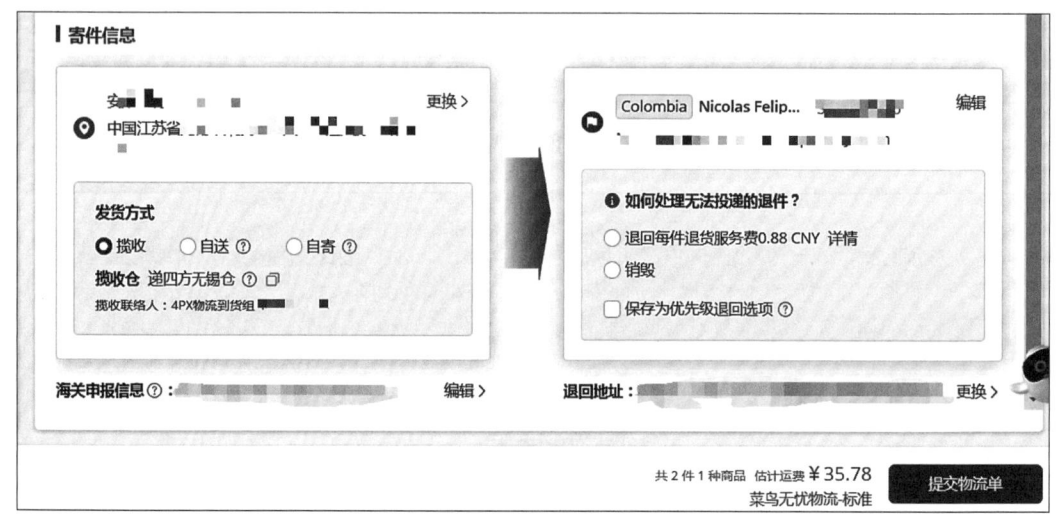

图 7-6　寄件信息和海关申报信息页面

　　在海关申报信息一栏,卖家需点击编辑,对货物的相关信息进行申报。右侧可编辑收件人的详细信息。如果包裹因为各种原因,最后无法投递,卖家可选择退回或者直接销毁。一般高货值的订单会选择退回,寄件时加上退货服务费 0.88 元人民币,低货值的订单可直接选择销毁。当全部确认之后,提交物流单,即可生成物流订单编号。生成物流订单页面,如图 7-7 所示。

三、通知客户订单已发货

　　在物流订单创建成功以后,直接进入物流详情页面,点击"填写发货通知"。进入该页面后,卖家需仔细核对发货地、线路等级、物流服务名称、货物跟踪单号等内容,根据需要选择全部提交发货通知或部分提交发货通知,即可完成通知事项,如图 7-8 所示。

　　从跨境电商客户服务的角度出发,发货通知类似系统提示,对客户而言较为刻板。因此,卖家在提交发货通知后应主动以站内信形式再次告知客户订单已发货,并向客户说明如何跟踪订单的物流状态,继续做好后续的服务工作。

图 7-7　生成物流订单页面

图 7-8　提交发货通知页面

任务二 跨境货物包装选材与打包

一、确定货物包装选材

对货物进行合适的包装,不仅可以防止货物在运输、装卸过程中受到损坏,还能对货物的销售起到促进作用。对于跨境货物来说,如何通过包装选材避免长距离运输对货物造成的损坏尤其重要。一些跨境小包易出现的丢件问题,都可以通过包装选材进行解决。鉴于包装对货物的重要性,在选择包装材料时,卖家应坚持以下几个原则。

(一) 包装选材与货物特点相适应

卖家在选择包装材料时,应首先结合商品特性,选择适宜的包装。如商品的形态特点(固体或液体)、形状特点(规则或不规则)、物理化学特性(是否具有腐蚀性或挥发性)及是否需要避光储存等。具有特殊性的商品,在包装选材时要格外关注,确保包装可以起到保护商品品质的作用。

(二) 包装选材与货物档次相适应

卖家在选择包装材料前,应对店铺产品的档次有明确的认知。根据客户订单对应产品,选用与产品档次相适应的包装材料,从而满足不同层次消费者的心理需求。针对高档产品,倾向于选择性能优良的包装材料。低档产品侧重于包装的经济性,中等档次产品则介于二者之间。

(三) 包装选材与流通条件相适应

流通条件是指气候、运输方式、买家特点及流通时长等。这些条件会对包装选材产生一定的影响。气候条件是指货物流通时所经受的温度、湿度变化,包装选材应适应环境要求,尤其是恶劣气候条件。运输方式是指不仅要注意海陆空三种不同的运输形式对包装选材的要求,同时也要注意装运、搬卸过程中人力操作对包装选材的要求。买家特点则是受不同国家和民族文化的影响,买家对包装颜色、图案、规格等有不同的偏好,因此包装选择要与之适应。流通时长是货物从卖家仓库到买家手上的整个预定期限,时间越长,对包装选材的牢固性要求越高。

目前常见的包装基础材料有纸质、塑料、金属及复合包装材料等。卖家可选择纸箱、气泡膜袋等为货物打包。纸箱的规格有三层、五层和七层,强度依次递增。针对服装类不怕压、不易碎的产品,卖家可使用三层纸箱;针对易碎或较为贵重的产品,如玻璃、数码产品等,卖家可使用五层或七层纸箱,且内部配合气泡膜、聚乙烯泡沫板等衬垫材料进行保护。

如何为 2 个重量为 65 克的铜管选择合适的包装材料?结合货物特点、产品档次及流通条件,可将货物先装进 BOPP 袋,再装入气泡膜袋。这是因为气泡袋中充满空气,可以起到缓冲和防震的作用,同时气泡膜袋材质比较特殊,可以防水防潮,从而更好保护商品。BOPP 袋和气泡膜袋样式,如图 7-9 所示。

二、完成物流单据打印和粘贴

在全球速卖通平台选择好物流方式,生成新的物流订单编号后,直接进入物流详情页面,订单状态显示为"待组包交接"。点击"打印面单",即可将物流订单的详细信息打印出来。物流面单打印页面如图 7-10 所示。

卖家打印好面单后,应将其牢固地粘贴在货物的外包装上。需要注意的是,面单上的物流条形码不可有褶皱,防止扫描时无法识别,影响货物的顺利通关。此外在粘

图 7-9　BOPP 袋和气泡膜袋

图 7-10　物流面单打印页面

贴面单时要考虑防水防潮,卖家可用透明胶带将面单完整、清晰地粘贴在包裹的中间位置,以防在国际运输过程中由于面单损毁无法派件,导致买家收不到货的情况出现。

其实,卖家粘贴的物流面单很多都只是一个过渡。因为物流公司在收到包裹后会更换成自家的物流面单。也就是说,买家收到的包裹,其面单和单号与卖家初始发过去的面单和单号是不同的。而且当包裹到达对应国家后,可能由物流公司继续派送,也有可能改由当地邮政派送,所以面单还会进一步变更。粘贴于包裹上的物流面单,如图 7 - 11 所示。

图 7‑11 粘贴物流面单

任务 三 跨境电商单据处理与物流追踪

一、填写报关凭证

(一) 中国海关对于跨境包裹出境的规定

海关总署公告 2018 年第 194 号《关于跨境电子商务零售进出口商品有关监管事宜的公告》规定:

跨境电子商务零售出口商品申报前,跨境电子商务企业或其代理人、物流企业应当分别通过国际贸易"单一窗口"或跨境电子商务通关服务平台向海关传输交易、收款、物流等电子信息,并对数据真实性承担相应法律责任。

跨境电子商务零售商品出口时,跨境电子商务企业或其代理人应提交《申报清单》,采取"清单核放、汇总申报"方式办理报关手续;跨境电子商务综合试验区内符合条件的跨境电子商务零售商品出口,可采取"清单核放、汇总统计"方式办理报关手续。

《申报清单》与《中华人民共和国海关进(出)口货物报关单》具有同等法律效力。同时要求传输、提交的电子信息施加电子签名。

（二）办理报关手续时的注意事项

全球速卖通平台卖家为保障货物顺利出境，需要完成一系列的报关流程。主要包括提交申报单、准备相关单据（如海运提单、商业发票、装箱单等）及等待海关查验货物。只有当货物通过海关审核，完成征税或减免手续后，卖家才能提取货物并运往海外目的地。某客户订单的报关凭证，如图 7 - 12 所示。

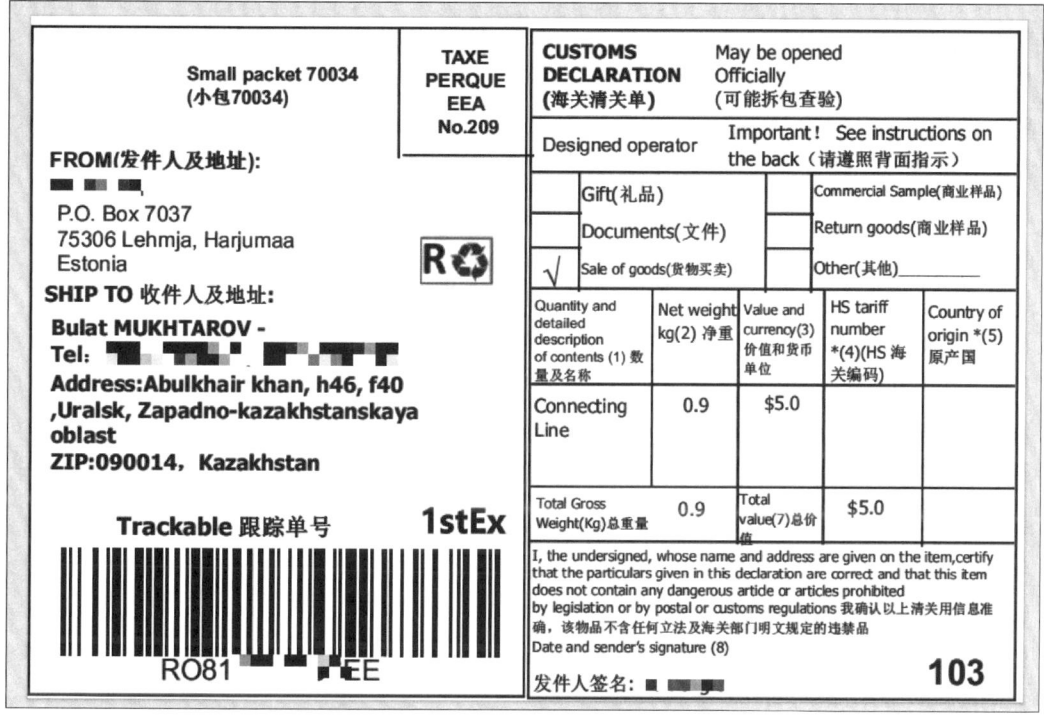

图 7 - 12　订单的报关凭证

值得一提的是，目前大多数物流公司都会代为办理报关手续，尤其是低货值或无须退税的包裹，卖家不需要亲自进行报关，而是由物流公司统一代为报关。但不管是卖家亲自报关还是物流公司代为报关，都需注意以下事项。

1. 了解进出口国的禁运限制

不同国家和地区针对某些特殊商品制定了禁运限制，即不允许出口或进口。卖家须明确包裹内货物不在中国和海外目的国的禁运限制名单内，包裹才可能顺利出入境。

2. 准确填写货物申报信息

卖家在填写货物的申报信息时，应仔细核对货物的名称、数量、价值、重量等信息，如信息不准确或不完整，则可能导致货物通关失败、物流延迟，甚至产生额外的税费等。

3. 保持畅通的联系方式

对于卖家来说，整个发货过程都应该与海关、物流公司保持有效的通信。在海关查验包裹或货物出现问题时,卖家可第一时间解决问题,同时联系物流公司,安排包裹或货物的正常运输或延缓运输等。

(三) 不同国家海关对于跨境包裹入境的规定

1. 美国海关和边境保护局(CBP)的规定

(1) 商品描述应准确完整。这决定了货物到达美国海关分配的分类号和税率。如果这些信息不准确,买家可能会支付错误的税率,甚至 CBP 会随机检查包裹导致货物被扣押,买家被罚款。

(2) 正确填写以美元计价的货物价格。卖家要提供单价,如果包裹内货物不止一个,则提供所有类似物品的总价值。部分国内卖家为了让买家不必支付关税而虚报成本,这是非法的,切不可行。

(3) 单据齐全备查。没有随附美国海关和边境保护局申报表和商业发票等的包裹可能会被扣押、没收或退还给发件人。因此卖家要将全套单据提交买家备查,注意申报表上卖家要标注产品的原产国,这可能与发件人所在国不一致。

(4) 通过国际邮政服务运送的包裹在抵达美国时将被转到 CBP 的一个国际邮政分支机构进行清关。申报价值低于 800 美元的包裹,需要支付关税或固定费用。800~2 500美元的货物,不受配额限制或不属限制或禁止物品,CBP 通常会为进口该物品准备文件,评估适当的关税,然后放行交付。如包裹的价值超过 2 500 美元,则需要买家提交文件或雇佣一个海关代理人来清关货物。

2. 英国海关对跨境包裹的规定

此前,中国跨境卖家凭借欧盟政府的免税政策,在欧洲电商市场发展迅速。然而英国正式"脱欧"之后,发布了新的增值税政策,结束了英国和欧盟其他国家之间的自由流通,对跨境电商物流服务造成了较大影响。

其中,低价货物免税政策被废除,海外商家在英国境内库存销售的所有产品都必须缴纳增值税。价值低于 135 英镑的产品,由电商平台直接代扣增值税并上缴英国税务系统;价值超过 135 英镑的产品,则须自行缴纳增值税等税费。

当买家需要支付增值税、关税或送货费时,英国皇家邮政、包裹递送公司会寄给买家一张账单,上面详细说明买家需支付的费用。此包裹将会在英国海关保留三周,到期未付款包裹将被退回寄件人。

3. 巴西海关对跨境包裹的规定

巴西海关对于入境货物的审查非常严格。通常寄给巴西当地个人的包裹,内部同样货物数量不能超过 3 件,否则海关将拒绝清关并直接退回发货地,且所产生的一切运费均由发货人承担。

巴西海关对进口报关货物实行抽检的方式,即按绿色、黄色和红色三种不同颜色的通道分类处理。绿色通道,是指全部免检自动报关;黄色通道,是指仅检查报关文件,核实后自动通关;红色通道,是指报关文件和货物均需经过检查后方能通关。此外还有列入灰色通道的包裹,其报关文件、货物和商品价值需经检查后方能通关。一般海关会在 5 个工作日内给出验货结果,验货时收件人应在场,若需抽样检测,费用由收件人承担。

根据巴西财政部公布的跨境网购进口税新规,自 2023 年 8 月 1 日起,在已加入巴西政府 Remessa Conforme 计划的跨境电商平台上产生且金额不超过 50 美元的订单将免缴进口税,否则将被征 60% 的进口税。这一举措一出立即引发了主流跨境电商平台和卖家的重点关注。AliExpress、Shopee、Mercado Livre、SHEIN 和 Sinerlog 5 家电商平台取得了巴西的税务合规(Remessa Conforme)认证,拿到了合规牌照。

二、填写商业发票

商业发票是卖方开立的载有货物名称、数量、价格等内容的清单,是买卖双方交接货物和结算货款的主要单证。在跨境货物买卖中,商业发票是不可或缺的单据之一。其重要性主要体现在以下几个方面。

1. 买卖双方交易的凭证

当买方支付完货款后,卖方将会开立商业发票交与买方,以证明买方支付了发票载有的相应金额,卖方交付了发票载有的相应名称、数量、价值的货物。可见,商业发票见证着双方交易的达成。

2. 买卖双方索赔和理赔的依据

当买方收到货后,发现货物质量存在问题时需要向卖家索赔。当卖家接到买家索赔需要进行理赔时,都必须用到商业发票。这是因为买卖双方要依据商业发票上记载的货物信息进行验证,才能进行索赔和理赔。

3. 货物通关的必备文件

当包裹或货物需要出入境时,商业发票是保障其清关的必要文件。如包裹或货物进入另一国,当地海关将会查验发票以确认货物的名称、数量、价值等信息的真实性。只有通过海关检验,货物才能顺利出入境。

因此,卖家在填写商业发票时,务必要保证所填信息的准确性、完整性,以确保包裹或货物的顺利通关和交易的达成。一般商业发票需要填写的内容有货物的名称、数量、价格,收货人和发货人的姓名、地址、联系方式等信息。当货物的数量不止一件时,要注意核对总价与单价乘以数量是否一致。某客户订单的商业发票,如图 7 - 13 所示。

需要注意的是,在跨境电商业务中,形式发票(Proforma Invoice,简称 PI),经常会被用到。它与商业发票之间的区别主要体现在性质、用途和内容上。

(1)形式发票是一种非正式发票,它所记载的产品价格、数量、价值等内容是卖家基于当时现状所作的估计,并不具有法律约束力。商业发票是正式发票,它所记载的产品价格、数量、价值等内容必须与实际交付或通关的货物一致,具有法律约束力。

(2)形式发票通常充当临时合同,用于买卖双方签订合同前进行产品信息确认,具有合同文件的作用。正式发票则是经过仔细填写和严格审批开具的,是买卖双方交易的凭证,是跨境货物通关的必要文件。

图 7 – 13 某客户订单的商业发票

（3）形式发票和商业发票都需填写货物描述、单价、数量、总价、付款方式等内容,但形式发票没有正式的发票编号和单位印章,所以二者从内容上看差异较为明显。

三、追踪物流信息

当卖家处理完线上发货、包裹打包、快递揽收、填写报关凭证及商业发票后,订单的基本操作就算完成了。但对于这笔交易来说,并没有完成。因为只有当买家顺利收取货物,并在平台点击确认收货后,货款才能到达卖家账户中。所以卖家在处理完订单的基本操作以后,需要持续关注包裹的物流信息。

包裹的物流信息可以通过物流公司官网进行查询。大部分物流公司官网或某些综合网站可以查询包裹的追踪信息,也有部分物流公司不支持查询或针对部分国家不提供信息追踪服务,所以包裹后续的物流追踪是否可查询取决于物流公司的选择。对于卖家而言,当货值较低或订单金额较小时,可以选择较为经济的物流方式,如邮政小包,其中平邮这种方式,物流信息不可查。当货值较高或订单金额较大时,可以选择较为快捷的物流方式,如商业快递 UPS,全程可追踪物流信息。某巴西客户订单在 UPS 官网的物流信息追踪,如图 7 – 14 所示。

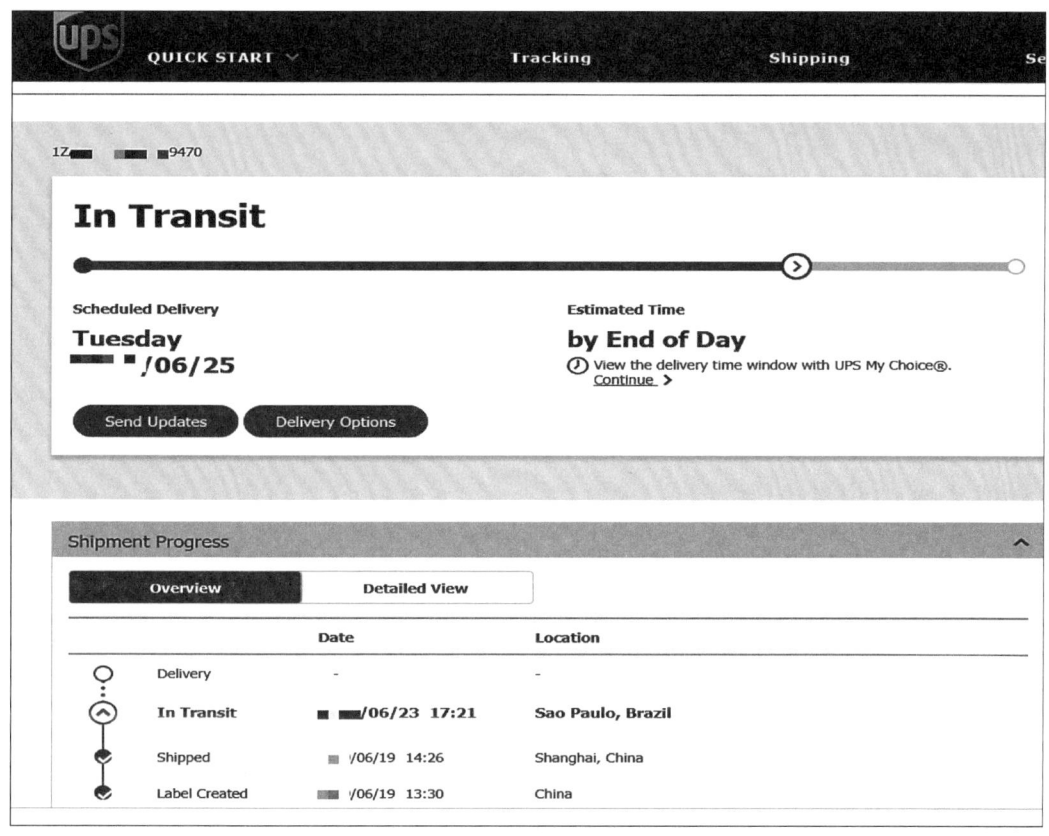

图 7-14 UPS 官网物流信息追踪

作为全球最大的跨境电商物流企业之一，菜鸟从 2014 年就开始为全球速卖通平台上的跨境中小商家提供适用性强的跨境快递服务。近年来，全球速卖通和菜鸟结伴出海，跨境服务不断升级。针对不同客户需求，菜鸟推出多种时效、服务优质、成本更低的组合产品矩阵，如菜鸟无忧物流—优先级、标准级等。

菜鸟无忧物流—优先级主要针对西班牙、荷兰、英国、比利时等市场需求旺盛国家，预计时效在 5~10 个自然日，部分地区包裹最快 5 日可送达。优先级采用逐票揽收方式，全程物流信息可追踪，为高货值商品提供全链路妥投保障。

菜鸟无忧物流—标准级主要针对英国、法国、德国等核心国家，最快 7 日可送达，预计时效在 10~18 个自然日。标准级在国内主要地区免费揽收，提供一件起揽等快捷服务，全程物流信息可追踪，更有履约保障、赔付无忧服务，性价比高。

如果卖家选择了菜鸟与全球速卖通合作的物流方式，当卖家发货后，可通过菜鸟全球快递查询进行物流信息查询，及时跟进物流信息。同时卖家可将查询到的物流追踪信息提交买家，做好物流跟踪服务工作，提高客户满意度。菜鸟全球快递查询官网物流信息追踪，如图 7-15 所示。

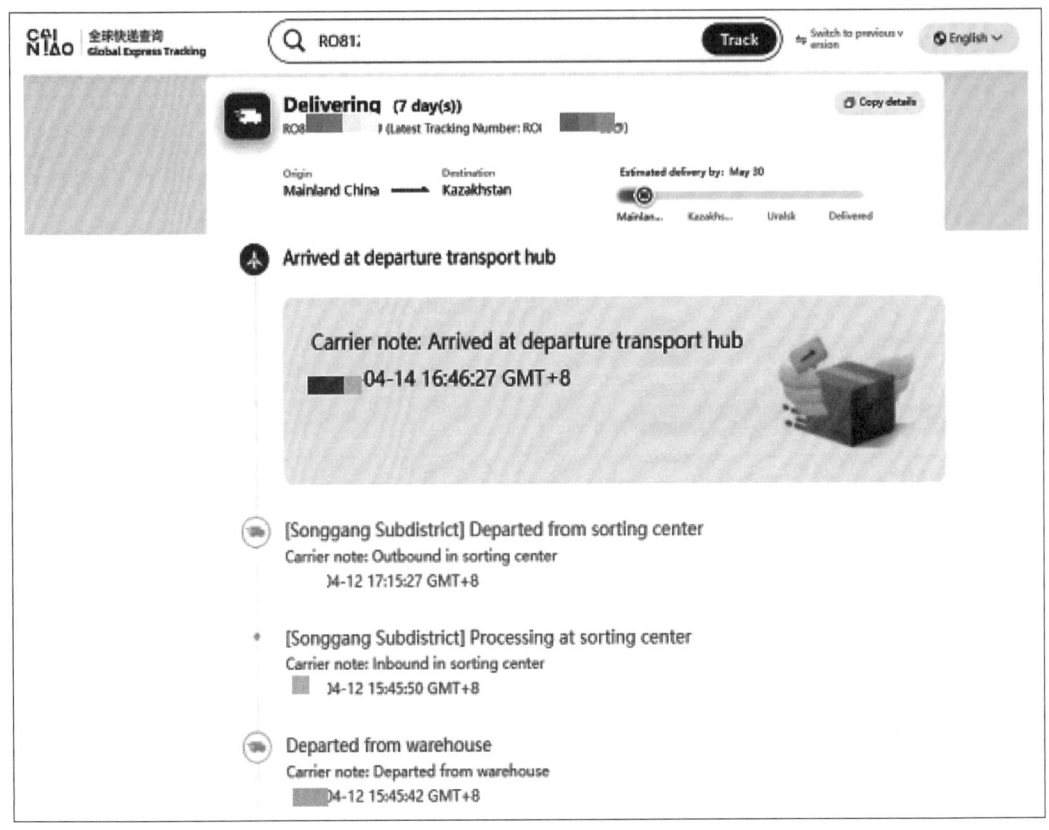

图 7-15　菜鸟全球快递查询官网物流信息追踪

技能与素养提升

海关总署公布打击洋垃圾典型案件

1. 上海海关缉私局破获走私入境城市垃圾案。上海海关缉私局于 2024 年 5 月 24 日立案侦办走私入境废物案,对 2 名犯罪嫌疑人采取刑事拘留强制措施,涉案固废共计 148 个集装箱,总重量逾 3 000 吨。涉案固废除垃圾塑料碎片外,有 20 个集装箱近 500 吨的生活垃圾,该案为上海海关缉私局首次侦办此类走私废物案。

2. 宁波海关缉私局侦办废棉纱走私案。2023 年 2 月,宁波海关缉私局侦办走私进口废棉纱案,查证走私国家禁止进境的固体废物共 9 000 余吨。犯罪嫌疑人在明知国家禁止从境外进口边角料纱、棉、布等固体废物的情况下,通过供货商从境外购买边角料纱、棉、布等,直接运往中国,或途经第三国换箱后运往中国,并以伪报品名等方式走私进口。

3. 厦门海关缉私局查获走私进口再生牛卡纸案。2024 年 5 月 8 日,厦门某进出口有限公司以一般贸易方式向海关申报一批再生牛卡纸,申报数量为 256.76 吨。经查验,部分再生牛卡纸存在散落、泡水、脏污、破损、霉变及卷筒卷芯严重变形情况。经鉴定,判定该批再生牛卡纸中 36 卷共计 65.57 吨为固体废物。

4. 广州海关缉私局侦办二手电子设备走私案。2023 年以来,广州海关缉私局立案侦办电子垃圾走私系列案,查获禁止进境的废旧电脑电源、硬盘、光驱、旧 IPAD 屏等旧电脑杂件共计 104.41 吨,成功铲除一个集货主、揽货团伙、通关团伙的走私电子垃圾链条。犯罪嫌疑人在境外收购二手电子设备后,运送到境外第三地进行拆分装柜,然后伙同通关团伙通过伪报、瞒报的方式走私。

5. 江门海关缉私局破获走私废船案。2024 年 4 月 2 日,江门海关缉私局联合广东海警局、江门市公安局、阳江市公安局开展缉私联合行动,在阳江、江门等地同步开展海、水、陆联动集中收网行动,抓获涉案人员 18 人,查获境内拖带渔船 3 艘,在 3 个拆船厂内查获涉嫌走私进境废旧船舶 4 艘(其中两艘已部分拆解),重 2 000 余吨,成功捣毁两个集走私、拖带、拆解、贩卖报废船舶为一体的犯罪团伙,全链条铲除了涉海走私固体废物"购、运、储、销"的犯罪网络。

思考:在跨境电子商务活动中,海关如何有效识别和拦截禁止进口的固体废物,以防止"洋垃圾"通过电商渠道进入国内? 商家如何确保所售商品符合海关进口规定,避免触犯禁止或限制进口条款?

项目训练

1. 单选题

(1) 创建物流单—商品信息页面,(　　)可以通过一般的物流渠道进行运输。

A. 普货　　　　　　B. 带电货物　　　　　C. 特货　　　　　　D. 大路货

(2) 跨境电子商务零售商品出口时,跨境电子商务企业或其代理人应提交(　　),采取"清单核放、汇总申报"方式办理报关手续。

A. 进出口货物报关单　　　　　　　　B. 海运提单

C. 货物发票　　　　　　　　　　　　D. 申报清单

(3) 美国海关和边境保护局针对申报价值低于(　　)美元的包裹,通常不需要准备任何额外的文件就可以清关。

A. 500　　　　　　B. 600　　　　　　C. 800　　　　　　D. 1 000

(4) 巴西海关对于入境货物的审查非常严格。如包裹内部同样货物数量超过(　　)件,海关将拒绝清关并直接退回发货地。

A. 3　　　　　　　B. 4　　　　　　　C. 5　　　　　　　D. 6

(5) 一般而言,包裹后续的物流追踪是否可查询取决于(　　),大部分物流公司都可查询包裹的追踪信息。

A. 货物价值　　　　B. 物流公司　　　　C. 货物数量　　　　D. 货物种类

2. 多选题

(1) 卖家在选择包装材料时应遵循包装选材与(　　)相适应原则,以防止货物在运输过程中受损。

A. 货物特点　　　　B. 货物档次　　　　C. 流通条件　　　　D. 买家需要

(2) 巴西海关对进口报关货物实行抽检的方式,按(　　)这几种不同颜色的通道进行分类处理。

    A. 绿色   B. 黄色   C. 红色   D. 灰色

    （3）以下电商平台中，（   ）等均取得了巴西的税务合规（Remessa Conforme）认证，拿到了合规牌照。

    A. Shopee   B. Wish   C. SHEIN   D. AliExpress

    （4）商业发票的重要性主要体现在（   ）方面，因此卖家在填写商业发票时，务必保证所填信息的准确性、完整性。

    A. 交易凭证   B. 索赔依据   C. 理赔依据   D. 通关必备文件

    （5）在跨境电商业务中，形式发票与商业发票的区别主要有（   ）上的差异，所以需要严格区分。

    A. 数量   B. 性质   C. 用途   D. 内容

3. 判断题

（1）对于新手卖家来说，当收到新订单时要第一时间发货。   （   ）

（2）在买家选择的物流渠道基础上，卖家选择的物流方案既可升级又可降级。

                                            （   ）

（3）卖家在办理报关手续时，应仔细填写货物申报信息，如信息不准确或不完整，可能导致货物通关失败、物流延迟，甚至产生额外税费。   （   ）

（4）为了让买家不支付关税，卖家可以虚报成本，这在美国是合法的。   （   ）

（5）在处理订单操作时，卖家将物流追踪方式和物流单号告知客户即可，后续无须提供物流跟踪服务。   （   ）

4. 任务实训

（1）在全球速卖通实训平台，注册买家身份后在他人店铺下订单。注意：买家身份可以选择美洲、欧洲及东南亚等国，下单时注意数量要符合全球速卖通平台买家特点。

（2）在全球速卖通实训平台，切换卖家身份后，进入我的店铺—查看新订单—审核资金状态后，完成订单处理操作。注意：商品信息、物流方案、海关申报信息填写的注意事项。

项目八

跨境电商支付与结算

 项目导图

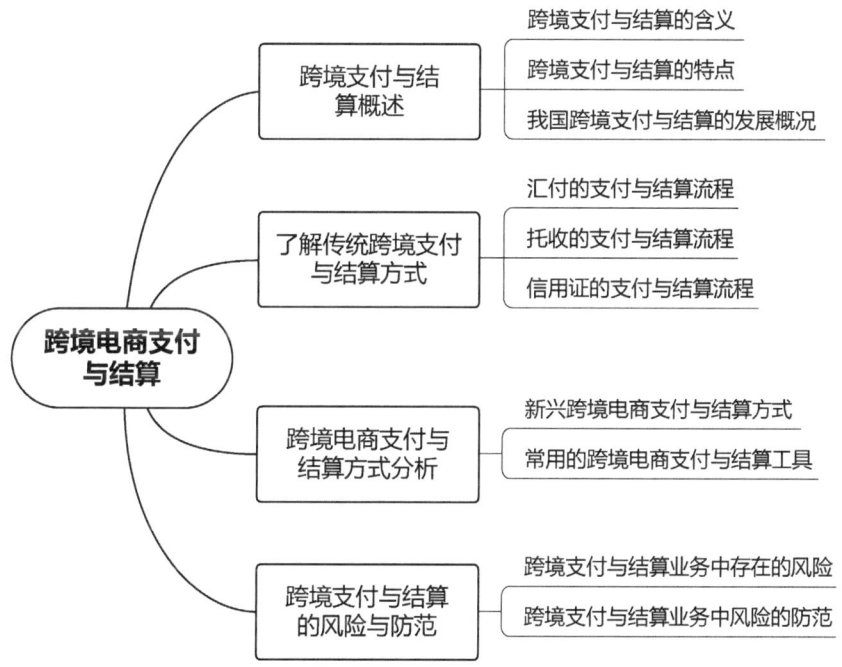

学习目标

1. 知识目标
（1）了解跨境电商支付与结算的含义。

（2）熟悉常用的跨境支付与结算方式。

（3）掌握常用跨境支付与结算的流程。

2. 能力目标
（1）能够根据不同跨境贸易方式，选择合适的跨境支付与结算工具。

（2）能够操作使用传统跨境支付与结算工具。

（3）能够操作使用跨境电商支付与结算工具。

3. 素养目标

（1）理解跨境支付与结算在促进国家对外开放和经济发展中的重要作用，培养爱国情怀和使命感。

（2）探索跨境支付与结算的新工具、新模式，培养创新思维。

（3）防范跨境支付与结算风险，培养法规意识。

 **项目背景**

陕西自贸试验区浐灞功能区商务中心的"通丝路"陕西跨境电子商务人民币结算服务平台展厅，陈列着来自三秦大地的特色产品，陕南的茯茶、陕北的小米、关中的核桃，还有很多高新材料，琳琅满目。"通丝路"平台自 2018 年上线以来，凭借着"多、快、好、省、全"的服务特色赢得了众多企业的青睐和选择，进出口品类涉及装备制造、工业品、农产品等十余种，产品种类 200 余种，出口国家涉及缅甸、韩国、印度、美国等多个国家。"通丝路"以跨境电商的方式，将陕西乃至全国的特色商品和服务卖到其他国家。"通丝路"以跨境人民币结算为核心，创新"互联网＋跨境人民币"新模式，通过中国银行与 500 多家金融机构的代理行关系，为小微企业提供出口贴现、打包贷款等 10 余种贸易融资产品和全产业链解决方案，助力小微企业和农户"走出去"。

跨境支付与结算在国际贸易和商务活动中扮演重要角色，但也存在程序复杂、周期长、易受汇率影响等问题，需要跨境从业者充分了解跨境支付与结算知识，熟练运用多种结算工具，助力中国产品走向更加广阔的市场。

情境导入

近年来随着国潮兴起，马面裙在中国互联网走红，逐渐从小众变成爆款，这股热潮不但席卷中国大江南北，还涌向了海外。安徽名尚国际贸易有限公司接到了一笔来自东南亚的提花面料订单，用于制作马面裙，客户表示想通过 PayPal 付款采购，然而，习惯于传统贸易结算方式的老员工不太了解跨境电商结算方式，便将此事汇报给了梁经理。梁经理让财务部门的小高迅速熟悉主要跨境电商贸易国常用的跨境支付与结算方式，以应对来自不同国家的跨境电商支付问题。

任务 一　跨境支付与结算概述

全球跨境支付与结算市场保持着稳定增长的态势，其中北美和亚洲，特别是美国和中国，成为全球跨境支付活跃的主要区域。跨境支付与结算领域正在快速演变，新技术的应用、监管政策的调整以及人民币国际化的推进都在推动这一行业的发展。同时，行业也面临着合规风险、技术风险、市场风险等挑战。

一、跨境支付与结算的含义

跨境支付与结算是指在不同国家或地区之间，因国际贸易、国际投资及其他经济活动，通过特定的结算工具和支付系统实现资金的跨国和跨地区转移。

跨境支付与
结算风险防
控

例如中国的卖家要通过跨境电商平台将商品卖给美国、法国、新加坡、印度尼西亚、泰国等国外消费者，国外消费者在购买商品时会使用 PayPal、Visa 等海外支付工具，付款的币种涉及美元、欧元、新加坡元、印尼盾、泰铢等，但中国的卖家最终接收的是人民币，就需要通过结算工具和支付系统，实现使用外币的支付通道接收外币，并且将收到的外币结算成人民币给中国卖家，最终完成交易。而中国的进口贸易与之相反，进口商需要将人民币换成外币给国外卖家结算。

从以上例子可知，付款人（买家）是海外用户，收款人（卖家）是国内商户，他们不在一个国家，使用不同的币种和支付工具，所以需要跨境支付公司帮助串联付款方工具、货币兑换和收款方结算过程。

二、跨境支付与结算的特点

跨境支付与结算是跨境贸易的关键环节之一，它对贸易双方的利益和资金流动产生直接影响。随着全球化的推进和互联网技术的飞速发展，跨境支付与结算方式发生了巨大的变化，呈现以下特点。

（一）由国际经济活动引发

跨境支付与结算源于国际贸易、跨境电商、服务交换、投资等国际经济活动中的债权债务关系，参与主体是国际经济活动中的当事人，包括位于不同国家或地区的个人、企业以及金融机构。

（二）支付工具多样性

由于不同国家使用不同的法定货币，因此需要进行货币兑换，同时也涉及外汇风险管理和票据流通等法律问题，跨境支付与结算提供多种支付方式，以满足不同国家和地区用户的需求。这些支付方式可能包括信用卡、借记卡、电子钱包、银行转账等，覆盖全球范围，为用户提供了更多选择。

（三）安全与合规要求

跨境支付与结算需要遵循特定的监管和法规，以确保支付的合法性和有效性，如必须符合各国的反洗钱、反恐怖融资法规及外汇管理规定。支付服务提供商需获得相应国家监管机构的许可，如中国人民银行和国家外汇管理局的批准，确保支付环境的安全可靠。跨境支付与结算系统通常配备高级的安全措施，如加密技术、身份验证等，有效防止黑客入侵和欺诈行为，以保障用户的财产安全。

（四）货币选择与汇率风险

跨境支付与结算必须以收付双方都能接受的货币作为支付结算货币，为了支付方便和安全，一般采用国际通行的结算货币，如美元、欧元、英镑等，特殊情况也有例外。然而，不同币种的兑换带来了汇率波动风险，需要交易双方或支付服务提供商妥善管理。

打开手机银行 APP 或搜索引擎,查询了解今日各币种间的汇率。

(五)创新、高效与低成本趋势

随着金融科技的发展,如区块链、数字货币、人工智能技术的应用,跨境支付与结算正变得越来越快速、低成本。例如,某支付提供快速提现服务,最快 6～7 秒到账,手续费相对较低,提高了资金周转效率。

(六)全球支付网络

为适应全球化趋势,跨境支付系统需具备全球可达性,支持多种货币转换,保证交易的安全与隐私。这要求支付系统具有高度的兼容性、灵活性和全球化的服务体系。

跨境支付与结算正处于复杂、动态发展中,它在促进全球贸易、提高资金流动性的同时,也面临着诸多挑战,如合规、安全、效率和成本控制等问题。随着技术进步和国际合作的深化,这一领域将持续演进,以满足全球市场的新需求。

三、知晓我国跨境支付与结算的发展概况

我国跨境支付与结算的发展历程是一个从传统向现代逐步过渡,并且日益国际化、数字化的过程,体现了以下几个关键特征和趋势。

(一)市场规模持续增长

中国跨境支付行业近年来取得了显著的发展,这一进程与中国经济的不断增长和对外开放政策密切相关。2023 年中国跨境支付行业研究报告显示,自 2017 年以来,该行业市场规模从 0.47 万亿元增长至 2022 年的 1.98 万亿元,保持了 33.54% 的年复合增长率。

小额 B2B 跨境贸易的兴起,大大推动了跨境支付的需求。针对海外小商家的支付解决方案,如简化流程、降低费率,促进了中小企业的国际贸易活动,节约了支付与结算成本,增强了市场活力。2024 年我国第三方跨境电商、跨境 B2B 支付市场交易规模同比增长均超 20%。

(二)数字化与技术创新

中国跨境支付市场正经历快速的数字化转型,第三方支付平台如支付宝、微信支付、连连支付等,通过与国际支付系统对接,为用户提供便捷的小额跨境支付服务。同时,区块链、大数据、人工智能等金融科技的集成应用,正在提高支付效率,降低交易成本。央行数字货币的研发,预示着未来跨境支付可能更加便捷和安全。

数字货币与虚拟货币在本质、发行方、应用场景等方面有何差异?

(三)人民币国际化推进

随着中国经济的持续增长和国际地位的提升,人民币在国际支付中的使用越来越广

泛,跨境人民币结算模式也在发展。人民币跨境支付系统(CIPS)的不断完善和推广,为人民币国际化提供了坚实的基础,提高了人民币在跨境交易中的结算效率和便利性。中国已与超 30 个国家和地区授权了人民币清算行,为市场主体提供了更加多元化的币种选择。

(四) 政策支持与监管框架

中国政府对跨境支付持积极鼓励态度,出台了一系列政策以促进其健康发展,不断完善监管框架,既鼓励创新,又强调风险防控,特别是加强对反洗钱、反恐怖融资的监管力度,提升国际支付系统的互操作性。

(五) 国际协作与市场开放

中国积极参与国际支付体系的合作与建设,参与国际支付规则的制定,推动支付标准的国际化,与 SWIFT、其他国际支付网络及多国金融监管机构保持紧密合作。同时,中国也在逐步开放金融市场,吸引更多外资支付机构进入中国市场,促进竞争与合作。

拓展阅读

支付企业"出海",提升本地化服务能力是关键

庞大的跨境贸易市场为跨境支付带来了巨大的机遇。中国支付企业出海,优势在于强大的数字基建能力、技术创新能力、丰富数字化支付经验以及政策支持。

但中国支付企业在出海过程中,也遇到非常多的挑战。首先,支付行业在国际市场处于高度竞争中,需要比拼支付品牌的国际影响力;其次,不同的国家和地区移动互联网基础设施发展步调不一致,这对支付清算模式、系统更新发展及互联互通的推进都有更高的要求,非常考验支付企业的研发能力,企业需要思考如何提高结算效率、降低企业成本;最后,文化差异考验支付企业本地化运营能力,企业需要深入了解并适应不同国家和地区不同的文化背景、监管政策以及消费使用习惯,从而为用户提供更精细化、个性化的服务,以及确保业务的合规性和稳定性,一旦支付企业有本地化服务能力,它就能成为核心竞争壁垒。

深圳新国都支付技术有限公司是国内较早布局海外业务的支付公司,公司采用"支付硬件出海+支付服务出海"的双出海战略,取得了可喜的成就。支付硬件出海方面,新国都的支付硬件产品已经在全球超过 100 个国家实现销售。尼尔森报告数据显示,新国都的支付硬件产品出货量多年位居全球前十。在支付服务出海方面,新国都已经取得卢森堡 PI 牌照、香港 MSO 牌照、美国 MSB 牌照,具备了同时开展海外本地收单业务和跨境支付业务的牌照条件。以卢森堡 PI 牌照为例,欧洲反洗钱监管非常严格,PI 牌照在欧洲市场是支付全牌照,目前在欧盟成员国取得支付牌照的中国公司较少,拿下 PI 牌照,成为新国都在欧洲市场开展业务的核心壁垒之一。

同时,新国都推出跨境支付品牌 Paykka,现已布局开展海外本地收单和 B2B 外贸收款相关业务。在海外本地收单方面,公司可在欧盟地区为餐饮、零售、旅游等多

个行业商户提供扫码、刷卡等多种支付方式的收单服务。在 B2B 外贸收款方面,公司能够为外贸 B2B 商户提供一站式跨境支付解决方案,解决商户资金在收、付、结、汇、管方面的问题。

(六) 重视风险管理与合规

随着跨境支付业务的拓展,风险管理与合规成为支付机构关注的重点。企业加强内部风控体系,利用科技手段提高监测能力,确保交易的合法合规,维护市场秩序。

(七) 传统跨境支付与结算方式和跨境电商支付与结算方式将互补共存

目前广泛使用的跨境支付与结算方式可以分成传统跨境支付与结算方式,以及跨境电商支付与结算方式两大类。传统 B2B 跨境贸易的市场主导地位暂时不会改变,同样,传统跨境支付与结算方式仍会在市场中占据重要地位。跨境电商模式及平台的出现,会促使传统跨境支付与结算方式进行改革。在市场中,传统跨境支付与结算方式和跨境电商支付与结算方式将互补共存。

中国跨境支付与结算市场正展现出强劲的增长势头,融合了技术创新、政策引导、市场需求等多方面因素,持续推动着国际支付领域的进步与变革。

任务 二 了解传统跨境支付与结算方式

B2B 跨境贸易中,采用的传统跨境支付与结算方式主要包括汇付、托收、信用证。

一、汇付的支付与结算流程

(一) 汇付的定义

汇付又称汇款,是指付款人主动通过银行或其他途径将款项汇交给收款人的支付方式。汇付属于顺汇,因为使用的结算工具的传递方向是从买方流向卖方,与资金的流向一致。在国际贸易中,汇付通常基于买卖双方之间的商业信用,即没有银行提供信用担保,因此风险相对较高,但手续较为简便、灵活。

(二) 汇付的分类

1. 电汇

电汇(Telegraphic Transfer, T/T)是国际结算中的一种支付方式,是指汇款人将一定款项交存至汇款银行,然后该银行通过电报、电传或 SWIFT(环球同业银行金融电讯协会)系统给目的地的分行或代理行(汇入行),指示汇入行向收款人支付一定金额的一种汇款方式。

电汇具有快速、安全、直接的特点,通过银行系统进行的电汇操作具有较高安全性,信息加密传输,减少了欺诈和错误的风险,在需要快速跨境转移资金的情况下被广泛采用,但同时也要求交易双方有足够的信任基础和准确的银行信息。

2. 信汇

信汇(Mail Transfer，M/T)是一种传统的国际汇款方式，是指汇款人向当地的银行交付本国货币，并由该银行开具付款委托书，之后通过普通的邮政服务(如航空邮寄)将这份付款委托书寄送到国外的分行或代理行，由这些机构负责处理并将指定的外汇金额支付给收款人。由于信汇依赖于实体邮件的传送，因此相比电汇，其处理时间更长，可能需要几天甚至几周，这取决于邮寄时间和银行处理速度。这种汇款方式主要用于金额较小、时效性要求不高的交易。

信汇的特点在于手续较为简便，费用一般低于电汇，但由于邮寄过程的存在，存在一定的风险，如邮件丢失或延误，且资金周转速度慢。随着金融通信技术的发展，电汇和其他更快捷、安全的电子转账方式变得日益普遍，使得信汇在现代国际贸易和日常金融活动中已不太常见。不过，在某些特定情境下，如汇款人对时间要求不高，或者希望降低成本时，信汇仍然是一个可选的支付方式。

3. 票汇

票汇(Demand Draft，D/D)是指汇出行应汇款人的申请，代汇款人开具一张银行即期汇票(Banker's Draft)，这张汇票会指定其国外的分行或代理行(汇入行)作为付款人，支付特定金额给收款人。汇票开出后，由汇款人自行寄送给收款人，收款人凭借该汇票向指定银行兑取款项。

票汇的核心是银行出具的纸质汇票，这是一种可转让的金融工具，但银行仅作为汇票的发行者，不提供信用担保。收款人收到汇票后，需将其提交给指定银行进行兑付，时间上不如电汇迅速，还存在汇票丢失、损坏或被冒领的风险。

(三) 汇付支付与结算的流程

1. 电汇支付与结算流程

电汇支付与结算流程，如图8-1所示。

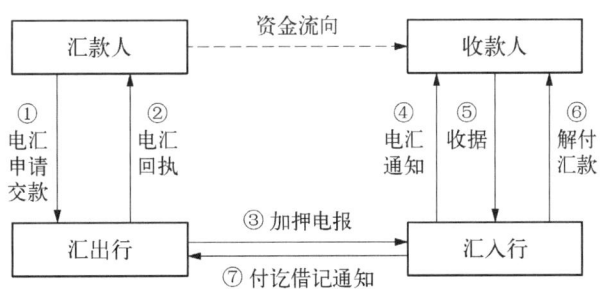

图8-1　电汇支付与结算流程图

电汇支付与结算的业务流程如下：① 汇款人递交电汇申请书并交款、付费；② 汇出行发给汇款人电汇回执；③ 汇出行拍发电传、电报或 SWIFT 给汇入行；④ 汇入行核对密押后将电汇通知书送达收款人；⑤ 收款人持通知书向汇入行取款，并在收款收据上签章；⑥ 汇入行借记汇出行账户，解付汇款给收款人；⑦ 汇入行将付讫借记通知书寄给汇出行。

2. 信汇支付与结算流程

信汇支付与结算流程,如图 8-2 所示。

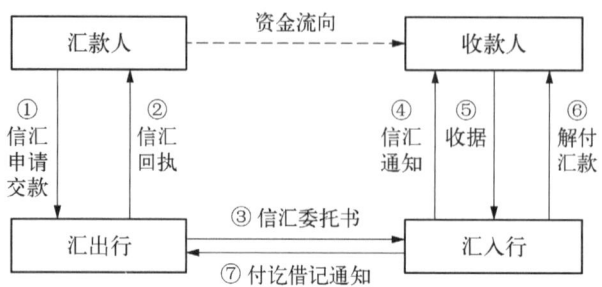

图 8-2　信汇支付与结算流程图

信汇支付与结算的业务流程如下:① 汇款人填写信汇申请书,并向汇出行付款;② 汇出行向汇款人出具信汇回执;③ 汇出行制作委托书,邮寄给汇入行;④ 汇入行核对签字后将信汇通知书送达收款人;⑤ 收款人将收款收据盖章,交给汇入行;⑥ 汇入行借记汇出行账户,解付汇款给收款人;⑦ 汇入行将借记通知书寄给汇出行完成汇款。

3. 票汇支付与结算流程

票汇支付与结算流程,如图 8-3 所示。

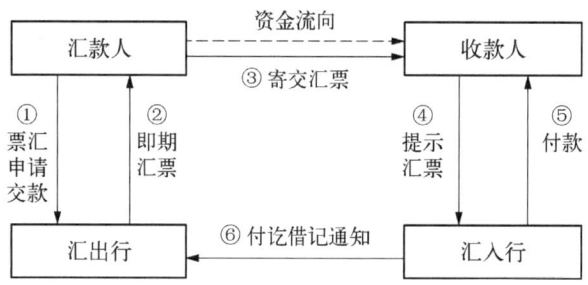

图 8-3　票汇支付与结算流程图

票汇支付与结算的业务流程如下:① 汇款人填写票汇申请书,并向汇出行付款;② 汇出行开立即期汇票交给汇款人;③ 汇款人向收款人寄交汇票(也可自行携带出国);④ 收款人提示汇票(也可转让);⑤ 汇入行借记汇出行账户,凭票付款给收款人;⑥ 汇入行将借记通知书寄给汇出行,通知付款完毕。

二、托收的支付与结算流程

(一) 托收的定义

托收是指在进出口贸易中,出口方开具以进口方为付款人的汇票,委托出口方银行通过其在进口方的分行或代理行向进口方收款的一种结算方式。托收属于逆汇,因为在托收中,作为结算工具的单据和单据的传送与资金的流动呈相反的方向。托收属于商业信用,银行完全根据卖方的指示来处理,银行是否能收到货款,依靠买方的信用。托收方式对买方比较有利,费用低、风险小、资金负担小,甚至可以取得卖方的资金融通。

(二) 托收的分类

根据是否附有单据托收可以分为光票托收和跟单托收两种。

1. 光票托收

光票托收是指银行仅处理金融单据,如汇票、支票等,而不涉及货物运输等商业单据的托收。它通常用于收取货款尾数、佣金、样品费以及其他贸易从属费用等小额款项。

2. 跟单托收

跟单托收是指金融单据附带商业单据或不用金融单据的商业单据的托收。跟单托收主要分为两种方式,即付款交单(D/P)和承兑交单(D/A)。

(1) 付款交单(Documents against Payment,D/P)。

付款交单要求进口商支付货款后才能获得货运单据,即"一手交钱,一手交单"。出口商将汇票和货运单据交给银行托收,指示银行只有在进口商付清货款后,才能交出货运单据。按付款时间的不同,付款交单又可分为即期付款交单和远期付款交单。这种模式下,出口商的风险较低,因为进口商不付款时,出口商仍保留货物的控制权。

(2) 承兑交单(Documents against Acceptance,D/A)。

承兑交单是指出口商将远期汇票和商业单据交给银行托收,银行在进口商承兑汇票后,将货运单据交给进口商,进口商在汇票到期时必须付款。这种方式为进口商提供了资金上的便利,但增加了出口商的风险。

跟单托收的分类主要根据交单条件的不同而有所区别。出口商在选择跟单托收方式时,需要综合考虑进口方的信用状况、与进口商的贸易关系、自身风险承受能力以及对资金流的需求等因素。

(三) 托收支付与结算的流程

在托收方式中,尽管光票托收在某些特定情况下仍然有用,但跟单托收因其与货物运输相关的能力、信用风险管理和货物控制的优势,通常在国际贸易中被更广泛地使用。下面以跟单托收的两种方式为例来说明托收支付与结算的流程。

1. 付款交单业务流程

付款交单业务流程,如图 8-4 所示。

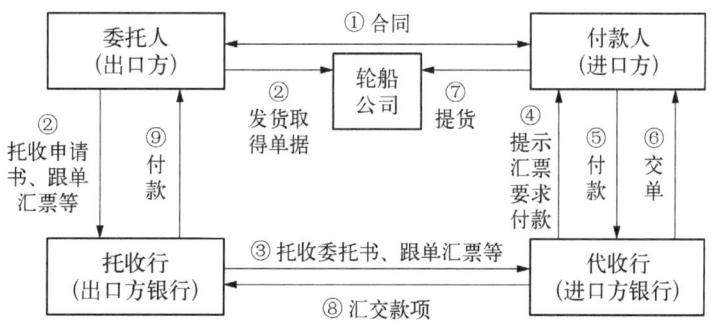

图 8-4　付款交单业务流程

付款交单的业务流程,具体如下。

① 合同约定:出口商与进口商在贸易合同中约定采用付款交单(D/P)作为结算方

式,明确是即期 D/P 还是远期 D/P。

②　货物出运与提交托收申请:出口商完成货物出运后,准备全套单据,包括但不限于提单、商业发票、装箱单、品质证书、产地证明等,如果是远期 D/P,还包括远期汇票。出口商将上述单据连同托收指示提交给其开户银行(托收行),指示银行在收到货款后向进口商交付出货单据。

③　银行间托收:托收行通过 SWIFT 或其他国际银行间通信系统,将单据和托收指示书发送给进口商所在地的银行(代收行)。

④　单据提示与付款要求:代收行收到单据后,向进口商提示单据并要求按 D/P 条件付款。如果是即期 D/P,进口商需即时支付货款;若是远期 D/P,则进口商需在汇票到期日支付。

⑤　进口商付款:进口商审核单据无误后,按照 D/P 条件支付货款给代收行。付款可以是现金、转账或其他双方同意的方式。

⑥　单据交付:代收行在确认收到货款后,将全套单据交给进口商。

⑦　提货:进口商凭提单等单据提货。

⑧　汇交收妥的款项:代收行将收到的款项减去相关手续费后,通过银行系统转账给托收行。

⑨　出口商收款:托收行将货款交付给出口商。

2. 承兑交单业务流程(图 8-5)

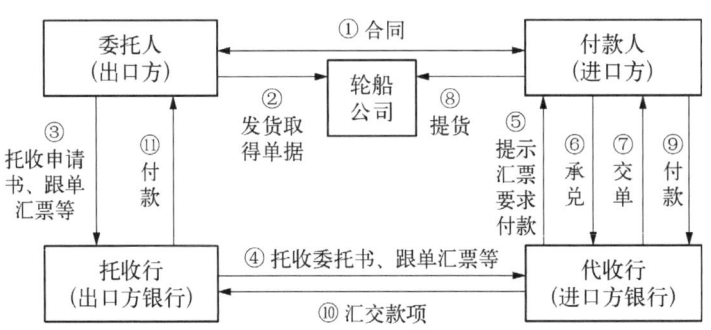

图 8-5　承兑交单业务流程

承兑交单的业务流程如下。

①　合同签订:出口方和进口方签订国际贸易合同,并约定使用承兑交单作为支付方式。

②　货物发运:出口方根据合同规定发运货物,并准备必要的货运单据,如提单、发票、装箱单等。

③　开立汇票并委托托收:出口方开立一张远期汇票,汇票上指定进口方为付款人,并注明承兑后交付单据的条件。出口方将汇票连同货运单据交给自己的银行(托收行),并指示该银行通过其在进口方所在地的分行或代理行(代收行)向进口方收取货款。

④　托收行审核:托收行审核出口方提交的汇票和货运单据无误后,将这些文件寄交代收行。

⑤ 代收行提示汇票：代收行收到托收行寄来的汇票和单据后，向进口方提示汇票，要求进口方进行承兑。

⑥ 进口方承兑：进口方审核汇票和货运单据无误后，在汇票上进行承兑，承诺在汇票到期日支付货款。

⑦ 交付单据：一旦进口方承兑了汇票，代收行将货运单据交给进口方，使其能够提取货物。

⑧ 提货：进口商凭提单等单据提货。

⑨ 到期付款：汇票到期时，进口方履行承诺，支付货款。

⑩ 代收行转账：代收行收到进口方支付的货款后，将款项转账给托收行。

⑪ 托收行交付货款：托收行收到款项后，扣除相关手续费，将剩余货款交给出口方。

三、信用证的支付与结算流程

（一）信用证的定义

信用证（Letter of Credit，L/C）是指由进口商（买方）的银行（开证行）根据进口商的申请，向出口商（卖方）开具的一种书面保证文件。它承诺只要出口商能够提交符合信用证条款规定的单据，开证行就将承担支付货款的责任。信用证的使用基于银行信用，旨在降低国际贸易中的交易风险，确保出口商按时收到货款，同时进口商也能确保收到符合约定的商品。信用证独立于基础贸易合同，银行仅根据单据的表面一致性进行支付，而不涉及合同的履行情况。

（二）信用证的分类

信用证可以根据不同的标准进行分类，主要有以下几种。

1. 跟单信用证和光票信用证

根据是否附有货运单据，信用证可分为跟单信用证和光票信用证。跟单信用证是指附有货运单据的信用证，而光票信用证则不附任何货运单据。

2. 可撤销信用证和不可撤销信用证

根据开证行对所开出的信用证所承担的责任，信用证可分为可撤销信用证和不可撤销信用证。可撤销信用证是指开证行对所开信用证不必承担绝对付款责任，在符合信用证撤销规定时，可以随时撤销或修改的信用证。不可撤销信用证则是指开证行一经开出、在有效期内未经受益人或议付行等有关当事人同意，不得随意修改或撤销的信用证。

拓展阅读

跟单信用证统一惯例

《跟单信用证统一惯例》（2007 年修订版，简称《UCP600》）英文全称是 Uniform Customs and Practice for Documentary Credits UCP600，由国际商会（International Chamber of Commerce，ICC）起草，并在国际商会 2006 年 10 月巴黎年会通过，新版本于 2007 年 7 月 1 日起实施，是信用证领域最权威、影响最广泛的国际商业惯例，包括 39 个条款。

《跟单信用证统一惯例》是国际商会推荐给银行界采用的一套业务惯例,它并非建立在法律基础上,不具有强制性。因此银行有权在信用证中规定与《跟单信用证统一惯例》不同的条款。例如,如果因为特殊需要,可以在文件里面标明覆盖UCP600里面的某个条款,那么该条款就失效了,也可以增加自己需要的条款。

虽然不具有强制性,但《跟单信用证统一惯例》已被世界绝大多数国家与地区银行和贸易界接受,成为通用的惯例。

3. 保兑信用证和非保兑信用证

根据是否有另一家银行对开证行的付款承诺进行保兑,信用证可分为保兑信用证和非保兑信用证。保兑信用证是指开证行开出的信用证又经另一家银行保证兑付的信用证。非保兑信用证则是未经其他银行保兑的信用证。

4. 即期付款信用证、延期付款信用证、承兑信用证和议付信用证

这四种信用证是根据付款方式的不同而进行的分类。即期付款信用证是指受益人根据信用证的规定,可凭即期跟单汇票或仅凭单据收取货款的信用证。延期付款信用证则是指开证行或其指定银行在收到符合信用证规定的单据后,在规定期限内履行付款责任的信用证。承兑信用证是指开证行或其指定银行在收到符合信用证规定的单据后,必须在规定的期限内履行承兑责任,并在到期日支付货款的信用证。议付信用证是指允许受益人向某一指定银行或任何银行交单议付的信用证。

此外,还有一些其他类型的信用证,如可转让信用证、背对背信用证、对开信用证、循环信用证以及部分信用证部分托收等。这些分类方式都是为了满足不同的国际贸易需求和场景而设立的。

(三) 信用证支付与结算的流程

信用证支付与结算的业务流程如图 8-6 所示。

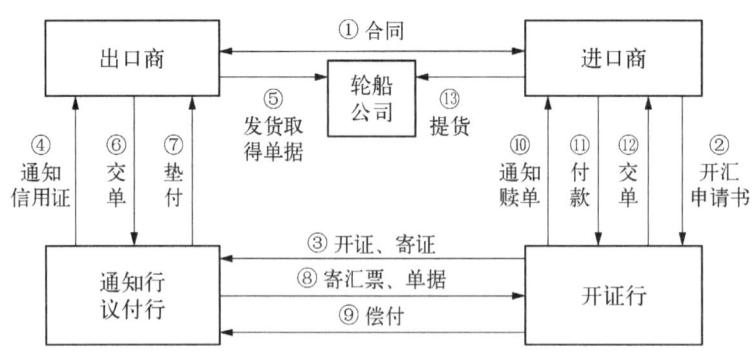

图 8-6　信用证支付与结算业务流程

① 合同签订:买卖双方经过磋商,约定以信用证方式进行结算。

② 开证申请书:进口方向开证行递交开证申请书,约定信用证内容,并支付押金或提供保证人。

③ 开证：开证行接受开证申请书后，根据申请开立信用证，正本寄给通知行，指示其转递或通知出口方。

④ 通知信用证：由通知行通知出口方信用证已到，出口方认真核对信用证是否与合同相符，如果不符，可要求进口商通过开证行进行修改。

⑤ 发货取得单据：待信用证无误后，出口商根据信用证备货、装运、开立汇票并缮制各类单据，船运公司将装船的提单交予出口商。

⑥ 交单：出口商将单据和信用证在信用证有效期内交予议付行。

⑦ 垫付：议付行审查单据符合信用证条款后接受单据并付款，若单证不符，可以拒付。

⑧ 提示汇票：议付行将单据寄送开证行或指定的付款行，向其索偿。

⑨ 偿付：开证行收到单据后，应核对单据是否符合信用证，如正确无误，即应偿付代垫款项。

⑩ 通知赎单：开证行通知开证申请人备款赎单。

⑪ 进口商付款：进口商付款赎单，如发现不符，可拒付款项并退单。

⑫ 交单：开证行将单据交予进口商。

⑬ 提货：进口商凭单据提货。

小 思 考　**？？？**

对汇付、托收、信用证三种主要支付方式在买卖双方的资金占用、买卖双方的风险等方面进行比较，看其有哪些不同？

任务 三　跨境电商支付与结算方式分析

随着全球经济一体化的不断推进，跨境电商行业正在蓬勃发展，交易规模不断扩大。这一发展势头的背后，跨境支付与结算的角色也在发生巨大的变化。如今，跨境支付与结算不仅是简单的交易工具，还成为提升收益、降低成本的关键手段。传统的跨境支付与结算方式，通常费用昂贵且处理时间较长。而跨境支付服务通过提供更高效、低成本的支付手段，减轻了消费者的负担，也提高了商家的利润空间。新兴支付与结算技术的涌现，不仅为传统跨境支付与结算方式带来了补充，更是在效率、安全、成本控制以及用户体验等方面实现了质的飞跃。

一、新兴跨境电商支付与结算方式

（一）专业汇款公司

1. 专业汇款公司业务概述

专业汇款公司是指专门从事国际资金转账服务的企业，它们通常为个人和企业客户提供跨境支付解决方案,与传统银行相比,这些公司在速度、汇率以及服务灵活性方面具有一定的竞争优势。这些公司利用先进的金融科技手段,简化跨境支付流程,提升支付效率。

跨境电子商务支付与结算业务中,专业汇款公司扮演着重要角色,它们主要提供国际汇款服务,通过全球广泛的线下网络和支付牌照,以及快速的汇款速度,在小额汇款领域占据重要地位。代表性的专业汇款公司有西联汇款(Western Union)、速汇金(MoneyGram)等。

2. 专业汇款公司的业务流程

专业汇款公司的业务流程主要有以下几个步骤。

(1)客户发起汇款请求:客户(汇款人)前往专业汇款公司或其在线平台,发起汇款请求。客户需要提供收款人的详细信息,包括收款人姓名、账户信息、汇款金额以及汇款目的等。

(2)审核与处理:汇款公司的工作人员会审核客户提交的汇款请求,确保所有信息准确无误。审核通过后,汇款公司会处理该请求,准备进行资金转账。

(3)资金转账:汇款公司通过其全球网络,将资金从汇款人的账户转移到收款人的账户。这一过程可能涉及多个中间银行或金融机构的协助,以确保资金能够安全、快速地到达收款人账户。

(4)收款确认:一旦资金成功到达收款人账户,汇款公司会向汇款人发送收款确认通知。同时,收款人也会收到相应的到账通知。

(5)记录与结算:汇款公司会详细记录每笔交易的信息,包括汇款人、收款人、汇款金额、汇款时间等。在必要的情况下,汇款公司还会与汇款人进行结算,如扣除手续费等。

(6)客户服务与支持:在整个汇款过程中,汇款公司会提供客户服务与支持,解答客户的疑问并处理可能出现的问题。

需要注意的是,具体的业务流程可能因汇款公司和汇款方式的不同而有所差异。此外,专业汇款公司通常还会提供一系列额外的服务,如货币兑换、追踪与查询等,以满足客户的多样化需求。

(二) 国际信用卡

1. 国际信用卡支付概述

在跨境电子商务中,国际信用卡支付是一种常见且便捷的支付方式,几乎覆盖了所有类型的跨境电商平台,无论是大型综合性购物网站,还是垂直类小众市场,都支持使用国际信用卡进行交易。这种普及性为全球消费者提供了极大的便利,使得购物跨越国界,只需简单刷卡或在线输入信息即可完成支付。目前国际上五大信用卡品牌为 Visa,MasterCard,America Express,Jcb,Diners club,其中前两个广泛使用。

2. 国际信用卡支付的流程

国际信用卡支付的流程,如图 8-7 所示。

跨境电商国际信用卡支付与结算业务流程,一般包括以下步骤。

(1)商户网站接入国际信用卡支付:首先,跨境电商平台或商户网站需要接入支持国际信用卡支付的支付网关或服务。

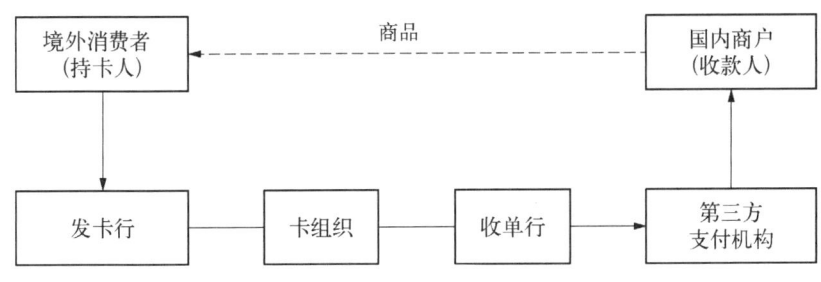

图8-7 信用卡支付与结算业务流程

（2）客户下单并选择国际信用卡支付：境外客户在商户网站上选择心仪的商品，放入购物车，并确认订单金额、收货地址等订单信息。在支付环节，客户选择使用国际信用卡进行支付。

（3）输入信用卡信息：客户在支付页面输入国际信用卡的相关信息，如卡号、姓名、CVV（卡验证值）、有效期等。这些信息需要确保与信用卡持有人的真实信息相符。

（4）提交支付信息并等待验证：客户提交支付信息后，支付网关会进行信息的验证和处理。这一过程中，可能会进行风险控制评估，以确保交易的安全性。

（5）银行处理支付请求：支付网关将支付请求发送给收单银行，收单银行再次确认交易信息，并将其提交给发卡行申请扣款。发卡行会通过国际信用卡组织（如 VISA、MasterCard 等）进行评估，并对交易进行实时扣款。

（6）支付结果反馈：发卡行完成扣款后，会反馈支付结果给收单银行和支付网关。商户网站也会收到支付结果的通知，以便进行后续的订单处理。

（7）商家发货：在确认支付成功后，商家会按照客户提供的收货地址进行发货。同时，商家可以在支付通道后台查看订单状态，以便及时安排发货。

（8）结算与妥投：消费者支付的款项会先到达支付公司合作的收单银行。待消费者签收商品后，商家需及时到支付后台进行订单上传以完成妥投结算。支付公司会在结算日根据交易信息对商家进行结算。

在整个流程中，支付公司和银行都会建立完善的风控体系来确保交易的安全性和降低风险。此外，不同的支付网关和银行可能会有一些差异化的流程和要求，但大体上的支付流程是相似的。

国际信用卡支付以其便捷性、全球性和安全性，在跨境电子商务中占据了重要地位。然而，消费者在使用时也应注意保护个人信息，及时核对账单，并了解可能产生的额外费用。

拓展阅读

国际信用卡海淘亚马逊

在亚马逊海淘时，使用信用卡是一种常见的支付方式。

1. 准备一张信用卡：最好是带有"银联"标志的单币卡或双币卡。银联信用卡是最佳选择，因为它可以避免手续费，并且交易时可以直接以实时汇率转换成人民币结算,非常方便。此外,一些银行的信用卡还会提供境外消费返现活动,对于计划申请信用卡对于海淘的用户来说,是一个不错的选择。

2. 找转运公司:由于亚马逊上的一些商品可能无法直接邮寄到中国,因此需要找一个转运公司。转运公司不仅可以帮买家解决商品直邮的问题,通常还能提供更低的运输成本。

3. 注册和下单:完成上述准备工作后,用户可以开始注册亚马逊买家账号,选择商品并下单了。在结账时,选择信用卡支付方式,然后按照提示完成支付即可。

4. 注意事项:

(1) 确保信用卡支持海外交易,以免出现交易失败或产生额外费用的情况;

(2) 注意保护个人信息和信用卡安全,避免在公共网络进行敏感信息输入;

(3) 检查转运公司的服务质量和评价,确保商品能够安全、快速地送达。

通过上述步骤,用户可以顺利地在亚马逊进行海淘购物。记得在购物过程中保持警惕,确保交易安全和个人信息的安全。

(三) 第三方支付平台

1. 第三方支付平台概述

第三方支付作为连接买家与卖家的桥梁,是推动全球电子商务发展的重要动力之一。第三方支付是指在跨境电子商务交易中,买卖双方借助独立于交易平台和银行的第三方支付服务商,实现资金的转移和结算。这种支付方式不需要交易双方直接进行资金交换,而是通过第三方支付平台作为信任中介,完成货币兑换、支付处理、风险控制等服务。

第三方支付平台采用了先进的加密技术和安全措施,能够保障用户的支付安全和资金安全,同时,通过对用户支付行为的分析和统计,可以给商家提供更为精确的营销策略和客户管理方案,有助于提高营销效率和用户满意度。

2. 第三方支付平台的支付与结算业务流程

第三方支付平台的支付与结算业务流程,如图 8-8 所示。

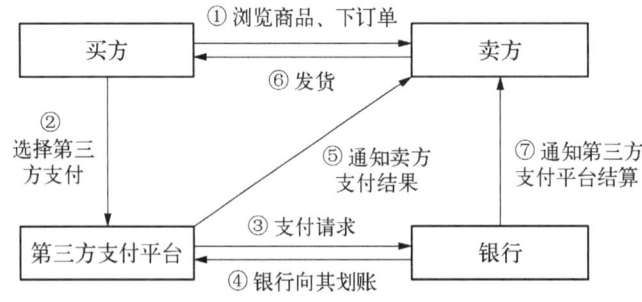

图 8-8 第三方支付平台的支付与结算业务流程

第三方支付平台的支付与结算业务流程内容如下。

(1) 网上消费者浏览商户检索网页并选择相应商品,下订单达成交易。

（2）在弹出的支付页面上，网上消费者选择具体的第三方支付平台，直接链接到其安全支付服务器上，在第三方支付页面上选择合适的支付方式，点击后进入银行支付页面进行支付。

（3）第三方支付平台将网上消费者的支付信息，按照各银行支付网关技术要求，传递到相关银行。

（4）由相关银行（银联）检查网上消费者的支付能力，实行冻结、扣费或者划账，并将结果信息回传给第三方支付平台和网上消费者。

（5）第三方支付平台将支付结果通知商户。

（6）接到支付成功的通知后，商户向网上消费者发货或者提供服务。

（7）各个银行通过第三方支付平台与商户实施清算。

第三方支付已成为推动全球跨境电商市场增长的关键因素，它不仅降低了跨境交易的门槛，还促进了全球贸易的便利化，有着广泛的应用前景。

> **小·思·考**
>
> 第三方支付方式与传统即时支付方式有何区别？

二、常用的跨境电商支付与结算工具

（一）西联汇付

西联汇付（Western Union）是世界上领先的特快汇款公司，有150多年的历史，拥有全球最大最先进的电子汇兑金融网络，其代理网点遍布全球近200个国家和地区。西联公司拥有全球安全电子汇款系统，能够确保汇款的安全性，非常适合进行国际贸易或外汇交易，它以汇款速度快而著称，通常可以在几分钟之内完成汇款，让收款人迅速收到款项。相比传统银行复杂的汇款流程，西联汇款的手续更为简洁，它在全球200多个国家和地区拥有广泛的代理网点，用户无须开立银行账户，只需填写汇款单据即可完成汇款。

优势：对于卖家来说，手续费由买家承担，可先提钱再发货，安全性好；到账速度快。

劣势：由于对买家来说风险极高，买家不易接受；虽然西联有广泛的代理点，但在某些地区，特别是通过代理办理的限额可能有所不同；对于小额收款手续费较高。

（二）速汇金汇款

速汇金（MoneyGram）是一家提供个人间环球快速汇款服务的公司，其汇款过程快捷便利，通常在十余分钟内即可完成从汇款人到收款人的资金转移。速汇金与西联汇款类似，都是知名的汇款机构。在中国，速汇金的合作伙伴包括中国银行、工商银行、交通银行和中信银行等。

优势：汇款速度快，十几分钟即可到达；在一定的汇款金额内，费用相对较低，无中间行费，无电报费；手续简单，无须银行账号，仅需要填写一张表格。

劣势：必须为境外汇款；汇款人及收款人均必须为个人；客户如持现钞账户汇款，还

需交纳一定的钞变汇的手续费。

(三) PayPal

PayPal,中文名贝宝,是全球知名的跨境电子商务支付与结算工具,它在使用电子邮件标识身份的用户之间转移资金,避免了传统的邮寄支票或者汇款的方法。PayPal与各大知名跨境电子商务网站合作,成为网站的货款支付方式之一,PayPal收取一定数额的手续费。PayPal是账户模式,需要交易双方都注册PayPal账号,买家必须在PayPal账号上绑定银行卡账号,才可以进行付款。

优势:全球用户广,超过200个国家和地区运营,拥有超过4亿用户;提供便捷、安全的全球支付解决方案,支持多种货币交易,方便用户进行跨国购物和收款。

劣势:平台更倾向于保护买家的利益,对卖家不利;每笔交易除手续费外还需要支付交易处理费;账户容易被冻结,导致商家利益受损失。

(四) 支付宝

支付宝是中国的第三方支付平台,致力于为企业和个人提供"简单、安全、快速、便捷"的支付解决方案。支付宝公司从2004年建立开始,始终以"信任"作为产品和服务的核心。支付宝与国内外180多家银行以及VISA、MasterCard国际组织等机构建立战略合作关系,成为金融机构在电子支付领域最为信任的合作伙伴。无论是境内消费者在境外消费,还是在境外跨境电子商务平台上购物,都可以通过支付宝付款。即便是境内用户跨境付款给境外商家、朋友或境外用户跨境支付给境内商家、朋友,也可以通过支付宝国际汇款实现,非常方便快捷。

优势:支付宝国际版支持全球多个国家和地区的支付需求,覆盖超过200个国家和地区,便于用户进行跨境交易;相较于传统银行电汇,支付宝跨境支付的手续费相对较低,特别是对于小额交易,能有效控制成本;多样的支付方式,安全可靠。

劣势:尽管支付宝国际版在全球范围内有广泛覆盖,但在某些国家和地区,尤其是欧美市场,其接受度和普及率可能不如本地支付工具。

(五) 派安盈

派安盈运用卓越的跨境收款平台助力200多个国家和地区的数百万企业和专业人士互联互通,实现全球业务扩展。凭借派安盈快速、灵活、安全和低成本的解决方案,全球各地的平台、网络、企业和专业人士均可如同人在当地一般轻松收付全球款项。派安盈较适用于单笔资金额度小,但是客户群分布广的跨境电商网站或卖家。

优势:便捷,个人、公司均可在线申请账户并获得批准,后续提现操作也全部网上完成,默认开通美元、欧元、英镑收款账户;提供多种类型账户,提供有卡、无卡两种选项;与众多跨境平台合作,提供多种免费功能,如账户余额可以免手续费支付英国等6个国家的增值税。

劣势:派安盈无法通过银行卡或信用卡充值;相比其他的收款方式,提现的手续费相对较高。

(六) 连连支付

连连支付是中国跨境电商行业解决支付方案提供商,有英镑、欧元、日元、澳元和加币等多币种收款服务,免费缴纳五国的VAT税费,连连支付在中国香港、美国、英国、巴西、东南亚等地设立海外公司,拥有当地的海外金融牌照。

优势:适合小额结汇,小额结汇手续费低;提现速度较快;合作银行多,覆盖全球信用卡支付;针对不同的电商平台,采用独立的申请引导界面,多平台多店铺统一管理,清晰明了。

劣势:扩张太快,基础服务配套能力欠缺;超过一定金额后,手续费较高,不具有价格优势。

(七) PingPong

目前,PingPong 在全球设有超 20 个分支机构,业务覆盖超 200 个国家和地区,是全球最大的跨境贸易综合服务商之一。已接入亚马逊全球十大站点、Wish、Newegg、Shopee 等电商平台,是唯一一家同时在美国、欧盟、日本、中国香港拥有支付牌照的中资企业。以遍布全球的运营服务网络、主流国家地区支付牌照和合规资质为依托,PingPong 围绕跨境电商和外贸企业出海的综合需求,建立了多元化的产品矩阵,可为不同类型的客户提供合规、安全、便捷的一站式数字化金融科技服务,始终致力于通过科技创新,携手更多生态合作伙伴,构建全球数字化运营服务网络,帮助跨境卖家和企业提升全球竞争力,共建跨境贸易的繁荣生态。

优势:费率低,到账速度快,当天提现当天就能到账,最快半小时;在产品设置上推出跨境链金融产品,缩短卖家账期,增加回款周期,同时配套退税产品。

劣势:暂不支持部分主流货币,限制了特定市场的交易便利性;虽然在跨境电商领域享有一定知名度,但在全球范围内的普及度和接受度可能不及 PayPal 等国际支付巨头。

(八) 易联支付

易联支付有限公司成立于 2005 年,是中国的一家大型非金融支付服务机构。易联支付通过与国内各大银行、银联等金融机构合作,构建了具创新技术的"易联支付 PAYECO"金融支付服务平台,该平台主要从事移动支付、互联网支付、预付卡业务及跨境支付等业务。此外,易联支付还提供无卡认证支付业务、预付卡的发行与受理业务,以及全方位的人工咨询与联机技术支持服务。

优势:能提供多种支付服务方式,支持互联网、手机、呼叫中心多种渠道支付;能实现全球支付高效率服务,跨境结算较快可实现当天办理,跨境交易高效便捷。

劣势:发展规模、合作平台有限,面临合规风险、财务问题以及市场竞争激烈。

(九) Skrill

Skrill,原名 Moneybookers,是一款广受欢迎的全球数字钱包和在线支付系统,是英国伦敦 Gatcombe Park 风险投资公司的子公司之一,Moneybookers 是世界上第一家被政府官方所认可的电子银行,还是英国电子货币协会 EMA 的 14 个成员之一。

优势:安全,因为是以 E-Mail 为支付标识,付款人不需要暴露信用卡等个人信息;客户必须激活认证才可以进行交易;只需要收款人的电子邮箱地址就可以发钱给对方;可以通过网络实时进行收付费。

劣势:对于某些服务,尤其是跨境交易和账户提现,Skrill 的费用结构可能较为复杂,不够直观,用户在使用前需仔细了解;新用户在完成账户验证时可能遇到较为烦琐的流程,需要上传个人身份证明等文件,影响即刻使用体验。

（十）WebMoney

由 WebMoney Transfer Technology 公司开发的一种在线电子商务支付系统，相当于俄罗斯的支付宝。WebMoney 是国外极少数注册门槛低的电子钱包。其支付系统可以在包括中国在内的全球 70 多个国家和地区使用，尤其在俄语系国家，它是三大在线支付工具之一。WebMoney 是俄罗斯最主流的电子支付方式，俄罗斯各大银行均可自主充值取款。

优势：相比于其他支付方式，WebMoney 的手续费较低，对用户来说更加经济；拥有活跃的用户社区，用户可通过 WebMoney 平台进行交流，并利用内置的信誉评级系统评估交易对手的可信度。

劣势：对于新用户来说，WebMoney 的注册和验证流程较为复杂，需要时间学习和适应；某些地域使用有限。

（十一）CashU

CashU 允许用户使用任何货币进行支付，但该账户将始终以美元显示用户的资金。CashU 在中东和北非地区拥有广泛的接受度，特别是在信用卡普及率较低的地区，它作为"中东地区的网银"填补了市场空白。

优势：用户可以通过线下销售点购买预付费卡或在线方式为自己的 CashU 账户充值，便于控制预算和管理资金；相较于 PayPal 或信用卡，CashU 不需要商家支付保证金或循环保证金，这有助于商家的资金周转；CashU 可以应用于多种场景，包括在线购物、游戏支付、电信、IT 服务和外汇交易等。

劣势：CashU 在其他地区的接受度和知名度较低；相比一些全球性的支付平台，CashU 的服务和功能可能更加集中于特定的区域和行业。

（十二）Qiwi Wallet

Qiwi Wallet 是俄罗斯最大的第三方支付工具，其服务类似于支付宝，Qiwi Wallet 电子支付系统于 2007 年年底在俄罗斯推出。该系统使客户能够快速、方便地在线支付水电费、手机话费、上网、网上购物采购、银行贷款。

优势：Qiwi Wallet 拥有较完善的风险保障机制，不会产生买家撤款。因此买家使用 Qiwi Wallet 付款的订单，没有 24 小时的审核期限制，支付成功后卖家可立刻发货；商家无须预存交易保证金，减轻了运营成本。

劣势：Qiwi Wallet 对每笔交易和每日交易额有限制，这可能不适用于需要进行大额交易的用户；主要面向特定地区；客服支持不足。

跨境电商支付与结算方式的发展趋势正朝着更加便捷、安全、低成本的方向迅速演进。随着全球电商市场的不断扩大和技术的持续创新，新兴支付方式如数字钱包、移动支付以及基于区块链的支付解决方案正逐渐成为主流。同时，第三方支付平台通过提供多币种交易、简化的资金流转链路以及集成化的金融服务，满足了商户和消费者的多元化需求。此外，监管科技的发展和合规要求的提升也在推动支付行业向更高标准靠拢，确保交易的安全性和透明度。未来，随着人工智能、大数据分析等技术的融入，跨境电商支付将变得更加智能化和个性化，为用户提供更加丰富的跨境金融服务体验。

任务 四 跨境支付与结算的风险与防范

在全球化经济的浪潮下,跨境电商迅速崛起,为消费者提供了前所未有的购物选择和便利。然而,伴随着这一行业的蓬勃发展,跨境电商支付与结算过程中的风险也日益凸显。2022年3月,我国某百亿级年营收的跨境大卖家发布公告,公司20个收付款账号被划扣资金,部分资金遭冻结,涉及金额巨大。来源于PYMNTS的报道称,许多美国电子商务商家跨境交易的支付失败率高于本土交易,估计在2023年因支付失败给美国商家造成的销售损失至少为38亿美元。从汇率波动到支付安全,从法律合规到交易信用,每一个环节都暗藏着潜在的风险和挑战。这些风险不仅可能给交易双方带来经济损失,还可能影响整个跨境电商生态的稳定与发展。因此,深入了解和有效管理这些风险,对于保护消费者权益、维护市场稳定和推动跨境电商行业的可持续发展具有重要意义。

一、跨境支付与结算业务中存在的风险

(一)法律与监管风险

跨境支付与结算中的法律与监管风险,主要源自各国不同的金融法规、反洗钱政策及数据保护条例,给全球交易带来不确定性。企业可能因不完全符合某一司法辖区的规定,面临合规性挑战,包括罚款、交易阻断乃至法律诉讼。这些法律法规的差异和复杂性可能导致企业合规成本增加,甚至面临法律诉讼和罚款的风险。例如,未严格执行客户身份验证流程或忽视国际制裁名单筛查,可能导致违法操作,影响业务运营和国际信誉。

(二)汇率风险

跨境支付与结算中的汇率风险指的是由于外汇市场波动导致的不同货币间汇率变化,这种变化可能造成实际支付或收款金额与预期不符,从而给参与国际交易的企业或个人带来经济损失。汇率波动的不确定性增加了交易成本,对企业的财务规划和预算管理构成挑战,尤其在合同谈判、定价策略以及现金流管理等方面产生影响。

> **小 思 考** ???
>
> 某境内客户在付货款时货物标价是100美元,相对应的美元现汇买入价是723.79元。一段时间后,客户在收到商家货物时,对该货物不满意,准备退货。此时美元现汇买入价是716.35元,若客户退货,有损失吗?

(三)信用风险

跨境电商作为一种逐渐发展起来的新型行业,其自身的行业规则和法律、法规还在逐渐完善。跨境电商的第三方支付机构在缺乏相应的可以执行的市场准入条件和相应的管理的条件下,一定程度上会存在外部交易信用风险。如跨境货物款项已收而货物未收,或货物已发而款项未收等现象。支付平台很难确定交易的实际情况。对买方而言,可能遇

到卖方进行虚假信息宣传,利用促销活动吸引买方下单,从而赚取利益;对卖方而言,可能遇到买方恶意对不存在质量问题的商品寻找各种理由退货,损害卖方的信誉等情况。某些国外第三方支付平台在处理海外贸易纠纷时,可能对其他国家有偏袒,使得我国企业在面对海外贸易时可能面临信用风险。

(四) 欺诈风险

跨境支付与结算中的欺诈风险涉及多种非法行为,如洗钱、欺诈性交易、身份盗窃、信用卡盗刷、未经授权的支付等,这些欺诈行为不仅造成直接的财物损失,如商品流失和资金回退,还会引发额外费用,如争议处理费,同时损害商家信誉,影响支付通道的稳定性,甚至导致账户被封禁。由于跨境交易的匿名性和国际支付系统的复杂性,欺诈行为可能更难被及时发现和防范。此外,不同国家和地区在法律法规、支付标准和监管实践上的差异,也可能为欺诈活动提供可乘之机。由于跨境支付的特殊性,交易追溯耗时长,欺诈确认通常需两至三个月,这期间商家资金和货物安全均处于高危状态,企业必须加强风险控制,采用高级验证手段和智能监控系统,以预防和应对这些复杂多变的欺诈行为,保护自身利益。

(五) 资金流转风险

在跨境电商生态系统中的中小企业比较多,往往存在经营资金不足的现象。但是在跨境电商的支付过程中,由于手续较为烦琐且资金到账时间不同,容易给跨境贸易企业带来资金周转不足的风险。一般情况下,消费者在跨境电商平台消费后,资金不会当时就到卖家账户中,有时需要 7~10 天的时间。同时,由于通关、退税等跨境业务,消费者支付的货币不能直接兑换为卖家本国货币,企业资金回笼面临汇兑问题,进而导致资金流转风险。

(六) 系统技术风险

跨境电商支付系统的操作,主要依靠电子信息的传输系统、计算机的处理技术和电子支付的服务系统,所以不管是独立的网络银行电子支付系统,还是公开的互联网支付系统,都存在一系列的电子信息技术风险。跨境电商支付的操作系统,难免在有些方面会存在问题,相关的支付电子信息在传输过程中出现故障、计算机信息系统本身出现故障问题,均会导致支付的风险。在跨境电商支付的过程中,相关的使用者也存在各类网络支付方面的安全问题,如银行卡号被盗、支付信息的保存风险、交易账号被盗、个人信息的泄漏等风险。在全球网络条件下,难免有黑客会利用其掌握的计算机技术,盗窃相关的交易信息,从而严重影响电商支付系统的安全。

二、跨境支付与结算业务中风险的防范

(一) 熟悉国际法律法规,提升合规管理

企业要定期组织员工学习跨境支付与结算相关的法律法规、监管政策及最新变动,特别是关注交易双方所在国家的特定要求,确保团队具备良好的合规意识;建立一套完善的合规管理制度,涵盖客户身份识别、反洗钱、反恐怖融资等关键环节,确保所有支付活动符合国际标准和地方监管要求;与具有良好声誉、严格合规标准的金融机构和支付服务提供商合作,确保支付链条上的每一环都能达到相应的法律与监管要求;制定详尽的应急计

划,以便在遇到法律或监管问题时,能够迅速响应,最小化负面影响,包括与监管机构的有效沟通策略。

(二) 使用多元金融工具,分散汇率风险

对于降低汇率风险,核心策略涉及多元化管理和金融工具运用:一是利用汇率套期保值,如外汇远期合约、期权等,锁定未来汇率,防止不利波动影响;二是适时执行货币买卖,根据市场分析在汇率有利时提前买入或卖出外币;三是采用跨境人民币结算,减少汇率兑换步骤,自然规避部分风险;四是实施动态汇率监测,及时调整结算策略应对短期波动;五是合同中嵌入汇率风险分担条款,与交易对象共担可能的汇率变化影响;六是优化货币组合,分散单一货币依赖,平衡风险敞口。通过综合运用这些策略,企业能有效控制和减少跨境财务活动中的汇率风险。

小 思 考

使用人民币结算有哪些优势?

(三) 加强信用管理,降低违约风险

防范跨境支付与结算中的信用风险,关键在于实施全面的信用管理策略,包括细致的客户资信审查,利用信用评级机构报告评估交易对象的信用状况;对大额交易采取多元化支付工具,如信用证、担保支付等,以银行信用增强交易安全;建立严格的合同条款与违约惩罚机制,明确双方责任与权益;保持实时的市场情报更新,对交易对象所在地区的经济、政治动态保持警觉;利用保险机制,如出口信用保险,转移收款风险;持续监控交易过程,对异常情况快速响应,必要时启动应急预案。通过这些综合措施的紧密配合,企业能够在复杂的跨境环境中,有效控制信用风险,保护自身资产安全。

(四) 识别欺诈行为,提升交易安全性

对于跨境支付与结算中的欺诈风险,要求采取一系列精密防控措施。首先,建立健全的客户身份识别和验证流程,确保所有交易方的身份真实性和合法性;其次,运用先进的监控系统和分析工具,对交易模式进行实时监控,以便及时发现并阻止可疑交易;再次,强化内部控制和员工培训,提高对欺诈行为的识别和防范能力,同时,提高用户教育与意识,引导交易双方了解常见欺诈手段并采取预防措施;加强与国际支付网络、金融机构及监管机构的合作,实现风险信息共享,协同打击跨境欺诈行为;最后,制定应急预案,确保在发生欺诈事件时能够迅速采取措施,减少损失。

(五) 简化支付流程,提高资金流转安全性

跨境支付机构在与跨境金融机构合作时,应简化收付、结算、资金到账等流程,从而提升资金流转的安全性。如加强与境外同业机构的合作,实现资金跨境清算、自动对账等智能金融服务,以简化资金结算流程,加快企业资金流转。企业应选择信誉良好的金融机构和支付服务商,确保支付通道稳定可靠,实施严格的资金流管理,以应对潜在的延误。

(六) 关注网络安全,提高系统风险控制能力

跨境电商第三方支付的流程相对国内支付来说更复杂,所以要完善支付平台的服务,从电商第三方支付系统的技术操作开发、相关的系统规章规范方面入手,提高相关从业人员的风险认识和防范意识等。跨境电商第三方支付的系统网络安全非常重要,加强网络风险控制系统的建设,需要研发人员开发功能强大的防火墙系统和防病毒系统等,实现系统全方位的风险控制,定期检查操作系统的安全漏洞等,及时发现可能存在的网络安全风险。跨境电商第三方支付风险的控制,需要参与者的积极配合,资金的安全、支付渠道的安全性的保障,需要相关银行的合作支持,网络运营商可以保障安全的信息流。在跨境电商系统内的各个种群的积极协作下,跨境电商第三方支付才可以利用其相关的数据和信息资源,为跨境电商生态系统的参与者提供支付等服务,最终实现系统风险控制。监管机构应定期检查跨境购物的网络环境,加大对有害支付安全行为的处罚力度,为消费者营造和谐的消费氛围。

技 能 与 素 养 提 升

跨境电商企业结汇的程序和申报材料

跨境电商企业在收到货款后,需要经过特定的结汇流程,提交相应的申报材料,合法合规地将外汇结汇为人民币。结汇程序和材料的具体要求如下。

1. 开设外汇账户

在进行外贸交易和结汇之前,企业需要在具有外汇业务资格的银行开设外汇账户。此外汇账户用于接收境外客户支付的外汇货款。外汇账户可以是结算账户(用于接收和结汇货款)或资本账户(用于资本项目如投资、股权等)。

所需材料:企业营业执照副本;法定代表人身份证明;外汇业务申请书;银行要求的其他相关文件。

2. 接收外汇货款

在客户付款后,外贸企业会通过银行外汇账户收到外汇货款。此时,企业需要确认货款已到外汇账户,并确保款项和合同金额相符。

审核要点:银行会对外汇入账的合法性进行审核,确保外汇收入与企业的外贸合同一致,并确认交易真实性。

3. 办理结汇手续

企业收到外汇货款后,可以选择将外汇结汇为人民币。结汇程序通常包括以下几个步骤。

向银行申请结汇,企业需要向开户银行提出结汇申请。银行在收到企业的申请后,会审核交易背景和外汇使用情况,并按照规定程序处理结汇。提供结汇材料包括如下几种。

(1)贸易合同:用于证明外汇收入的来源,包括合同的具体条款(如金额、货物或服务的描述、付款方式等)。

(2)发票:对应贸易合同的商业发票,表明实际交易金额。

(3)报关单(货物贸易):对于货物贸易,企业需要提供货物的海关报关单,以证明出口行为的发生。

(4)银行收汇凭证:银行出具的入账凭证,用于确认外汇已到账。

（5）其他资料：银行可能会根据具体情况要求提供其他资料，如运输单据、付款说明、货物装箱单等。

4. 外汇收支报送和税务备案

企业在进行外汇结汇时，需要同时进行外汇收入和支出报送，并遵守税务申报要求。

（1）外汇收支申报：企业需定期通过银行或外汇管理局报送外汇收支数据，确保每笔外汇收入的合法性和真实性。这项申报是为了防止洗钱和跨境非法资金流动。

（2）税务备案（服务贸易等项目）：如果涉及服务贸易或知识产权等项目的外汇结汇，企业还需进行税务备案。根据《服务贸易等项目对外支付税务备案指引》，在结汇前需向主管税务机关提交相关备案资料，包括纳税申报表、备案登记表等。

5. 银行结汇审查和处理

银行会根据提交的材料进行审查，确认交易背景的合法性和真实性。一旦审核通过，银行将把外汇转化为等值的人民币存入企业的人民币账户。

项目训练

1. 单选题

（1）下列关于跨境支付与结算的说法错误的是（　　）。

A. 跨境支付可能涉及外汇管制政策问题

B. 跨境支付付款方所支付的币种与收款方要求的币种总是一致的

C. 两个或两个以上国家或地区之间因国际贸易、国际投资及其他方面发生的国际债权债务

D. 跨境支付实现了资金跨国（或地区）转移

（2）（　　）是跨境电商运行和发展的生命线，是跨境电商平台必须守住的底线，若非如此，跨境电商交易可能会沦为欺诈盛行之地和各种犯罪滋生的温床，成为逃避监管的法外之地。

A. 洗钱和资金的非法流动　　　　　　B. 国际收支的申报管理监测

C. 个人结售汇限制　　　　　　　　　D. 交易的真实性

（3）在国际贸易中，用以统一解释、调和信用证各有关当事人矛盾的国际惯例是（　　）。

A. URC522　　　　　　　　　　　　B. 合约保证书统一规则

C. UCP600　　　　　　　　　　　　D. 国际商会第 434 号出版物

（4）用户人群非常庞大，但接入方式麻烦、需预存保证金、收费高昂、付款额度偏小，欧美最流行的跨境支付方式是（　　）。

A. 国际信用卡　　B. MoneyGram　　C. PayPal　　　　D. 西联汇付

（5）适合大金额的跨境交易付款的支付方式是（　　）。

A. 西联汇款　　　B. Paypal　　　　C. 连连支付　　　D. 电汇

2. 多选题

（1）按支付币种区分，跨境支付与结算可分为（　　）。

A. 人民币结算   B. 消费者本人支付

C. 委托第三方支付   D. 外汇结算

（2）目前国际上的五大信用卡品牌 VISA、MasterCard、American Express、Diners Club、JCB，其中为大家广泛使用的品牌是（   ）。

A. American Express   B. VISA

C. MasterCard   D. JCB

（3）国际主流跨境电商支付方式有（   ）。

A. 电汇   B. 支付宝   C. 信用卡   D. 信用证

（4）跨境支付与结算的风险包括（   ）。

A. 注册风险   B. 欺诈风险   C. 技术风险   D. 汇率风险

（5）下面关于第三方支付的说法正确的是（   ）。

A. 第三方支付增加了商家以及银行的运营成本

B. 跨境电商的第三方支付机构在缺乏相应的可以执行的市场准入条件和相应的管理的条件下，在一定程度上存在外部交易信用风险

C. 第三方支付能够为买卖双方的信用提供担保，从而化解网上交易风险的不确定性，增加网上交易成交的可能性

D. 第三方支付可提供多种银行卡的网关接口

（6）在跟单托收业务中，根据交单条件的不同可以分为（   ）。

A. 提示交单   B. 见票交单   C. 付款交单   D. 承兑交单

3. 判断题

（1）对于卖方而言，D/P60 天比 D/A60 天风险大。   （   ）

（2）第三方支付包括银行电汇和专业汇款公司等。   （   ）

（3）汇率是国际贸易中最重要的调节杠杆，汇率上升，能起到促进出口、抑制进口的作用。   （   ）

（4）跨境支付与结算业务涉及资金结售汇与收付汇。   （   ）

（5）跨境电商支付与结算必须以美元为支付结算货币。   （   ）

（6）当跨境支付结算的双方处在不同的法律制度下，应当以收款方所在的国家地区的法律制度为准绳。   （   ）

4. 任务实训

（1）了解国际支付宝与国内支付宝的不同，查看国际支付宝账户的申请流程。

（2）了解 PayPal 的功能，熟悉 PayPal 账户的申请流程，了解其提现方式。

（3）假如团队要在亚马逊德国站开一家销售儿童图书的店铺，需要先了解跨境支付与结算的方式。每 4 人为一个团队，以团队为单位对跨境支付与结算的方式做分析研究，讨论店铺会选择哪些支付与结算方式，并在课堂分享。

项目九 跨境电商客服

 项目导图

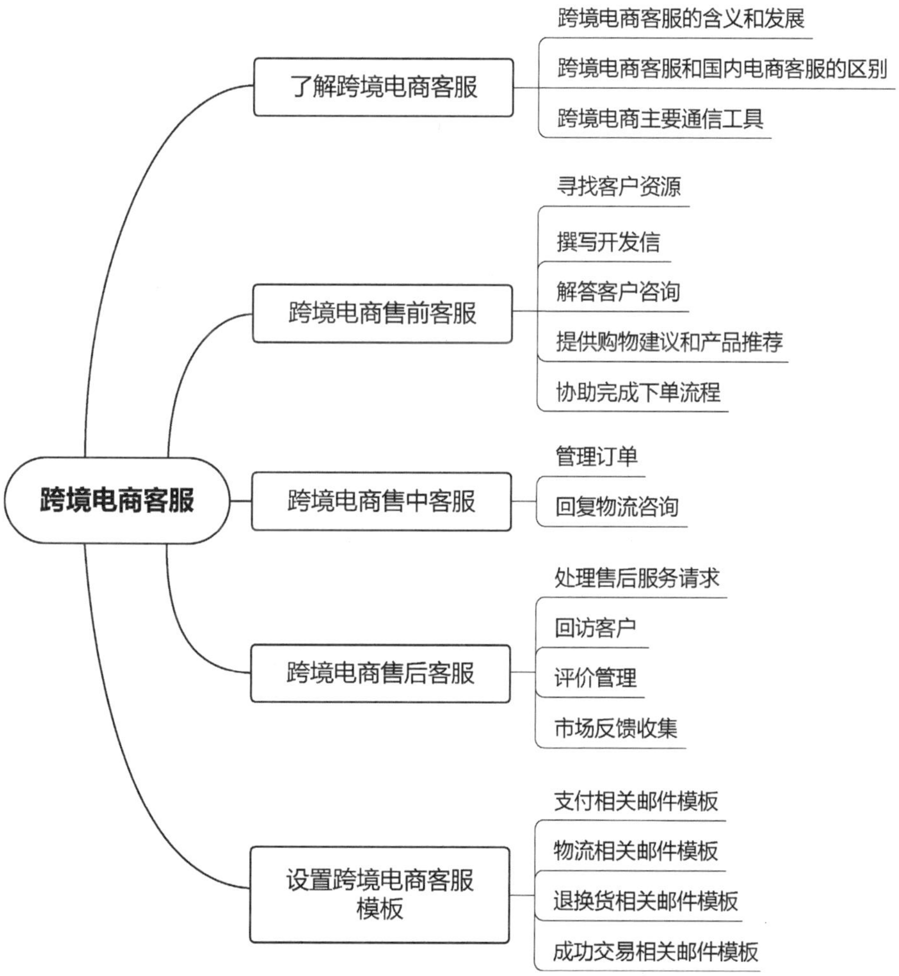

跨境电商客服

- 了解跨境电商客服
  - 跨境电商客服的含义和发展
  - 跨境电商客服和国内电商客服的区别
  - 跨境电商主要通信工具

- 跨境电商售前客服
  - 寻找客户资源
  - 撰写开发信
  - 解答客户咨询
  - 提供购物建议和产品推荐
  - 协助完成下单流程

- 跨境电商售中客服
  - 管理订单
  - 回复物流咨询

- 跨境电商售后客服
  - 处理售后服务请求
  - 回访客户
  - 评价管理
  - 市场反馈收集

- 设置跨境电商客服模板
  - 支付相关邮件模板
  - 物流相关邮件模板
  - 退换货相关邮件模板
  - 成功交易相关邮件模板

学习目标

1. 知识目标

（1）了解跨境电商客服的含义。

（2）熟悉跨境电商客服的工作准备。

（3）掌握售前、售中、售后客服的工作内容。

（4）掌握跨境电商客服模板设置的方法。

2. 能力目标

（1）能够熟练地与国外客户进行沟通，理解客户需求，解决客户问题。

（2）能够根据不同阶段跨境电商客服的工作职责，提供高效的服务。

（3）能够理解不同文化背景下客户的行为模式，进行跨文化交流。

（4）能够根据跨境电商客服特点合理设置客服模板。

3. 素养目标

（1）培养学生良好的沟通能力。

（2）培养学生终身学习意识。

（3）引导学生认识"中国智造"的文化内涵，增强对中国品牌的自信和认同，培养弘扬中华优秀传统文化的责任感和使命感。

项目背景

随着智能科技的飞速发展，中国智造的产品在全球范围内享有良好的声誉和口碑。例如，中国在智能锁领域拥有多项核心技术优势，其中包括人工智能算法、物联网技术、安全加密技术等。这些技术优势体现了中国科技的进步，不仅在产品性能上实现了突破，而且在智能锁的智能化程度、用户体验、安全性等方面也取得了显著进展。

情境导入

安徽名尚国际贸易有限公司跨境电商部门自成立以来，在各部门的共同努力下，业务量有了较大的提升。但梁经理也注意到一个问题，公司收到了一些顾客的抱怨，甚至还出现了差评，这对公司的未来发展十分不利。梁经理找到了客服部门的小彭要求其要加强学习，创新客服工作方式方法以提升客服服务能力。小彭接下来该如何改进呢？

任务 一 了解跨境电商客服

一、跨境电商客服的含义和发展

跨境电商客服指的是在跨境电子商务环境下提供客户服务的专业团队或部门。这些客服团队需具备跨文化沟通能力、多语言支持、国际物流知识等专业技能,以便有效地处理来自不同国家或地区客户的咨询、投诉、售后服务等需求。跨境电商客服的主要任务是确保客户在跨境购物过程中的良好体验,提升客户满意度和忠诚度,促进跨境电商业务的发展和持续增长。

跨境电商客服主要承担为消费者提供售前咨询、售中订单处理、售后服务等多项任务,跨境电商客服的特点主要体现在以下几个方面。

(1)服务对象的多样性和跨文化沟通能力的必要性。跨境电商客服的服务对象涵盖了来自全球各地的消费者,因此需要具备多语言沟通和跨文化沟通的能力。客服人员必须能够流利地使用多种语言,包括英语、西班牙语、法语、德语等,以便与国际用户进行有效沟通。此外,他们还需要了解不同国家或地区的文化差异,尊重和适应不同的文化习惯和价值观,以确保与客户之间的沟通顺畅,避免因文化差异而产生误解或冲突。

(2)产品知识和服务流程的不同。跨境电商客服需要具备更广泛的产品知识和服务流程,因为他们需要了解并处理跨国贸易、海关清关、国际物流等方面的问题。客服团队需要了解不同国家或地区的法律法规、关税政策,协助用户处理跨境购物中的相关问题。此外,跨境电商客服还需要处理多种货币支付、不同国家的退换货政策等复杂情况。

(3)服务范围和工作时间的差异。跨境电商客服由于服务对象来自全球各地,因此通常需要提供更广泛的服务范围和更灵活的工作时间。他们可能需要在不同的时区内工作,以保证对全球用户的及时响应和服务。这意味着跨境电商客服可能需要实行 24 小时全天候服务,以满足不同时区用户的需求。

二、跨境电商客服和国内电商客服的区别

跨境电商客服相对于国内电商客服来说更具挑战性和复杂性,需要具备更多的语言能力、跨文化沟通能力和法律法规意识,同时需要处理更复杂的产品信息、服务支持和支付等方面的问题。具体地,二者有以下区别。

(一)语言和文化差异

跨境电商客服需要掌握多国语言,因为客户可能来自不同国家或地区,而国内电商客服则主要使用当地语言。此外,跨境电商客服还需要了解不同文化背景下的消费习惯和沟通方式,以便更好地为客户提供服务。

(二)法律法规和支付方式差异

跨境电商涉及不同国家或地区的法律法规,客服人员需要了解相关规定,如海关进出

口规定、退换货政策等。此外,不同国家有不同的支付方式和货币,客服需要熟悉这些支付方式和处理相关问题。

(三) 产品信息和服务支持差异

跨境电商的产品可能涉及不同国家或地区的规格、认证要求等,客服需要了解这些信息并能够有效地解答客户的疑问。同时,由于物流和售后服务的特殊性,跨境电商客服可能需要协调处理国际物流、海关清关等问题。

(四) 沟通方式和时区差异

跨境电商客服需要考虑不同国家或地区的时区差异,安排合适的工作时间和轮班制度。此外,跨境客服通常会使用多种沟通工具,如电话、邮件、在线聊天等,以满足客户的需求。

三、跨境电商主要通信工具

跨境电商通常使用多种通信工具与国际客户进行沟通和服务。在速卖通网站上,跨境电商客服与客户沟通的通信工具主要是站内信和 IM 即时通信工具。

(一) 站内信

速卖通站内信是指在速卖通平台上的站内消息系统。速卖通是阿里巴巴集团旗下的国际贸易平台,为全球的卖家和买家提供一个线上交易的平台,站内信是速卖通平台上买家和卖家之间进行沟通和交流的主要方式之一。站内信的特点如下。

1. 消息合一

① 主要是站内信和订单留言合并为站内信。

② 买卖双方之间仅产生一条会话,双方之间的全部历史沟通记录会在一条会话中展示。

③ 订单详情页面展示买卖双方之前全部对话历史记录。

2. 实时触达

买卖双方之间沟通界面会自动展示会话信息,无须手动更新。

3. 支持会话认领和分配

(二) IM 即时通信工具

速卖通 IM 即时通信工具是指速卖通平台内置的即时通信功能。IM 即时通信工具允许速卖通平台上的买家和卖家实时交流和沟通,专门针对速卖通平台上的交易和客服需求而设计。

IM 即时通信工具的特点如下。

(1) 聚集文本消息、图片、通用卡片(商品、订单、优惠券)等核心功能。

(2) 支持相关插件功能,插件无须下载或安装,系统自带。如发送商品、发送订单、发送优惠券等。

(3) 支持实时翻译功能。消费者接受信息时,能自动翻译为消费者系统语言,如无此语言翻译能力,则翻译为英文;消费者发送信息时,以自己的语言发送;而商家端接收信息时,则自动翻译为商家系统语言,如无此语言翻译能力,则翻译为英文;商家端发送信息时,允许商家选择源语言和翻译的目标语言。

除了上述通信工具外,电子邮件也是跨境电商客服人员和国外客户的沟通联系方式之一。阿里巴巴为广大中小外企量身打造了一款外贸邮箱——外贸邮,外贸邮面向阿里巴巴中国供应商会员,获得阿里通行证资格客户暂无外贸邮功能。中国供应商会员开通外贸邮方式,如图9-1所示。

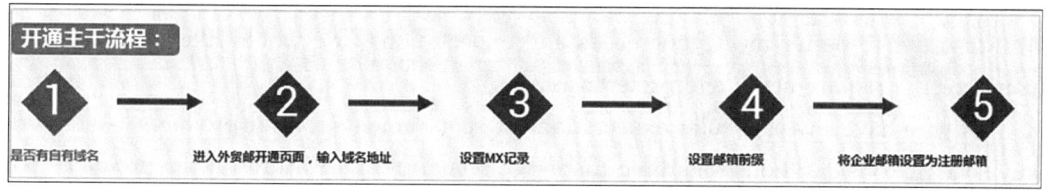
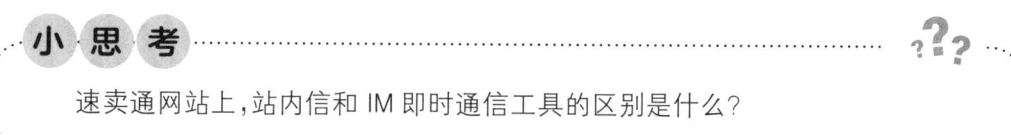

图 9-1　中国供应商会员开通外贸邮方式

小　思　考

速卖通网站上,站内信和 IM 即时通信工具的区别是什么?

任务 二　跨境电商售前客服

跨境电商售前客服是客户接触公司的第一道门户,他们的服务质量直接影响客户对公司的第一印象和整体用户体验。良好的售前服务可以增强客户对品牌的信任感和满意度。通过有效的售前咨询和推荐,售前客服可以引导客户更好地了解产品特点和优势,从而促进销售和提高转化率。他们可以针对客户的需求和偏好进行个性化推荐,提升购买意愿。而通过与客户的沟通和反馈收集,售前客服可以了解客户的需求和意见,为公司改进产品和服务提供重要参考,提升市场竞争力。跨境电商售前客服的工作职责主要有寻找客户资源、撰写开发信、解答客户咨询、提供购物建议和产品推荐、协助完成下单流程。

一、寻找客户资源

跨境电商售前客服寻找客户资源是提升客户服务和销售效果的关键之一。客服团队可以通过市场调研和分析,了解目标客户群体的特点、需求和偏好,有针对性地开展客户资源的寻找工作。他们可以利用社交媒体平台、搜索引擎和电商平台等渠道,开展线上推广和广告活动,吸引目标客户群体的关注,提升品牌知名度和客户互动。在网站或社交平台上设置在线客服工具或留言板,引导访客与客服团队联系,提供咨询服务并将其转化为潜在客户,也是一种寻找客户资源的方法。此外,售前客服人员利用电子邮件营销工具,向已有客户或潜在客户发送个性化的营销邮件,能促进客户与客服团队的互动和沟通。通过上述方法,跨境电商售前客服可以有效地寻找客户资源,提升销售效果和客户服务水平,推动业务的发展和壮大。

以下是一封开发客户资源、了解客户群体特点和偏好的电子邮件范例。

To：

From：

Subject：Understanding Your Needs and Preferences

Dear Customer，

In order to better meet your needs and expectations，we would like to understand your specific requirements and preferences.

Do you have any particular expectations or requirements for our products? Are there any specific considerations regarding the usage scenarios and features of the product? We also welcome your thoughts and suggestions about the product to help us continuously optimize and improve our products and services.

If you have any questions or need further assistance，please feel free to contact us. We are committed to providing you with excellent customer service to ensure your shopping experience is pleasant and smooth.

Once again，thank you for your support and trust in us!

Best regards.

[Your Name]

[Your Contact Information]

译文：

收件人：

发件人：

主题：了解您的需求和偏好

尊敬的客户：

为了更好地满足您的需求和期待，我们希望了解您的具体需求和偏好。

请问您对我们的产品有什么特别的期待或要求吗？您对产品的使用场景和功能有什么特别的考虑吗？我们也非常欢迎您分享您对产品的想法和建议，以便我们不断优化和改进产品和服务。

如果您有任何疑问或需要进一步的帮助，请随时与我们联系。我们将竭诚为您提供优质的客户服务，确保您的购物体验愉快顺利。

再次感谢您对我们的支持与信任！

祝好。

[您的姓名]

[您的联系方式]

二、撰写开发信

撰写开发信的目的在于展示突出产品优势、引起客户兴趣，并引导客户进行下一步行动。根据实际情况和客户需求，可以对开发信进行个性化定制和修改。撰写跨境电商售前客服的开发信需要注意以下几点。

（1）开发信的主题应该引起客户的兴趣，可以简要介绍公司或产品的优势或特点。

（2）根据客户的背景和需求，对开发信进行个性化定制，体现对客户的关注和了解。

（3）开发信要言简意赅，不宜过长，重点突出公司或产品的核心优势和价值。

（4）在开发信中引导客户进行下一步行动，例如进一步了解产品信息、安排电话或在线会议等。

以下是一个跨境电商售前客服的开发信范例。

To：

From：

Subject：Exclusive Product Recommendation for Global Sales Enhancement

Dear [Customer's Name]，

I hope this email finds you well. My name is [Your Name], and I am part of the pre-sales team at [Company Name], specializing in cross-border e-commerce. I am reaching out to introduce our latest exclusive product that we believe can greatly benefit your business growth.

Our new product，[Product Name], combines advanced technology and innovative design, offering the following key advantages：[Advantage 1：Describe the performance, features，quality，etc.][Advantage 2：Highlight competitive pricing, excellent after-sales service,etc.]

We are committed to providing high-quality products and exceptional service to our clients，and we believe that through collaboration，you can achieve greater success in the global market. I would like to schedule a call or online meeting next week to provide a detailed overview of our product and discuss potential collaboration opportunities to help you meet your business objectives.

Looking forward to further communication and collaboration!

Best regards.

[Your Name]

[Your Position]

[Company Name]

Contact Information：[Your Contact Details]

译文：

收件人：

发件人：

主题：独家产品推荐，提升您的全球销售

尊敬的客户：

我是[姓名]，来自[公司名称]的跨境电商售前团队。我非常高兴有机会与您分享我们公司最新的独家产品，希望能够为您的业务增长提供帮助。

作为一家专注于跨境电商的公司，我们致力于为客户提供高质量的产品和卓越的服务。

我们的新产品[产品名称]结合了先进的技术和创新的设计,具有以下优势:[优势一:例如性能、功能、质量等方面的优势][优势二:例如价格竞争力、售后服务等方面的优势]

我们相信,通过合作,您可以在全球市场上取得更大的成功。我将于下周联系您,安排一次电话或在线会议,详细介绍我们的产品以及如何与我们合作,共同实现业务目标。

期待与您的进一步沟通!

祝好。

[您的姓名]

[您的职务]

[公司名称]

联系方式:[您的联系方式]

三、解答客户咨询

售前客服需要了解所销售的产品或服务,能够为客户提供详细的产品信息和介绍。这包括产品特性、规格、功能、用途等方面的信息,以便客户更好地了解产品特点,做出购买决策。接受来自全球客户的咨询,针对产品、价格、运费、支付方式等问题进行及时、准确的解答,帮助客户了解并决策购买。

以下是跨境电商售前客服信息咨询和产品介绍的中英文模板句。

解答疑问:

1. Hello, may I help you with any questions?

译文:您好,请问有什么问题我可以帮您解答吗?

2. Do you have any other questions regarding the product's quality, size, color, etc. ?

译文:关于产品的质量、尺寸、颜色等方面您还有其他疑问吗?

3. Hello, do you have any questions about our products? I can introduce you to the features and advantages of our products.

译文:您好,请问您对我们的产品有什么疑问吗? 我可以为您介绍一下我们产品的特点和优势。

4. This product is made of high-quality materials and crafted with precision to meet your needs. You can refer to our product specifications for more detailed information.

译文:这款产品具有高质量的材料和精湛的工艺,能够满足您的需求。您可以参考我们的产品规格表以获取更详细的信息。

消除顾虑:

1. We offer global shipping services, so you don't need to worry about logistics.

译文:我们提供全球配送服务,您无须担心物流问题。

2. If you have any doubts about the product quality, we have a hassle-free return and exchange policy to ensure your shopping experience is worry-free.

译文:如果您对产品质量有任何疑虑,我们提供无理由退换货政策,确保您的购物体验无忧。

四、提供购物建议和产品推荐

　　跨境电商售前客服在提供购物建议和产品推荐时,首先,要了解客户的需求和喜好,例如他们购买产品的目的、预算范围、偏好的品牌或风格等信息。其次,跨境电商售前客服要对所销售的产品或服务有充分的了解,包括功能特点、优势和适用场景等,以便为客户提供准确的信息和建议。最后,售前客服与客户进行有效沟通时,要倾听他们的需求和问题,并根据具体情况提供相关的产品推荐和购物建议,根据客户的需求和偏好,提供个性化的产品推荐,可以是类似产品的比较、相关配件推荐或是针对特定场景的产品组合推荐等,向客户提供产品规格、功能、使用方法、售后服务等方面的详细信息,帮助他们作出明智的购买决策。跨境电商售前客服除了在线聊天,还可以通过邮件等多种方式提供购物建议和产品推荐,以满足客户不同的沟通偏好。

　　以下是跨境电商售前客服提供购物建议和产品介绍的中英文模板句。

　　购物指导:

　　1. Based on your needs and budget，I can recommend some cost-effective products for you.

　　译文：根据您的需求和预算,我可以为您推荐一些高性价比的产品。

　　2. Are you looking for products for daily use or for special occasions?

　　译文：您是需要日常使用还是特殊场合的产品呢?

　　3. This product is available in multiple colors. Which color do you prefer?

　　译文：这款产品有多种颜色可选,您喜欢哪种颜色?

　　4. This product is suitable for all skin types and can help address your skin concerns.

　　译文：这款产品适合各种肤质,可以帮助您解决皮肤问题。

　　5. If you have any questions about the product or need more information, feel free to let me know.

　　译文：如果您对产品有任何疑问或需要更多信息,请随时告诉我。

　　6. You can check the product reviews to learn about other users' purchasing experiences and feedback.

　　译文：您可以查看产品的用户评价,了解其他用户的购买体验和反馈。

　　7. This product is available in different sizes. Please let me know your size so that I can recommend the right style for you.

　　译文：这款产品有不同尺码可选,请告诉我您的尺码以便为您推荐合适的款式。

　　8. I can compare different models/styles of products for you so that you can choose the one that best suits your needs.

　　译文：我可以为您比较不同型号/款式的产品,以便您选择最适合自身需求的那款。

　　产品介绍:

　　以智能锁为例,可以从不同维度介绍产品,给出产品建议。

　　1. Based on your needs and budget，we recommend considering this smart door

lock，which features security and reliability，suitable for home use.

译文：根据您的需求和预算，我们推荐您考虑这款智能门锁，它具有安全可靠的特点，适合家庭使用。

2. You may consider this smart lock with voice control and fingerprint recognition features to enhance home security and convenience.

译文：您可以考虑这款具有语音控制和指纹识别功能的智能锁，以提升家庭安全性和便利性。

3. This smart lock supports remote control via a mobile app，allowing you to monitor and manage the status of your home door anytime，anywhere.

译文：这款智能锁支持远程手机 APP 控制，您可以随时随地监控和管理家门的状态。

4. If you need to set different permissions for family members，we recommend this smart lock，which can flexibly meet your needs.

译文：如果您需要针对家庭成员设置不同的权限，我们推荐这款智能锁，可以灵活满足您的需求。

5. This smart lock features waterproof and dustproof functions，suitable for outdoor door use，ensuring long-term stable operation of the lock.

译文：这款智能锁具有防水防尘功能，适合室外门使用，保障门锁的长期稳定运行。

五、协助完成下单流程

跨境电商售前客服在协助客户完成下单流程时，可以完成解答产品问题、引导浏览产品页面、提供优惠和促销信息、协助填写订单信息、核对订单信息、提供支付指导等工作，确保客户对产品有全面的了解，提升客户的购物体验并增加订单成交率，从而协助客户完成下单流程，监控订单状态，确保订单信息准确无误并及时处理订单异常情况。

以下是跨境电商售前客服协助客户完成下单的中英文模板句。

1. Could you please provide your shipping address and contact information? I can assist you with placing the order.

译文：请您提供收货地址和联系方式，我可以帮您完成下单。

2. You can choose a payment method that suits you，such as credit card，PayPal，etc.

译文：您可以选择适合您的支付方式，比如信用卡、PayPal 等。

3. Please review the order details and click the "Submit Order" button to complete your purchase.

译文：请确认订单信息并点击"提交订单"按钮完成购买。

4. Your order has been successfully placed. Please check your email or SMS for the order confirmation details.

译文：订单已成功生成，请查看您的邮箱或手机短信获取订单确认信息。

5. We will process your order as soon as possible and arrange shipment. The estimated time for shipping is 2～3 business days.

译文：我们将尽快处理您的订单，并安排发货，预计发货时间为 2～3 个工作日。

6. If you have any questions or need assistance, please feel free to contact our customer service team.

译文：如有任何问题或需要帮助，请随时联系我们的客服团队。

跨境电商售前客服寻找客户资源的主要途径有哪些？

任务 三　跨境电商售中客服

跨境电商售中客服主要负责处理客户订单、回答物流咨询等任务。跨境电商售中客服需要具备良好的沟通能力、业务知识、解决问题的能力以及跨文化交流的能力，以确保客户在购物过程中得到良好的体验并解决遇到的问题，从而提高客户满意度，增强客户黏性，促进销售增长。

一、管理订单

有效的订单管理能够确保订单准确无误地处理和交付，提升客户的购物体验和满意度。这包括及时回复客户的查询、处理订单变更请求、跟踪订单物流等方面。订单管理与库存管理、供应链紧密相关。良好的订单管理可以帮助企业实时了解库存情况，合理安排采购和生产，避免因为库存不足或过剩而导致的问题。通过有效管理订单可以确保财务数据的准确性，包括销售额、利润、退款等方面的数据，也有助于企业作出合理的财务决策。

以速卖通为例，卖家登录"我的速卖通"，进入"交易"页面，选择管理物流订单，如图 9-2 所示。

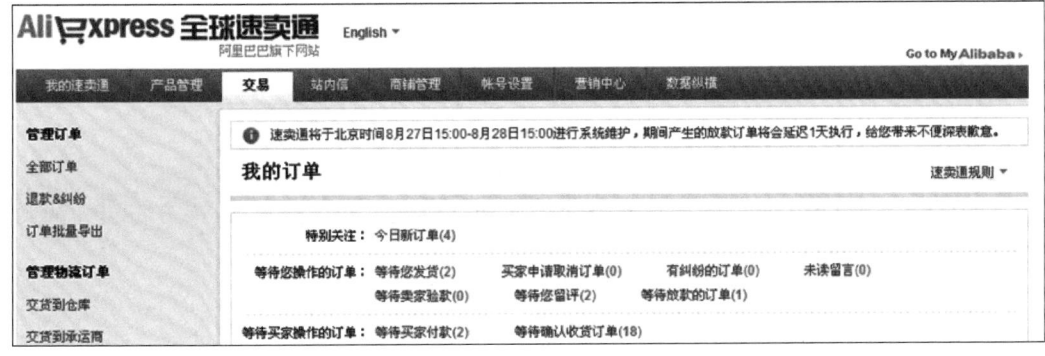

图 9-2　管理物流订单页面

以下是跨境电商售中客服管理订单的中英文模板句。

（一）等待买家付款

买家已下单却还没付款，提醒买家尽快确认订单。需要修改价格，修改价格后通知买方付款。

1. Thank you for your patronage, if you confirm the order as soon as possible, I will send some gifts.

译文：感谢您的惠顾，如果您能尽快确认订单，我将送一些礼物。

2. Payments must be made within 7 days after placing the order, otherwise the order will be invalid or canceled by system. Thank you for your cooperation.

译文：下单后请在 7 天内付款，否则订单将会无效或被系统取消，谢谢您的合作。

3. We've reset the price for you, we will process the order and ship it out ASAP after the payment is confirmed.

译文：我们已经为您重置价格，当付款完成，我方将立即备货发货。

取消订单。

1. Orders can only be canceled before the package is handled to shipping company. For canceled orders and refunds aliexpress usually takes 1～2 weeks to make the refund the buyer.

译文：只有在发货前才能取消订单。取消订单的退款，速卖通常需要 1～2 周的时间才能退给买家。

2. Once the product is already sent, the order cannot be canceled anymore.

译文：货物一旦装运，订单无法取消。

（二）收到订单

1. 确认订单信息

Dear customer,

Thank you for your purchase, Please confirm the order details：

Name of product, specifications, Contact person (Full name), address, post code and telephone.

We will prepare the package with the information provided in the order. Buyers are responsible for undelivered packages if any of the information provided was wrong.

译文：

尊敬的客户：

感谢您的购买，请确认订单详情：

产品名称、规格、联络人（全名）、地址、邮编和电话。

我们将按照订单上提供的信息准备包裹。如果所提供的信息有误，买方将对无法交付的包裹负责。

2. 已发货并告知买家

Dear customer,

Thank you for your purchase.

We have shipped out your order(order ID：×××) on Feb. 15th by EMS. The tracking number is ×××. It will take 5～10 workdays to reach your destination，please check the tracking information for updated information. Thank you for your patience!

If you have any further questions，please feel free to contact me.

译文：

尊敬的客户：

感谢惠顾。您的订单我们已于 2 月 15 日通过 EMS 发出(订单 ID：×××)。跟踪号码是×××。到达目的地需要 5～10 个工作日，请查看跟踪信息以追踪物流。感谢您的耐心等待!

如果您有任何其他问题，请随时与我联系。

二、回复物流咨询

跨境电商售中客服在回复物流事项咨询的时候，要帮助客户了解如何在运输过程中追踪包裹并提供实时更新的方法，提供运单号码、物流跟踪链接或推荐使用的物流平台。客服人员解答客户对于运输延误、包裹丢失或损坏的问题时，可以提供处理流程和协助客户提交索赔或申请补偿的指导。

以下是跨境电商售中客服回答物流咨询的中英文模板句。

(一) 关于物流信息未及时更新

1. We apologize for the delay in updating the logistics information，which has caused your package's tracking details to be out of date.

译文：很抱歉，由于物流系统更新有些延迟，导致您的包裹信息未能及时更新。

2. Due to unforeseen circumstances during transportation，there may be a delay in updating the logistics information.

译文：由于运输途中可能出现的不可控因素，物流信息可能会有一定的延迟更新。

3. Please be patient，as we are actively monitoring the situation and will inform you promptly once there are any updates regarding your package.

译文：请您耐心等待，我们会持续跟踪并及时通知您包裹的最新动态。

4. We are sorry that now it's the busiest time of the shopping season and the logistics companies are running at maximum capacity. Your delivery information has not update yet，but don't worry about it. We will let you know as the update is available. Thank you for your patience.

译文：很抱歉，现在是购物旺季，物流公司也在满负荷运转。您的物流信息还没有更新，但是不用担心，当更新时，我们将通知您。感谢您的耐心等待。

(二) 物流遇到问题

1. We apologize for the logistics issue your package encountered. Various circumstances during transportation may have led to delayed delivery or other issues with your package. We will promptly contact the logistics company and make every

effort to resolve the issue to ensure your package is delivered as soon as possible.

译文： 对于您的包裹遇到的物流问题，我们深感抱歉。由于运输过程中可能出现的各种情况，导致包裹未能按时到达或出现其他问题。我们将立即联系物流公司并尽最大努力解决问题，保证您的包裹尽快送达。

2. We would like to confirm that we sent the package on 22 Jan，2025. However, we were informed package did not arrive due to shipping problems with the delivery company. We have re-sent your order by EMS; the new tracking number is：×× ×××. It usually takes 7～10 days to arrive to your destination. We are very sorry for the inconvenience. Thank you for your patience. If you have any further questions，please feel free to contact me.

译文： 您的订单我方在 2025 年 1 月 22 日已发货。但是由于运输公司的问题，包裹没有到达。我们已通过 EMS 重新发送您的订单；新的追踪号码是：×××××。到达你方通常需要 7～10 天。给您带来的不便，我们深表歉意。感谢您的耐心等待。如果您有任何其他问题，请随时与我联系。

（三）货物妥投

1. Your package has been successfully delivered. Please check it in a timely manner.

译文： 您的包裹已成功妥投，请您及时查收。

2. We have confirmed that your goods have been successfully delivered to your address.

译文： 我们已确认您的货物已经成功送达您的地址。

3. You can log in to the logistics platform to check the delivery status and signature information of your package.

译文： 您可以登录物流平台查看包裹的签收信息。

4. I have checked the tracking information and it shows that you have received the package. If you are satisfied with your purchase and our service，we'll greatly appreciate it if you give us a five-star feedback and leave positive comments on your experience with us. If you have any other questions，please contact us directly. Thank you.

译文： 物流显示您已签收邮件。如果您对产品和我们的服务感到满意，请给我们五星好评，并留下购物经历的积极评价。如果你有什么问题，请直接和我们联系。谢谢。

（四）货物丢失

1. We apologize for the inconvenience caused by your lost package. We will immediately contact the logistics company to investigate and resolve the issue as soon as possible. Please be patient as we work to address the problem and provide compensation or alternative solutions.

译文： 很抱歉，我们收到您关于包裹丢失的反馈。我们会立即联系物流公司展开调查，并尽快为您处理此事。请您耐心等待，我们会尽最大努力解决问题并提供补偿或替代方案。

2. Sorry to tell you that we cannot get the tracking information. We are afraid the package might be lost. If you still want to buy the product，please place another order and I'll offer you a 5% discount. If not，please apply for refund. Thank you for your understanding.

译文：很抱歉告知您我们无法获取物流信息。包裹可能丢失了。如果您仍想购买该产品，请重新下单，我将为您提供5%的折扣。或者请申请退款。谢谢理解。

拓展阅读

ALiExpress(全球速卖通)店铺在线服务页面介绍

AliExpress(全球速卖通)店铺在线服务界面提供了丰富的功能和工具，旨在帮助商家提高运营效率。

首先，界面设计考虑了商家的日常需求，包括公告区、顶部推荐区和快捷短语等区块。公告区用于日常通知，确保商家能够快速了解业务变动；顶部推荐区则提供高频问题的解答，帮助商家快速解决常见问题；快捷短语则简化了常见问题的回答过程，提高了服务效率。

此外，AliExpress还为商家提供了自助查询工具，通过分析日常咨询问题，设计标准化的流程和自助工具，使商家能够在机器人端自主解决问题，避免了高峰期的人工客服等待时间，从而提高了商家的运营效率。

除了上述功能，AliExpress还致力于为卖家提供优质的服务和工具，如线上发货仓库的搬迁和新增仓库通知、优质开发者招募、应用市场等，帮助卖家精确、智能管理店铺商品、库存等，以及高效管理订单，进行营销推广和客户关系管理。这些功能和服务旨在提高商家的运营效率和客户满意度，为卖家创造更多的商业机会。

AliExpress作为一个全球性的电商平台，已经发展了十年，覆盖全球220个国家和地区，主要交易市场集中在俄罗斯、美国、西班牙、巴西、法国等国。平台支持18种语言站点，海外成交买家数量突破1.5亿个。平台上有22个行业囊括日常消费类目，商品受到海外消费者的欢迎。此外，AliExpress支持全球51个国家的当地支付方式，为中国制造产品进入全球市场提供了新的机遇。

任务 四　跨境电商售后客服

跨境电商售后客服主要职责是解决客户在购买产品后可能出现的问题，提供满意的解决方案，并确保客户的满意度和忠诚度。通过接听客户电话、邮件或在线聊天，客服人员处理客户的退货、换货、退款等售后申请，确保流程顺畅、及时处理客户投诉，并协调相关部门完成退款或重新发货。通过积极沟通和回访客户，了解客户需求和反馈，从而建立良好的客户关系,提升客户忠诚度,促进再次购买和推荐行为。

一、处理售后服务请求

跨境电商售后客服处理售后服务请求主要包括以下三部分内容。

(一) 订单售后处理

客服人员处理客户的退货、换货、退款等售后申请,确保流程顺畅、及时处理,并协调相关部门完成退款或重新发货。

以下是跨境电商售后客服处理退货、换货和退款的中英文模板句。

1. 处理退货

Please fill out the return request form and provide the reason for return along with relevant photos.

译文: 请您填写退货申请表格,并提供退货原因和相关照片。

We will promptly review your return request and arrange for the logistics company to pick up the item from your location.

译文: 我们会尽快审核您的退货申请,并安排物流公司上门取件。

Once we receive the returned item and confirm its condition, we will proceed with the refund process for you.

译文: 一旦收到退货物品并确认无误,我们将为您办理退款手续。

2. 处理换货

Hello, thank you for contacting our after-sales customer service team. Please provide your order number and the reason for exchange, and we will process the exchange for you as soon as possible.

译文: 您好,感谢您联系我们的售后客服团队。请您提供订单号和换货原因,我们将尽快为您处理换货事宜。

We apologize for the quality issue with the product you received. We can arrange an exchange for you. Please provide detailed description of the issue and photos as evidence.

译文: 抱歉您收到的商品有质量问题,我们可以为您安排换货,请您提供详细的问题描述和照片作为证据。

To expedite the exchange process, please send back the item for exchange and provide us with the return tracking number. We will arrange the shipment of the new item as soon as we receive it.

译文: 为了更快地完成换货流程,请您将需要换货的商品寄回,并提供寄回运单号码,我们会在收到后立即安排发放新的商品。

Thank you for your patience. Your exchange request has been processed, and the new item has been shipped with a tracking number provided. You can track the latest delivery information on the logistics platform.

译文: 感谢您的耐心等待,您的换货申请已经处理完成,新的商品已经发出并提供了跟踪号码,您可以在物流平台上查看最新的配送信息。

3. 处理退款

We apologize for the inconvenience caused by the issue with your order. We will process your refund immediately.

译文:很抱歉,您的订单出现了问题,我们会立即为您处理退款。

Please provide the necessary information for the refund,such as your order number and the reason for the refund,and we will handle it as soon as possible.

译文:请您提供退款所需的信息,如订单号和退款原因,我们将尽快处理。

Your refund request has been received and is expected to be refunded to your account within 3 business days.

译文:您的退款申请已经受理,预计将在 3 个工作日内退回您的账户。

(二) 产品质量问题处理

客服人员处理客户关于产品质量问题的投诉和反馈,协助客户进行产品检测、换货或退款,并追踪问题原因以确保不再发生类似问题。

以下是跨境电商售后客服处理产品质量问题的中英文模板句。

We apologize for any dissatisfaction with the product quality. We will investigate immediately and provide a solution as soon as possible. Please provide detailed descriptions of the quality issue and any relevant photos. We will handle your complaint promptly. Your feedback is highly valued,and we will take measures to ensure that similar issues do not occur again.

译文:很抱歉听到您对产品质量不满意,我们会立即调查并尽快给出解决方案。请您提供详细的质量问题描述和相关照片,我们会尽快处理您的投诉。我们非常重视您的反馈,会采取措施确保类似问题不再发生。

(三) 投诉处理与客户满意度

客服人员处理客户投诉,并采取有效措施解决问题,提升客户满意度和忠诚度,促进良好的客户口碑和品牌形象。买方在交易中提起退款申请时有两种情况:未收到货物以及收到的货物与约定不符。未收到货物可能的原因是运单号无效、发错地址、物流时间长、海关扣关、丢件等。收到货物与约定不符可能的原因包括货不对板、质量问题、发错货等。不管什么原因提起的纠纷,都会影响卖方的信誉。因此,当买方提起纠纷时,卖方要与买方积极沟通,争取在 3 天内协商解决纠纷,关于质量、物流等问题的回复,可参考之前的模板。如果纠纷已经解决,要引导买方关闭纠纷。

I am sorry to see you open a dispute.

译文:很遗憾看到你打开了一个纠纷。

Could you please kindly help me close the dispute?

译文:能帮我关闭纠纷吗?

If you really want the refund,we can refund in other way. Once you close the dispute please let me know,I will refund to you immediately.

译文:如果您确实想退款,我们可以用其他方式退款,一旦您关闭了纠纷请告知于我,我将立即退款给你。

We apologize for the inconvenience caused by the issue you encountered. Please provide your order number and specific problem description, and we will handle your complaint as soon as possible.

译文: 我们对您在使用过程中遇到的问题感到抱歉,请您提供订单号和具体问题描述,我们将尽快处理您的投诉。

二、回访客户

产品邮件推送功能是平台为买家和卖家搭建的一个沟通渠道。买家订阅后,可以收到平台最新的优质产品及店铺信息。卖家可以利用这个功能,推荐买家订阅店铺,可让买家在第一时间了解卖家的最新产品。例如:

Dear buyer,

In order to offer a better service and keep you updated with the latest promotions and products, please subscribe to my store. Thank you.

译文:

亲爱的买家,

为了提供更好的服务并让您及时了解最新的促销和产品,请订阅我的商店。谢谢。

当店铺有上新时,可通过站内信、即时通信工具等通知客户,快速实现新品破冰。例如:

Hi friend,

We have publish some new products, here is the link, Please click to check them, if you want to buy more than 3 pieces, we can give you a 15% discount.

译文:

尊敬的顾客,

我们已经上新了一些产品,这是链接。请点击,如果购买 3 件以上,您可享受 85 折。

店铺、平台为了促进订单量的提升,有时会通过一些手段吸引客户,如优惠券、限时秒杀、打折、会员优惠等,这些活动在吸引新客户的同时,也可以增加老客户的回购率。

Hi friend,

Right now the sales season is coming, here is our promotion link, Please click to check them, if you want to buy more than \$99, we can give you a 15% discount.

译文:

尊敬的顾客,

销售旺季即将到来,这是我们的促销链接,请点击查看,如果您购买超过 99 美元,我们可以给您 15% 的折扣。

此外,某些国家的客户很注重节日礼仪,可关注客户所在国家的节日情况,有针对性地发送问候。如:

Hi friend,

Right now the Christmas season is coming, Merry Christmas and Happy New

Year! If you want to buy some gift for your family，here is our gift's link. Please click to check them，if you want to buy more than 3 pieces，we can give you a 5% discount.

Best regard.

译文：

尊敬的顾客，

现在圣诞节快到了，圣诞快乐，新年快乐！如果您想为家人购买礼物，这是我们的礼物链接，请点击查看。如果您购买超过 3 件，我们可以给您 5% 的折扣。

三、评价管理

跨境电商售后客服进行评价管理是为了了解客户对售后服务的满意度、收集反馈意见以及维护良好的客户关系而进行的一项重要工作。通过管理评价，可以了解客户需求，改善服务质量。

当买家给了好评，卖家表示感谢，并希望他能够再次购买时，可参考以下表达。

Dear customer，

Thank you for your positive feedback! Your satisfaction is hugely important to us. Here's a coupon for your next shopping. Hope to see you again on our store soon.

Thank you.

译文：

尊敬的顾客，

感谢您的好评。您的满意是我们前进的动力。送您一张优惠券，下次购物时可以使用。欢迎再次光临本店。

买家差评则会直接影响店铺的分数。当买家给差评时，卖家要及时主动联系买方，询问差评的原因，语气要客气、礼貌，先通过道歉平息客户的怒气，再寻求让买方追加好评的方法。如：

Dear friend，

I noticed that you gave us a negative feedback. I am so sorry for the inconvenience.

I am looking forward to your reply that the reason you're so disappointed.

I sincerely hope that you can point out our mistakes and we can correct them in time.

Hope to fix this thing reasonably and positively.

Let us apologize to you again for all your inconvenience.

Have a nice day.

译文：

尊敬的顾客，

收到您的差评，很抱歉给您带来不便。

期待您能回复我们您如此失望的原因。真诚地希望您能指出我们的错误，以便我们及时改正。我们希望能够合理、友好地解决这个问题。再一次向您道歉。祝您生活愉快。

四、市场反馈收集

跨境电商售后客服可以通过多种方式进行市场反馈收集,包括在线调查问卷、客户满意度调查、客户反馈邮件、社交媒体互动等方式,收集客户对产品和服务的反馈意见和建议,定期整理汇总,为公司改进产品和服务提供参考。

(1) 在线调查问卷:创建在线调查问卷,通过电子邮件或网站链接向客户发送,收集客户对产品、服务和购物体验的反馈意见和建议。

(2) 客户满意度调查:在购物完成后,发送客户满意度调查表,了解客户对购物过程、产品质量、售后服务等方面的满意度和不满意点。

(3) 客户反馈邮件:鼓励客户通过邮件向客服团队发送反馈意见和建议,及时回复并记录客户的反馈信息。

(4) 社交媒体互动:利用社交媒体平台与客户互动,收集他们在社交媒体上对产品和服务的评论和反馈,及时回复并记录关键信息。

(5) 在线聊天记录分析:分析客户与售前客服的在线聊天记录,了解客户常提及的问题、疑惑和需求,为改进产品和服务提供参考。

以下是跨境电商售后客服收集市场反馈的中英文模板句。

Hello! We value your feedback and suggestions. Would you be willing to participate in our online survey to help us improve our products and services?

译文:您好!我们非常重视客户的意见和建议,是否愿意参加我们的在线调查问卷,帮助我们改进产品和服务?

Thank you for choosing our products! After your shopping experience, we will send you a customer satisfaction survey. Please keep an eye out for it.

译文:感谢您选择我们的产品!在您的购物体验结束后,我们会发送一份客户满意度调查表,请您留意查收。

If you encounter any issues or have any suggestions during the shopping process, please feel free to contact us via email. We look forward to your feedback!

译文:如果您在购物过程中遇到任何问题或有任何建议,请随时通过邮件联系我们,我们期待您的反馈!

We regularly analyze customer chat logs to understand their needs and concerns. Your feedback is crucial to us!

译文:我们定期分析客户的在线聊天记录,以了解客户的需求和关注点,您的反馈对我们非常重要!

Welcome to follow our social media accounts! You can interact with us by leaving comments or sending private messages to share your shopping experience and feedback.

译文:欢迎关注我们在社交媒体上的账号,您可以通过留言或私信方式与我们互动,分享您的购物体验和意见。

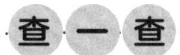

登录速卖通平台规则页面,了解不同国家退货服务"free returns"规则。

任务 五　设置跨境电商客服模板

一、支付相关邮件模板

(一) 还价邮件模板

Dear {{buyer}},

Thank you for your interests in my item.

Perhaps we can't offer you that low price you bargained. I'm sorry for that. In fact the price listed is reasonable and has been carefully calculated. It leaves me limited profit already.

But，we'd like to offer you some discounts on multiple items. If you purchase more than _____ pieces in one order，_____ discount will be given to you on amount.

If you have any further questions please let me know. Thanks.

Yours Sincerely,

{{Seller's Name}}

译文：感谢您对我的项目感兴趣。

也许我们不能为您提供您讨价还价的低价。对不起,我很抱歉。事实上,列出的价格是合理的,并经过仔细计算。它已经给我带来了有限的利润。

但是,我们可以为您提供多件商品的折扣。如果您在一个订单中购买超过_____件,我们将给您_____优惠。

如有其他问题,请告诉我。谢谢。

(二) 提醒尽快付款模板

Dear {{buyer}},

Congratulations! You are the winner for the Item named _____. Much appreciation for your purchasing from us，but we haven't received your payment for that item. As a friendly reminder，we send you this e-mail to inform you that the instant payment is very important. The earlier you pay，the sooner you will get the item.

Please double check the following transaction information：

Item title：_____

Item Link：_____

Item number：{{item Number}}

Buyer User ID：{{buyer}}

Seller User ID：{{seller's Name}}

Your total payment is：

$ _____ per item

$ _____ insurance(not offered)

$ _____ Sales discounts(－) or charges(＋)

$ _____ shipping/handling

$ _____ ＝Total Payment

Please make the payment at your convenience as soon as possible. If you meet any problem during you are paying, please feel free to let us know to give you a hand. We are glad to provide you with good buying experience and satisfaction.

Thanks very much and hope you enjoy buying from us!

Yours Sincerely,

{{Seller's Name}}

译文：

恭喜！您是名为_____的项目的获胜者。

非常感谢您从我们这里购买，但我们尚未收到您对该商品的付款。作为友情提醒，我们向您发送此电子邮件，通知您即时付款非常重要。您支付得越早，您就越早得到该物品。

请仔细检查以下交易信息：

项目标题：_____

物品链接：_____

料号：{{item Number}}

买方用户 ID：{{buyer}}

卖家用户 ID：{{seller Name}}

您的总付款是：

$ _____每件商品

$ _____保险(不提供)

$ _____销售折扣(－)或费用(＋)

$ _____运输/处理

$ _____＝总付款额

请尽快在方便时付款。如果您在付款期间遇到任何问题，请随时告诉我们以便提供帮助。我们致力于为您提供良好的购买体验，让您满意。

非常感谢，希望您喜欢我们的商品！

(三) 感谢迅速付款模板

向买家详细说明交易信息

Dear {{buyer}},

Thanks for your buying and your payment for the following item has been received.

The detailed transaction information：

Item title：_____

Web Address：{{buyer Address}}

Item number：{{item Number}}

Buyer User ID：{{buyer}}

Seller User ID：{{seller Name}}

Your total payment（$）：＿＿＿＿＿＿＿＿

We are much appreciated for your quick payment and your order is being processed；normally your package will be shipped on next working day. If you have any questions，please feel free to let us know.

BTW，the positive feedback from us has been left for you. Please log on your account to check out at your convenient time.

Yours Sincerely，

{{Seller's Name}}

译文：

感谢您的购买，我们已收到您对以下项目的付款。

详细的交易信息：

项目标题：＿＿＿＿＿＿＿＿

网址：{{buyer Address}}

料号：{{item Number}}

买方用户 ID：{{buyer}}

卖家用户 ID：{{seller Name}}

您的总付款（$）：＿＿＿＿＿＿＿＿

我们非常感谢您的快速付款，您的订单正在处理中；通常您的包裹将在下一个工作日发货。如有任何问题，请随时告诉我们。

顺便说一下，我们的积极反馈一直留给您。请在您方便的时候登录账户查看。

二、物流相关邮件模板

（一）回复买家询问是否发货模板

Dear {{buyer}}，

Thank you for your inquiry.

We have shipped the item immediately after receiving your payment. The tracking number is {{track Number}}. You can log on to check your item.

By the way，I've sent you the Shipping Notification on that shipping day，but it seemed not to reach you either. Anyway，once you get the information of your item，please let me know.

If you meet some problems or have further questions，even some dissatisfaction with us，please DO NOT hesitate to tell us. We are committed to your good buying experience from us. Meanwhile if you are satisfied with our products and service，please leave positive feedback.

Much appreciate for your understanding!

Yours Sincerely,
{{Seller's Name}}

译文：

感谢您的查询。

我们在收到您的付款后立即发货。跟踪号码为{{track Number}}。您可以登录来检查您的物品。

顺便说一句,我已经在发货当天向您发送了发货通知,但它似乎也没有联系到您。无论如何,一旦你收到你的物品的信息,请告诉我。

如果您遇到一些问题或进一步的问题,即使是对我们的不满,请不要犹豫,告诉我们。我们致力于为您提供良好的购买体验。同时,如果您对我们的产品和服务感到满意,请留下积极的反馈。

非常感谢您的理解!

(二) 物品寄出: 提供物品跟踪号并设置买家收货

Dear {{buyer}},

Your item has just been sent out via China International Shipping service which may take about 15～20 business days to reach you.

The tracking number of your parcel is: {{track Number}}, and you can track the shipping status on the website bellow in a few days:

————

Besides, as we all know that International shipping requires more complicated shipping procedures, such as both countries' customs clearance, transit stations etc. , it will probably take longer time for your item to arrive at the final destination.

Much Appreciation for your understanding on this uncontrollable matter. If you have any other concerns, feel free to let me know.

Thanks.

Yours sincerely,
{{Seller's Name}}

译文：

您的物品刚刚通过中国国际海运服务发送,可能需要 15～20 个工作日才能到达您的目的地。

您的包裹的跟踪号码是: {{track Number}},您可以在下面的跟踪网站上查看物品的运送状态:

————

此外,众所周知,国际运输需要更复杂的运输程序,如两国的清关、中转站等,您的物品到达最终目的地可能需要更长的时间。

非常感谢您对这种无法控制的问题的理解。如果您有任何其他问题,请随时告诉我。谢谢。

（三）物品未收到沟通模板：提供最新物流状态

Dear {{buyer}},

I've just tracked your parcel status and get following latest information：

Tracking No. ：{{track Number}}

Status：_____

Date：_____

It seems that your parcel has already arrived in EU and is waiting for local dispatch now. Please just be patient for another several days and it'll be delivered soon.

Normally it takes 15～20 business days to reach you, but as this is a peak holiday season and the shipping agency is extremely busy on handling parcels now, as a result, it might need longer time to deliver the international parcels.

Sorry for the inconvenience and your understanding is highly appreciated. Thanks.

Yours sincerely,

{{Seller's Name}}

译文：

我已经查看了包裹的状态，获取了最新信息。

跟踪编号：{{track Number}}

状态：_____

日期：_____

您的包裹似乎已经抵达欧盟，现在正在等待当地派遣。请再忍耐几天，它很快就会送到。

物品通常需要 15～20 个工作日送达，但由于这是一个高峰假日季节，并且航运公司现在非常忙于处理包裹，因此可能需要更长的时间来交付国际包裹。

很抱歉给您带来不便，我们非常感谢您的理解。谢谢。

三、退换货相关邮件模板

（一）关于换货

Dear {{buyer}},

Sure, you can send it back for exchange. Please send your item back to：

××，××××，200001，Shanghai，China　（请更换为自己的收件地址）

We will send you a new one after receiving your parcel. Please be aware the return shipping cost and re-send shipping cost will be charged on your side.

Thanks for your understanding and if you have any other questions, feel free to let me know.

Yours sincerely,

{{Seller's Name}}

译文：

抱歉，当然，您可以把它寄回去换货。将您的物品发回：

××,××××,200001,中国上海(请更换为自己的收件地址)

我们会在收到您的包裹后寄给您一个新的。请注意,退货运费和重新发送运费将由您自行承担。

感谢您的理解,如有任何其他问题随时让我知道。

(二) 关于退货

Dear {{buyer}},

Yes, we accept return or exchange. Please send your item back to:

××, ××××, 200001, Shanghai, China(请更换为自己的收件地址)

I'll issue you the refund(excluding the postage) via PayPal once I receive your parcel.

Thanks.

Yours sincerely,

{{Seller's Name}}

译文:

是的,我们接受退货或换货。将您的物品发回:

××,××××,200001,中国上海(请更换为自己的收件地址)

收到包裹后,我会通过 PayPal 向您发放退款(不包括邮费)。谢谢。

四、成功交易相关邮件模板

(一) 包裹投递后

Dear valued customers:

Now the item is successfully delivered to you, our friend! We sincerely hope you will like it and be satisfied with our customer services. If you have any concerns, please don't hesitate to contact us. We would like to do whatever we can do to help you out.

If you don't mind, please take your time and leave us a positive comment and four 5-star Detailed Seller Ratings to us, which are of vital importance to the growth of our small company.

We BEG that PLEASE DO NOT leave us 1, 2, 3 or 4-star Detailed Seller Ratings because they mean "you are NOT satisfied", equaling negative feedback. Like what we said before, if you are not satisfied in any regard, please contact us for solution.

Thank you so much indeed.

Yours Sincerely,

{{Seller's Name}}

译文:

现在,物品已成功交付给您!我们真诚地希望您喜欢并对我们的客户服务感到满意。如果您有任何疑虑,请随时与我们联系。我们愿意尽我们所能帮助您。

如果不介意,请花点时间给我们留下积极的评论和四个五星级的详细卖家评级,这对我们小公司的发展至关重要。

我们请您不要给我们 1,2,3 或 4 星的详细卖家评分,因为他们的意思是"您不满意",等于负面反馈。像我们之前所说的,如果您对任何方面都不满意,请联系我们寻求解决方案。非常感谢。

(二) 收到好评后

Dear {{buyer}},

Thank you for your positive comment. Your encouragement will keep us moving forward.

We sincerely hope that we'll have more chances to serve you.

Yours Sincerely,

{{Seller's Name}}

译文:

谢谢你的积极评价。您的鼓励将使我们继续前进。

我们真诚地希望我们有更多的机会为您服务。

技能与素养提升

跨境电商售后客服在与客户沟通时,要表达清晰,确保提供清晰的操作步骤和政策说明,避免产生误解;要及时响应客户的要求,快速处理客户的问题,减少等待时间;要详细记录客户信息和问题,以便跟踪处理进度;还要关怀客户,关心客户的体验,提供个性化解决方案,以提升客户满意度。以下是一个跨境电商售后客服的案例分析,可以帮助理解如何有效处理售后问题。

Linda 女士在某跨境电商平台的一家销售电子产品和配件的公司购买了一款无线降噪耳机。使用一周后,她发现耳机在使用过程中存在声音失真和偶尔掉线的问题。Linda 通过该平台联系了这家公司的客服,要求解决问题或退款。

处理流程如下。

1. 确认问题

客服小王在接到 Linda 的投诉后,首先确认了耳机的具体型号和问题情况,询问了使用时的设备和环境信息,并要求 Linda 描述声音失真的具体情况。随后小王提供了一些基本的排查建议,如检查设备的蓝牙设置、更新耳机固件、尝试不同设备连接等。

2. 进一步诊断

在确认初步建议无效后,小王要求李女士提供购买凭证、耳机照片以及问题发生的视频,以便进行进一步的诊断。

3. 处理方案

若确认问题是设备故障,小王向 Linda 解释平台和公司的退换货政策,提供了退货地址和详细的退货流程。安排了预付邮寄标签以方便李女士退回有问题的耳机。

若设备无法修复:小王提供全额退款或换货的选项,并协助 Linda 完成相应的申请流程。

4. 后续跟进

在 Linda 退回耳机并确认收到后，小王及时处理了退款或换货，在处理完成后联系 Linda 确认她是否对解决方案满意，并询问是否还有其他问题。处理完后，小王向李女士征求对服务的反馈，并记录她的意见以改进售后服务流程。

项 目 训 练

1. 术语连线

Volumn A	Volumn B
（1）transportation package	A. 询盘
（2）return dissatisfaction rate	B. 支付方式
（3）terms of payment	C. 退货不满意率
（4）bad reviews	D. 运输包装
（5）inquiry	E. 差评

2. 单项选择题

（1）当客户投诉产品质量时，跨境电商客服应该（　　）。

A. 忽略投诉，因为这可能是客户的个人观点

B. 向客户致以歉意，收集详细信息，并承诺尽快解决问题

C. 忽略投诉，因为产品已经售出，无法退款或换货

D. 将问题转交给其他部门处理，不与客户直接沟通

（2）跨境电商客服的工作目标不包括（　　）。

A. 保障账号安全　　　　　　B. 降低售后成本

C. 监控管理　　　　　　　　D. 打包发货

（3）May I ask if you have changed the reason to "I don't want to buy" for the seller? 本句话的正确理解为（　　）。

A. 请问你是否愿意为卖家将理由更改为"我不想买了"

B. 请问你如果愿意为卖家将理由更改为"我不想买了"

C. 请问你是否愿意为卖家更改"我不想买了"这一理由

D. 请问你是否愿意为卖家更改"我不想卖了"这一理由

（4）We value your feedback. 本句话的正确理解为（　　）。

A. 我们重视您的反馈

B. 我们的价值就是您的反馈

C. 我们珍视您的意见

D. 请您提出宝贵意见

3. 案例分析

（1）客户 John Smith 是一名来自新加坡的消费者，正在某跨境电商平台上浏览中国某公司生产的一款智能手表。他对产品的功能、质量和配送方式不了解。假设你是该公司的客服人员，你将如何回答 John Smith 的咨询。

（2）客户 John Smith 在某跨境电商平台上购买了一款中国某公司生产的电动牙刷，他已下单却还没付款。假设你是该公司的客服人员，你将如何提醒买家尽快确认订单并付款。

（3）客户 John Smith 在速卖通平台上从中国某公司购买了一把智能锁，但收到商品后发现与描述不符，希望进行退款处理。假设你是该公司的客服人员，你将如何处理？

参考文献

［1］龚文龙,王宇佳.跨境电商实务[M].2版.杭州:浙江大学出版社,2023.

［2］肖旭.跨境电商实务[M].北京:中国人民大学出版社,2020.

［3］赵亚南.跨境电商操作实务[M].北京:清华大学出版社,2020.

［4］唐艳.跨境电子商务实务[M].北京:中国劳动社会保障出版社,2023.

［5］赵春燕,肖坤梅.跨境电子商务实务[M].北京:北京大学出版社,2024.

［6］金毓,陈旭华.跨境电商实务[M].北京:中国商务出版社,2023.

［7］刘红燕.跨境电商营销实务[M].北京:中国商务出版社,2023.

［8］王维平,蒋轶阳.跨境电商英语[M].北京:中国商务出版社,2023.

［9］徐锦波,叶悦青.跨境电商 B2C 实务[M].北京:中国商务出版社,2023.

［10］叶杨翔,施星君.跨境电子商务 B2C 实务[M].北京:高等教育出版社,2023.

高等教育出版社 **教学资源服务指南**

感谢您使用本书。为方便教学，我社为教师提供资源下载、样书申请等服务，如贵校已选用本书，您只要关注微信公众号"高职财经教学研究"，或加入下列教师交流QQ群即可免费获得相关服务。

高职财经教学研究
高等教育出版社(上海)教材服务有限… ✔
上海

高等教育出版社旗下产品，提供高职财经专业课程教学
交流、配套数字资源及样书申请等服务。 ＞

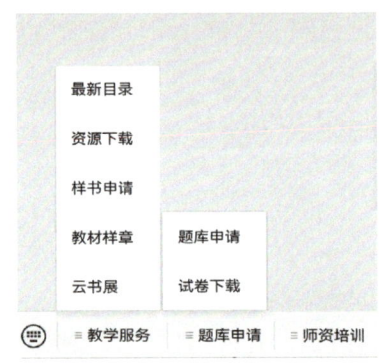

资源下载：点击"**教学服务**"—"**资源下载**"，注册登录后可搜索相应的资源并下载。
（建议用电脑浏览器操作）
样书申请：点击"**教学服务**"—"**样书申请**"，填写相关信息即可申请样书。
样章下载：点击"**教学服务**"—"**教材样章**"，即可下载在供教材的前言、目录和样章。
试卷下载：点击"**题库申请**"—"**试卷下载**"，填写相关信息即可下载试卷。
师资培训：点击"**师资培训**"，获取最新会议信息、直播回放和往期师资培训视频。

 联系方式

高职电商营销教师教学交流QQ群：177267889
联系电话：（021）56961310　　电子邮箱：3076198581@qq.com